读信札记

韩羽

山西出版传媒集团
北岳文艺出版社

图书在版编目（CIP）数据

读信札记 / 韩羽著. — 太原 : 北岳文艺出版社，2015.1
ISBN 978-7-5378-4335-5

Ⅰ. ①读… Ⅱ. ①韩… Ⅲ. ①韩羽－书信集 Ⅳ. ①K825.72

中国版本图书馆 CIP 数据核字（2014）第 285479 号

书　　名：读信札记
著　　者：韩　羽
策　　划：续小强
责任编辑：马　峻
封面设计：韩　羽
视觉统筹：怀　一
装帧设计：张永文

出版发行：山西出版传媒集团·北岳文艺出版社
地　　址：山西省太原市并州南路 57 号
邮　　编：030012
电　　话：0351-5628696（太原发行部）
　　　　　010-57571328（北京发行部）
　　　　　0351-5628688（总编办）
传　　真：0351-5628680
网　　址：http://www.bywy.com
E-mail：bywycbs@163.com
经 销 商：新华书店
印刷装订：山西人民印刷有限责任公司

开　　本：720mm ×1030mm　1/16
字　　数：418 千字
印　　张：29.25
印　　数：1—10000 册
版　　次：2015 年 1 月第 1 版
印　　次：2015 年 1 月山西第 1 次印刷
书　　号：ISBN　978-7-5378-4335-5
定　　价：128.00 元

目录
以姓氏笔画为序

回忆过去生活，可再重新审视一次。

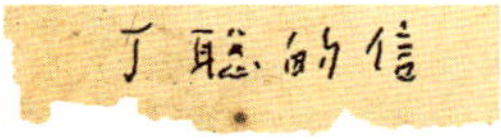

丁　聪

（1916 — 2009）上海金山区枫泾镇人。笔名小丁，中国漫画家，舞台美术家。其父为漫画家丁悚。丁聪受父亲影响，于 20 世纪 30 年代初开始发表漫画，以创作讽刺性漫画为主。后在新华电影公司编画报，同时任《良友》画报美术编辑。1937 年至 1941 年在香港编辑《良友》《大地》《今日中国》等画报，多次参加抗日宣传画展览，从事舞台布景设计。1942 年至 1945 年在桂林、重庆、成都、昆明等地，为中国艺术剧社等剧团设计《北京人》《家》《牛郎织女》等剧的舞台布景，并在四川省立艺术专科学校任教，与庞薰琹等人组织现代美术会，参加重庆八人漫画联展。抗日战争胜利后回上海，与吴作人等组织上海美术家协会。1947 年移居中国香港，参加人间画会的活动。1949 年初回北京，参加第一届全国文代会；中华人民共和国成立后，筹备出版《人民画报》，任副总编辑。丁聪为中国美术馆研究馆员，先后任全国政协六届委员、中国美术家协会理事及漫画艺术委员会主任、中国摄影学会副主席、《讽刺与幽默》编委。1979 年春节，丁聪得到平反。其后恢复创作，在《读书》杂志上开有专栏。2009 年 5 月 26 日，因脑血栓引发肺部感染，在北京去世。

作者与丁聪(右)

韩羽同志：

赐画戏及书帧均已由米谷交我，三帧均极妙，见者无不称绝，特函致谢！

兹有恳者：我友白景晟同志，系干校同学，现分配在电影学院教课。此人原是名配音演员（列宁、斯大林讲的中国话，大部是通过他的嘴的），昨来我家看到老兄之作，大为赞赏。他对文学、绘画都是内行。我介绍了你画的《聊斋》，他更为"心痒"，迫切要我转求赐"鬼画"一二。我感到真为你添麻烦，颇为不好意思，只是"同好"之情难却耳。待你再来时，一挥赐下即可。

科技界已动起来了，现在要看文艺界了。

匆匆即颂

近祺

丁聪

八月廿三日

韩羽同志：

赐画戏及书联均已由米谷交我，三者均极妙，见者无不称绝，特函致谢！

兹有恳者：我友白景晟同志，系干校同学，现分配在电影学院教课。此人原是名配音演员（列宁、斯大林讲的中国话，大都是通过他的嘴的），昨来我家看到老兄之作，大为赞赏。他对文学、绘画都是内行。我介绍了你画的《聊斋》，他更为“心痒”，迫切要我转求赐“鬼画”一二，我感一再为你添麻烦，颇为不好意思，只是“同好”之情难却耳，待你兴来时，一挥赐下即可。

科技界已动起来了，现在要看文艺界了。

匆匆即颂

近祺

丁聪

8月23日

韩注　1977

札　记

鲁迅小说中的人物，像祥林嫂、闰土、孔乙己，应该说是“似曾相识”，在我家乡人中就可找到他（她）们的原型。唯独阿Q不然，他给我的印象是熟悉而又陌生、清晰而又模糊，有如司空图所说：“脱有形似，握手已违。”正由于此，更具魅力，发人猜想：阿Q到底是什么样？

我十七岁那年，在临清市一家书店里偶然见到一本丁聪画的《阿Q正传插画》。翻开一看，那愚顽而傲态十足的尊容以及挨了赵太爷一巴掌后既说不上是争又不像是忍的懵懵懂懂的呆相，我怦然心动：阿Q就是这样！

从那时起迄今止，我已将这本插画珍存了四十六年，是我藏书中“藏龄”最老的一本。也是时至今日，虽历时四十余个春秋，这本插画“在已有的若干图画的《阿Q正传》中”仍然在闪射着“一道清新有力的光芒”（茅盾语）。

更为欣幸的是，1977年夏季的某一天，在米谷公家，遇到一位胖胖的戴眼镜的客人，一介绍，是丁聪。为之仰慕的《阿Q正传插画》的作者竟不期而遇，我当时的感受是：恍如梦寐。

他那时在中国美术馆工作。美术馆离南小街口不远，他常常到米谷家串门，一回生，二回熟，我和这位漫画前辈由相识而相熟了。谈话间必然会提到我已保存了数十年的《阿Q正传插画》，并希望他在书上题几个字。他慨然应允。又一次去北京，我将书带了去。他见书已陈旧破损，问米公有没有一本好一点的，边说边往书橱中翻找，果然找出了一精装本，说：“把这本换给韩羽。”并在扉页上写了几行字：“韩羽同志居然把‘阿Q’保存了三十来年，嘱余题记，今在米谷家发现这本装订得较牢的，换给你，并致谢意。”

最近在《文学报》上读到詹同兄的一篇短文，文中写道："1949年，我在北京购得这部《阿Q正传插画》，是上海出版公司印制的颇为精致的精装小画册。1956年我带来上海。十年后于'文革'中佚去，再十年后于1976年又重新觅回。这套画册的一失一得，已属珍贵了，而更难得的是1988年丁聪先生在这套画册扉页上写了这样几句话：'詹同拿这本书要我写几个字。这件事本身使我很激动。回忆当时画这套画时，由于年青无知，并没有想到居然有人会保存这份拙作。从中得到的教育是：创作是极严肃的事情。如不认真对待，以后想改，也是来不及的。写此数语，与詹同共勉。'"

我不厌其详地把它抄录下来，是我惊喜于我们竟如此不谋而合：同样酷爱这本插画，同样珍存了数十年，同样请作者题了字。

丁聪的另一本《鲁迅小说插图》，是"文革"后出版的。此书的《画后记》中有这样几句话："起先，我在公余之暇，偷偷地试着画几幅小草图，画了十几幅时，就忍不住给熟人看看，听听意见。""画几幅小草图"为何还要"偷偷地"？"公余之暇"的"公"又是什么？

聂绀公曾送我一本他自己油印的《北荒草》。其中有一首《题丁聪画老头上工图》："驼背猫腰短短衣，鬓边毛发雪争飞。身长丈二吉诃德，骨瘦瘪三南郭綦。小伙轩然齐跃进，老夫耄矣啥能为。美其名曰上工去，恰被丁聪画眼窥。"《北荒草》所吟咏的，是诗人自1958年至1960年间在北大荒劳动时所历、所见、所闻、所感。1957年的风风雨雨不必多述，只此一诗足以想见这位漫画前辈的遭遇了。

我不妨给前面提到的"偷偷地""公余之暇"加一笔注：那时，我每去北京总要去美术馆坐上一会儿。有一次，他从抽屉里拿出几幅插图（就是后来印在《鲁迅小说插图》里的），画幅不大，纸很厚，他说是卡片纸。我问为什么在卡片纸上画，他说是废物利用。我翻过一看，果然有人名编号之类。他说他在美术馆的工作是抄写卡片，也就是为展览会书写画题与作者名字的说明牌。他颇为自得地告诉我，他写卡片一丝不苟。的确，仅以他的极具功力的小楷就已游刃有余。固然，工作无贵贱之分，可是那些年间充斥于美术展览会的所谓美术作品，有句顺口溜道得好："口号拳头枪，张嘴加反光。"一代漫画大家为充斯役。"黄钟毁弃，瓦釜雷鸣。”颠倒如此，夫复何言。

我与丁聪前辈的接触，得知他之所好。一是酷喜藏书，室中四壁书香，使人如老饕对长筵，目不暇接。他说：稿费都买了书了。二是曲蘖之好，且颇有量。有一次在上海相遇，他的第一句话就是“我们吃老酒”。已记不清吃了多少老酒，有句话还记得，他说自从 1947 年离开上海，这是第一次回来，说到这儿，兴奋得长吁一声：“可回了家了！”我说：“您回了家了，我可出了国了。”因为吴侬软语我实难懂，像到了外国一样。又有一次，在唐瑜先生家聚饮，虽多人在座，均作壁上观，唯我奉陪丁聪、赵沨二位前辈，频频举杯，也唯我醉得一塌糊涂，事后得知，喝了五瓶。

虽年逾古稀，却老当益壮，身体自是强健，创作更为高产，想来当善养生之道，可他的口诀是：吃肉、喝酒、睡觉。这无为之为，使人无法学，也不敢学。

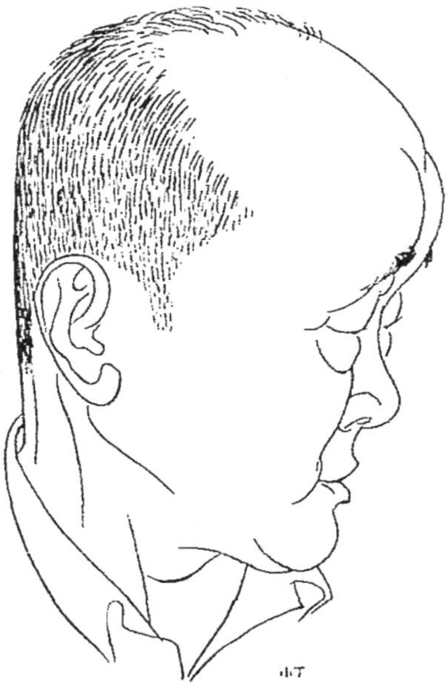

－丁聪画韩羽－

王朝闻的信

王朝闻

（1909 — 2004）四川合江人。文艺理论家、美学家、雕塑家。1931 年考入杭州艺术专科学校学习雕塑。抗战爆发后在浙江、湖北、四川等地从事文艺活动。1940 年到延安。此后相继在延安鲁迅艺术文学院、华北联合大学文学艺术学院从事艺术教学和创作。新中国成立后，历任中央美术学院教授，《美术》主编，中国文联委员，中国美术家协会常务理事、副主席，中国艺术研究院副院长。是第三、第四、第五、第六届全国政协委员。所作浮雕《毛泽东像》（《毛泽东选集》封面像），圆雕《刘胡兰》《民兵》，在中国极其著名。1949 年以后主要从事文艺理论研究。主要作品有《新艺术创作论》《新艺术论集》《面向生活》《论艺术技巧》《一以当十》《喜闻乐见》《创作、欣赏与认识》《论凤姐》《开心钥匙》《不到顶点》《再再探索》《了然于心》《审美谈》《似曾相识》等。

作者与王朝闻（左）

中国美术史 编辑部

韩羽同志：

新书收到，已读了半本。紧迫的工作阻止我的手不释卷，先给你写个短信。

书中那些童年农村生活的回忆，可以说近人也有思想深度。常说那些动人的结尾来说，它不仅增强美感的好效果，而且也是审美关系的的反映。

[illegible]　《夜路》篇结于你所说对古文人的气的描绘——“二舅代笔学我长篇巷里，偷着挖了半碗麦子。喜人之的窍”，既可笑，也可怜。农民这样的自私，其社会原因值得思考。《细目的钱》的结尾也很动人，也使幽默、讽刺和情绪等富有情结合在一起。读者觉得

四川与山东同时代的农村生活大有差别，但儿童的观赏对象与美感也有相似性。《醉宴》篇使我联到领悟的原因之一，这篇中不偏用脏字敲打酒店的门板，和能在儿时所见的木偶戏二

P.

中国美术史 编辑部

用胞袋搞打小鼓台与口木梆的表演异曲同工，民间艺术真有趣。王小二进了老虎的大嘴又被它吐了出来。这些都是极有游戏意味的艺术形式，既荒唐又不完全脱离生活的逻辑。

如果说你的小品文也有值得再议的问题，恐怕在于用典的变通与必要性问题。《铁马冰河》篇结尾前两句"吃大丈夫的未免然"，用典是好的，但是有时也有不必要的。

《西厢记》是有意味的，其中关于"像"与"不像"的争论，其实关系着作者自己有一定见地的美学观念。来不及细谈，我可能有事不能在，看我自己的工作，也和朋友们交谈。你也一直想到我了觉，我更喜欢写题的是错觉，拉杂所说现在较乱，给少华先生写信《春秋》的时间，更没有不宁大力的同志帮我看看况每个拿大镜看书写字。也好，这样了吧公开

~~钟是新老鼠的宫里去。~~祝

王朝闻 1997.09.22 晨

2-2

韩羽同志：

新书收到，已读了半本，紧迫的工作阻止我的手不释卷，先给你写个短信。

书中那些童年农村生活的回忆，平易近人也有思想深度。单就那些动人的结尾来说，它不仅堪称美育的好教材，而且也是探讨审美关系的好对象。

《夜路》篇结于你父亲对故人印象的描绘——“二狗他爹当我没有瞧见哩，偷着挖了半瓢黍子喂他的驴”，既可笑，也可悲。农民这样的自私，其社会原因值得思考。《祖母的钱》的结尾也很动人，也使读者觉得幽默、讽刺和惋惜等复杂情绪交织在一起。

四川与山东旧时代的农村生活虽大有差别，但儿童的观赏对象与美感也有相似性。《醉鬼》篇使我感到亲切的原因之一，是篇中木偶用脑袋敲打酒店的门板，和我在儿时所见的木偶王小二用脑袋敲打小舞台台口木栏的表演异曲同工。民间艺术真有趣，王小二进了老虎的大嘴又被它吐了出来。这些即兴性和游戏意味的艺术形式，既荒唐又不完全脱离生活的逻辑。

如果说你的小品文也有值得再斟酌的问题，看来在于用典的多少与必要性问题。《铁马冰河》篇结尾前那句“唯大丈夫能本色”的用典是好的，但是否也有不必要的。

《面刺猬》虽属童年回忆，其中涉及“像”与“不像”的矛盾，其实关系着你自己有一定见地的美学观念。来不及细谈，我可能再来石家庄，看看我自己的工作，也和朋友们交谈。你也一再提到幻觉，我更感兴趣的是错觉，将来再说。现在忙乱，缺少关老爷读《春秋》的时间，更没有不拿大刀的周仓帮我拿着沉重的扩大镜看书写字。也好，免掉了关公那种正襟危坐的官架子。

再见

王朝闻

1997年9月22日晨

札　记

从小就喜胡涂乱画，到了十八九岁时还不知何谓“素描”何谓“速写”，更遑论“理论”。1950年，偶然在新华书店见有王朝闻的《新艺术创作论》，买来一读，才知画画儿还有诸多说道。盲者忽焉见日，聋者遽而闻声，如渴骥奔泉，将厚厚一大册背得滚瓜烂熟。缘于此，和它有了特殊感情，“文革”中，将其重新包装藏在碗橱夹板层中，安然无恙，迄今与我相伴六十多年。一日，与自默君谈及，渠又告知王老，王老欣然在扉页上为之题写数言：

> 患难识知音。这本化装尚不安全、在碗橱夹缝里得以存活的书籍，它的不幸遭遇隐寓着幸运。而且此书传奇式的经历，恰好证明书中论点，例如矛盾的魅力、含蓄的美与间接描写有普遍意义。韩羽同志珍爱书籍，让我这一题词损其空灵特征。王朝闻于2001年儿童节。

此亦藏书佳话乎。

王老信中言：“如果说你的小品文也有值得再斟酌的问题，看来在于用典的多少与必要性问题。《铁马冰河》篇结尾前那句‘唯大丈夫能本色’的用典是好的，但是否也有不必要的。”

金屑虽贵，在眼成翳，用非所当，便成累赘，切记，切记。

令我“朝闻”的王朝闻

－韩羽画－

方　成

（1918 — ）广东中山市南蓢左步村人，原名孙顺潮，漫画家、杂文家、幽默理论的研究专家。1927 年到北京，上铭贤小学，后在弘达中学求学。于 1933 年曾师事著名人物画家徐操（字燕荪） 先生；上大学时和几位同学创办文艺壁报，负责漫画工作。1935 年一二 · 九学生运动中，负责画抗日爱国宣传画。1942 年于武汉大学化学系毕业后，入黄海化学工业研究社任助理研究员。1946 年辞职赴上海从事漫画工作，到上海后在《大公报》《评论报》《文萃》等发表漫画作品。1947 年被聘任《观察》周刊主编漫画版，并任特约撰稿人。1948 年避居香港，参加《人间画会》。1949 年 9 月赴北京，入《新民报》任美术编辑，1951 年调《人民日报》，1986 年离职休养。现任中国美术家协会常务理事，中国新闻漫画研究会副会长，美国国际漫画杂志《WITTY WORLD》 编辑。曾被聘任武汉大学及郑州大学新闻系兼职教授、中国广播艺术团说唱团艺术顾问等职。

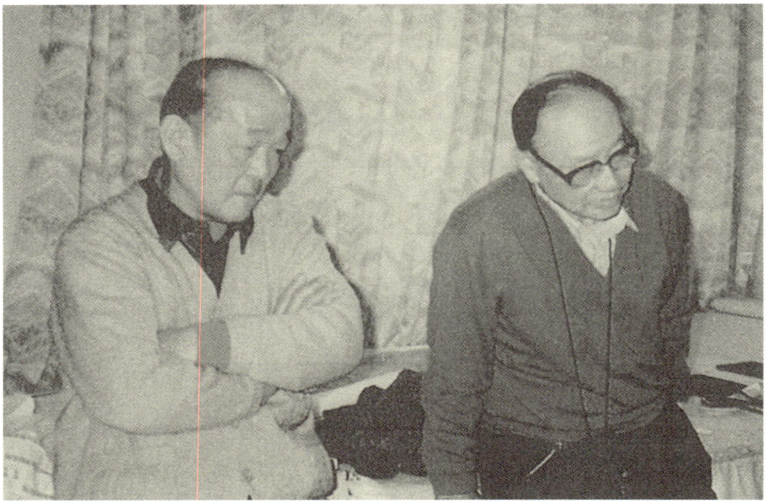

作者与方成（右）

羽兄：

信收到，一时忙乱，拖了几天才复，抱歉！

忙什么呢？除了为池北偶写《历代讽刺诗选萃》画插图之外，中央电视台安排介绍北京几位漫画家向外广播，计划是请相声演员合作。我和姜昆一对，共5次播出，要写5个情节剧本（每次5分钟左右），急着要，只好日夜开工，今天才赶出来。安排2月8日拍录像，要外出，住在一起，便于工作。我把别的事也都往后拖了，其中有为姜德明的文章和池北偶的诗作插图，这是推不掉的。光明日报几次催稿，虽已顺口答应，催急了也得画。还有《中国漫画》要一篇介绍沈同衡的文章和旅行见闻文章，也推不掉只好拖了。忙起来这几天连做饭也得过且过，吃速冻馄饨速冻饺子了。真想和你聊聊。能抽出时间的话，再去石家庄享福几天。拍完录像也许得几天空。到石家庄打打麻将，这次得多带几瓶好酒。不知你们有空不？

不多写了，敬祝

新春大吉，小两口欢乐。

方成

1993.1.30.

你的书"隐喻"好了吗？我那本即将出版，田原那本已经发排，打出样了。

京邮1992.5

羽兄：

信收到，一时忙极，拖了几天才复，抱歉！

忙什么呢？除了为池北偶的《历代讽刺诗选萃》画插图之外，中央电视台安排介绍北京几位漫画家向外广播，计划是请相声演员合作。我和姜昆一对，共五次播出，要写五个情节剧本（每次5分钟左右），急着要，只好日夜开工，今天才赶出来。安排2月8日拍录像，要外出，住在一起，便于工作。我把别的事也都往后拖了，其中有为姜德明的文章和池北偶的诗作插图，这是推不掉的。《光明日报》几次催稿，原已顺口答应，催急了也得画。还有《中国漫画》要一篇介绍沈同衡的文章和旅行见闻文章，也推不掉，只好拖了。忙起来，这几天连做饭也得过且过，吃速冻馄饨，速冻饺子了。真想和你聊聊。能抽出时间的话，再去石家庄享几天福。拍完录像也许得几天空，到石家庄打打麻将，这次得多带几瓶好酒，不知你们有空不？

不多写了，敬祝

新春大吉，小两口儿欢乐。

方成

1993年1月30日

你的书准备好了吗？我那本即将出版，田原那本已经发排，打出样了。

札　记

“真想和你聊聊，能抽出时间的话，再去石家庄享几天福”，重读这话，感触良深。五十多年的交往，五十多年的“聊聊”，偷闲半日，窗下案头，一杯浊酒，几支香烟，洗除烦恼在半酣，能不谓“享福”乎。方成于我，亦师亦友，机智风趣，咳唾珠玉，既可解惑，又可赏心，不更亦“享福”乎。他有一本关于“幽默”的书要我作序，搜索枯肠，难成一句，揪发欲哭。忽地眼前一亮，机由己发，力从人借，何不就方成平素所聊之话语，沿其波，寻其源。终以敷陈成篇，复破涕为笑。这“聊聊”且大有助益于为文：

方成前辈是漫画大家，笔头千钧，深刻入骨，幽默诙谐，风发泉涌。漫画是讽刺艺术，讽刺离不开幽默，以枪弹为喻，讽刺是弹头，幽默就是弹壳里的火药。弹头的杀伤力之大小，取决于弹壳里火药的质量与数量。方成以创作实践之经验，梳理阐释个中道理，比如对“幽默”的论说不仅深入浅出，往往更个性化，形象化。

然而，且引述方成的话：记得是在1949年的某一天，相声大师侯宝林说：“有些演员不大懂得幽默，不会使用包袱（相声中的逗笑路子的安排），你说幽默到底是什么？”

幽默大家侯宝林都弄不清“幽默”到底是什么，足证“幽默”二字之难以讲得清楚。我也读过一些有关论述的只言片语，感觉是恍兮惚兮雾里看花。有一句不知是谁说的了，“幽默是智慧的火花”，倒是给“幽默”下了个确切定义。可惜太简略了。不免使人慨然而叹，世上有些事是不能往细处说的，不说还明白，越说越糊涂。李卓吾说：盖道理有详言之不解略言之而解者。“幽默是智慧的火花”一语，大概就是走的李卓吾的路数，也只好如此了。

方成从大量的自己和别人的实践实例中，剥肉剔骨去思摸那幽默的“智慧的火花”到底是怎样迸溅出来的。他说“有的话不能直接说，又憋不住，于是就想办法找个空子，转弯抹角地说出来”。他又说“人有不便说出的话，总会用逗笑的话来搪塞”。“幽默的根子是出自人的天性中的爱玩儿”……话语通俗浅显，却颇耐人寻味。

比如“有的话不能直接说，又憋不住，于是就想办法找个空子”，这么一点拨，使人忽然憬悟，那“智慧的火花”原来竟是从“空子”里硬挤出来的。依此思摸下去，离那“幽默”的影踪，虽不中，亦不远矣。

为什么“有的话不能直接说”？不外乎两种情况。一是直话直说可能有碍于人，可致招祸，也可能使问题更复杂化。再是，语言的贫乏远远不能应对多变的生活的复杂性。不是不想“直接说”，而是想说说不出来。在这两种情况的任何一种情况下，而又憋得非说不可时，出于人的本能，必然会寻找另外的表达渠道，或者故意违反话语常规，或者将言词解构重构，这就是方成说的“想办法找个空子”的那个“空子”。这个“空子”里的语言，不再是常态的语言，它既荒唐而又正经，既糊涂而又明白，既悖理而又合理，既使人欲笑而又使人欲哭，酸甜苦辣，五味杂陈，且看方成的老友侯宝林：

侯宝林访美国时，外国记者问他：“美国总统里根原来是个演员，您也是个演员，在中国可有他那样的荣誉？”这问题很难答复。侯宝林说：“里根先生我知道，他是二级演员，我是一级的。”

这个记者委实厉害，一句话就把人逼到了死角里。因为侯宝林访美，正是在“文化大革命”之后，自己所受的非人待遇，那记者当必了然于心，事实俱在，怎能回避得了。看来这记者提问的指向虽是“荣誉”二字，却也不无“项庄舞剑”之嫌。这正是方成说的“有的话不能直接说，可又不能憋着不说”的那个节骨眼上。侯宝林不愧为幽默大家，善于“想办法找个空子”，回答道：“里根先生我知道，他是二级演员，我是一级的。”这话听来所答非所问，可其弦外之音的每个字都紧扣着问话的着眼点：荣誉。里根先生享有很高的荣誉（实是因“总统”而荣誉），可他是二级演员，我是一级的（在美国又应该享受什么样的荣誉？）这是顾左右而言他，却又正妙在这顾左右而言他。“谈笑间，樯橹灰飞烟灭”。

这类唇舌交锋，是狭路相逢，不期而遇，无先例可依，无成法可摹，只能靠“智慧的火花”刹那间的倏然一闪。智慧有思辨而得之，有顿悟而得之，幽默的智慧有点近似佛家的顿悟。

侯宝林答记者问，也应验了方成说的“人有不便说出的话，总会用逗笑的话来搪塞”。演员和总统，本是“风马牛，不相及”，拿来相比，是偷换概念，是借此置人于难堪境地。比如醉汉纠缠，能和他郑重其事地较真儿么，以调侃对调侃，反而能生发出无限的暗示力，揭示出那无法言说只能意会之处。

可那“逗笑的话”又并非能够轻易地信手拈来。有句俗话：一笑置之。就是说遇到事别太把那事当回事儿。要想不当回事儿，需要见地高，有胸襟，拿得起，放得下。唯如此才能应付裕如，于不经意中涉笔成趣，看来这“幽默”又有关乎人的品格了。

再以方成为例，验证方成说的“幽默的根子，出自人的天性中的爱玩儿”。我说方成前辈就“爱玩儿”，就是个天生的幽默家。记不清是哪一年了，我俩闲坐无聊，我说：“咱们喝两口。”他说：“好啊，我打电话再叫两个来。”不一会儿来了两位，是牧惠、舒展。牧惠进门就说：“我们是招之即来。”方成立即接答：“你们是挥之不去。”我惊佩这老头儿思维竟如此机敏，出口成趣。

又有一次，本想占他上风，结果落了下风。我说：“方老哥，我在火车上遇到了您中山县的一个老乡，同在一个包厢，就我们俩。可能是为了让我放心，他从背包里掏出证件一一指给我看，说这是身份证，这是工作证，这是介绍信……我没有资格审查他呀，再说我也没有问他，一看就知是个没出过门的傻小子。他的最后一句话才逗哩，你猜也猜不出他说的什么！”“他说的什么？”“他说：‘我可不是小偷。’方老哥，你说我该说什么好？我实在不知应该说什么了。”方成说：“那太好回答了，你就说：‘我也不是小偷。’”

方成前辈结集出书，要我作序。后生小子怎敢当此。谨复述他的讲说，聊充心得体会试卷。

（从左至右）戴浩、方成、侯宝林、晏明、丁聪，（桌子底下）钟灵

－韩羽画－

艾 青

（1910 — 1996）浙江金华人。原名蒋海澄，笔名莪加、克阿、纳雍、林壁等。诗人。1928 年考入杭州国立西湖艺术学院绘画系，翌年赴法勤工俭学，专修绘画，课余写诗。1932 年回国，在上海参加中国左翼美术家联盟，同年 7 月被捕入狱。以在狱中写成的《大堰河——我的保姆》获得诗名。1935 年出狱。抗日战争爆发后，加入中华全国文艺界抗敌协会。1941 年赴延安，任教于鲁迅艺术文学院文学系，主编《诗刊》（延安版）。1945 年 10 月任华北联大文学院副院长、华北大学第三部副主任等职。新中国成立后曾任中央美术学院军代表、中国文联筹备委员会常委、中国作协理事、中国美协理事、《人民文学》副主编等职。1957 年被错划为“右派”，到北大荒。1959 年调往新疆生产建设兵团。被迫沉默二十年。1979 年平反，后任中国作协副主席、中国笔会中心理事等职。三四十年代出版有诗集《大堰河》《北方》《他死在第二次》《向太阳》《献给乡村的诗》《反法西斯》《旷野》《黎明的通知》《雪里钻》等。新中国成立后出版的诗集有《欢呼集》《宝石的红星》《海岬上》《黑鳗》《春天》《归来的歌 》《彩色的诗》《雪莲》《域外诗集》等。《雪莲》获第二届优秀新诗诗集奖。还出版有《艾青短诗选 》《艾青诗选》《艾青选集》等。著有论集《诗论》《艾青谈诗》《艾青论创作》及长篇小说《绿洲笔记》等。译作有凡尔哈仑《原野与城市》等。作品被译成俄、英、德、法、西班牙、日、罗马尼亚、捷克、匈牙利、保加利亚、芬兰、印尼、尼泊尔、塞内加尔文，拥有广泛的国际声誉。1985 年获法国艺术最高勋章。

作者与艾青（左）

韩朋同志：

为成介吴医生的事，看来已办成了。

管这事的同志叫 韩度權。

昨天，邱嗣坤同志来，又谈起向你

索画的事，他可能于五月初到新疆；

估他的画如已完成，请即寄下转给他。

何时来京，盼先函告。

祝近安！

高瑛问好。

艾青 一九七八年

四月二十五日

（16×13＝208） 军垦战报社 第 页

韩羽同志：

方成与吴医生的事，看来已办成了。

荣宝斋的同志叫韩度权。

昨天，邵晶坤同志来，又谈起向你索画的事，她可能于五月初到新疆，给她的画如已完成请即寄下转给她。

何时来京盼先函告。

祝近安！

高瑛问好。

艾青

1978年4月25日

札 记

看到艾公这封信，想起1977年旧历腊月三十晚上。除夕之夜本应阖家团聚，可我正在北京当“北漂”。方成的夫人陈今言同志因心脏病于半年前去世，留下三个孩子，老哥一下子塌了半边天。钟灵兄说：“今儿三十晚上我们去别家过吧。”说是到王雪涛的一个学生家。这位学生还真有本事，在那什么都要凭票的年代，居然凑成了一桌子酒菜，大快朵颐。没有不散的筵席，十二点后，我们骗腿上车，扬长而去。往哪里去？谁也没有准谱。这时北京城的十里长街，空空荡荡，不见一个人影，唯我们三人，纵横驰骋。如长风之出谷，如飞鸿之入苍穹，别有一番豪壮气概。钟灵说：“要不我们往艾青家提前拜年去。”艾公全家刚从新疆返京，住在白塔寺附近一居民大院里。他们已睡了。听到敲门声复又披衣起来，高瑛同志还端出酒和红烧肉。那时我们的胃口还真不含糊，来者不拒。

韩度权的“权”，名副其实。是荣宝斋的书画鉴定权威，在荣宝斋有着相当的话语权。承蒙相助，在香港荣宝斋给我办过画展。

“邵晶坤同志”，我思忖的结果，终于认定了这位1978年的邵晶坤就是那位1954年的邵晶坤。那位邵晶坤是我们当年一伙“土闹儿”美术工作者钦羡的对象，当然不只邵晶坤，还有林岗、侯一民、邓澍、李琦、冯真、詹建俊、王乃壮等，他们画的“单线平涂”的年画是我们的“样板”。

“昨天，邵晶坤同志来，又谈起向你索画的事”，这话令我喜疑参半。自己的画有人认可，而且是我们当年的“样板”作者的认可，能不喜；喜过之后却又生疑，我这画是哪门子画？是左道旁门，是对自己过去孜孜以求的画法的背叛，是程咬金耍板斧，无招无式，她到底看中什么了？

田　间

（1916 — 1985）安徽无为县开成桥人。原名童天鉴。中国诗人。1933 年进上海光华大学。1934 年加入中国左翼作家联盟。1935 年至 1936 年曾参加《文学丛报》和《新诗歌》的编辑工作，主编《每月诗歌》。1936 年出版长诗《中国·农村的故事》。1937 年抗日战争爆发，他在上海、武汉等地从事抗日救亡工作，写出具有鲜明的时代性和强烈的战斗性的长诗《给战斗者》。1938 年夏到延安，在延安期间发起街头诗运动，写出《义勇军》《假使我们不去打仗》等街头诗名篇。此后至 1949 年，他的主要诗歌作品有《她也要杀人》《抗战诗抄》，长诗《戎冠秀》（1946）、《赶车传》（第一部，1949）等。中华人民共和国成立后，田间参加中国作家协会的领导工作。在抗美援朝期间，两次奔赴朝鲜战场。1958 年，兼任河北省文联主席。1949 年后的主要作品有散文集《板门店记事》（1953）、《欧游札记》（1956），论文集《海燕颂》（1956）、《新国风赞》（1959）等。1959 年至 1961 年他还写成了诗集《赶车传》的第二部至第七部，成为他所进行的新诗民族化探索的新成果。

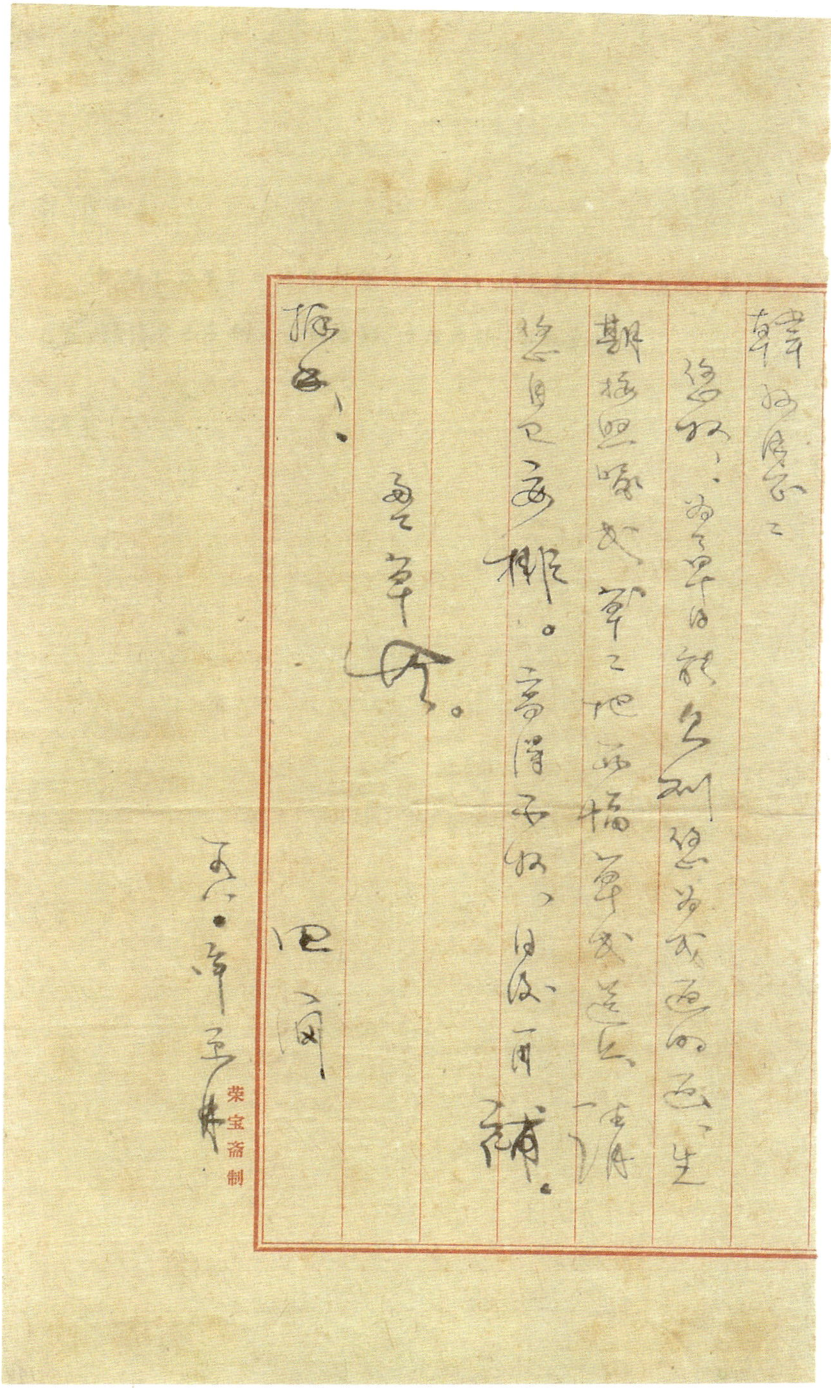

韩幼良兄：

您好！我早日就收到您为我画的画像，生期接照顾我草之地，每幅草我送上，请您自己安排。需得乞收，日后一同补。

握手！

画笔健。

田间

五六·六·五夜

荣宝斋制

韩羽同志：

您好！为了早日能见到您为我画的画，先期按照嘱书草草把两幅草书送上，请您自己安排。写得不好，日后再补。

匆匆草此。

握手！

田间

1980年5月

札　记

诗人田间要我画一幅戏曲画，我说：我也求你一幅字。

我和田间有同班之谊（“文革”学习班），整天价抬头不见低头见。当年田间、梁斌两位省文联主席曾有过节儿，工宣队偏偏把他俩分到一间屋住，分在一起烧开水。

因而梁斌白天不回屋，坐在我们屋门口打盹晒太阳。

这两位写诗写小说的圣手，烧开水却一手不手了。为了能按时喝上水，总会有班友自报奋勇越俎代庖。

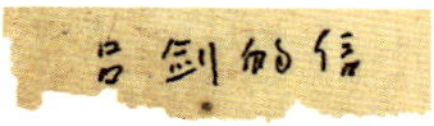

吕 剑

（1919 — ）山东莱芜人。原名王聘之。诗人、作家。1938 年开始写诗。1944 年春到昆明，编《扫荡报》文艺副刊。任全国文协昆明分会常务理事。1946 年到香港，编《华商报·热风》《书报春秋》，参加编辑《风雨诗丛》，任全国文协港粤分会理事、《中国诗坛》编委等职。1948 年春到华北解放区，任北方大学艺术学院教员，华北大学第三部研究员。1949 年 1 月到北平，参加文化接管委员会工作。与人合编《文艺劳动》。后任《人民文学》编辑部主任、中国诗歌工作者联谊会理事、《诗刊》执行编委。1958 年错划为“右派”，封笔二十余年。1979 年春平反。著有多部诗集、诗论集，作品曾被译成俄、英、日等多种文字编入国外出版的诗集。

吕剑

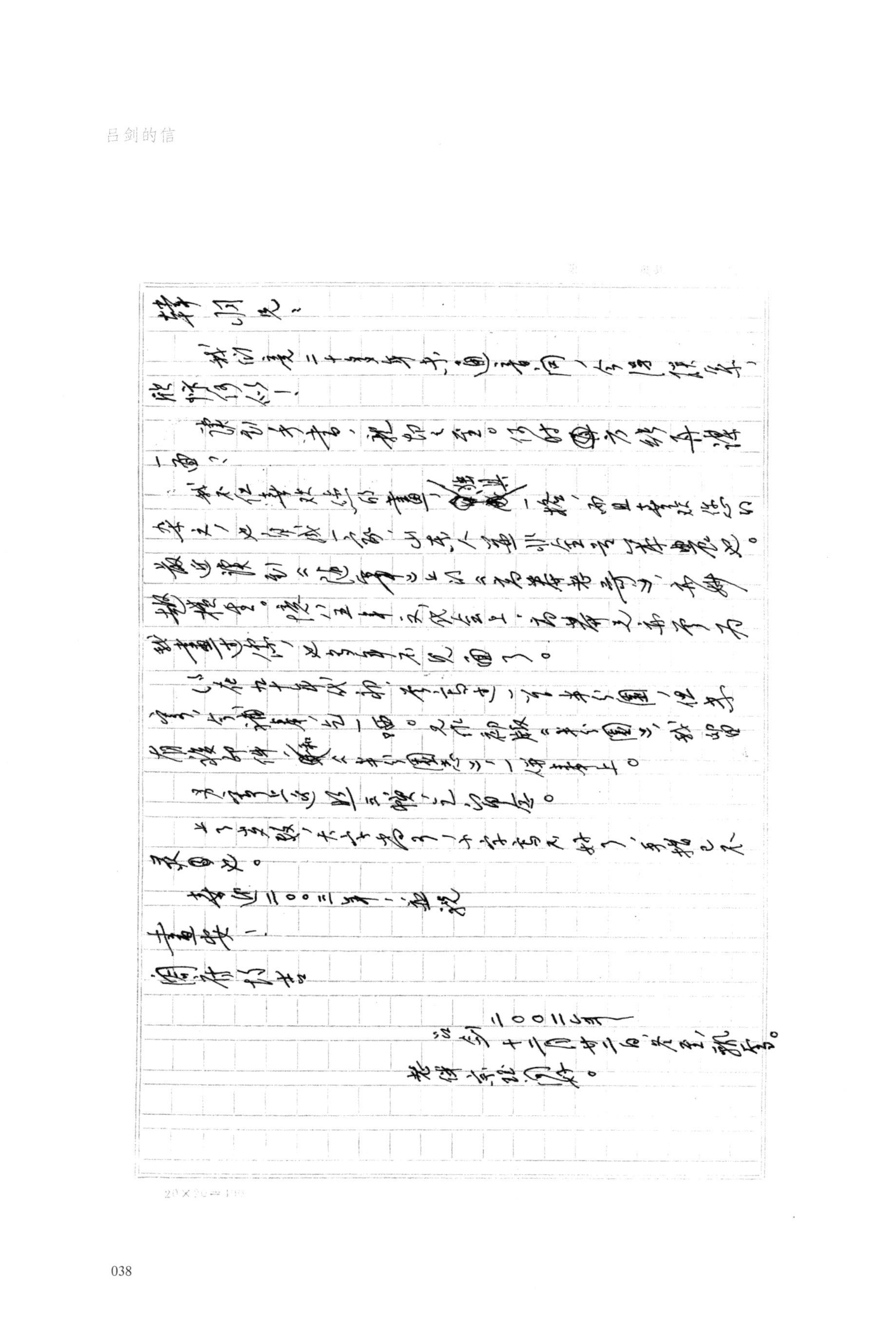

[illegible]

韩羽兄：

我们竟二十多年未通音问，今得联系，欣忭何似！

读到手书，亲切之至。何时方能再谋一面？

我不但喜欢您的画，独具一格，而且喜欢您的杂文，也自成一家，山东人并非全是笨农也。最近读到《随笔》上的《高莽老哥》，亦妙趣横生。忆1985年文代会上，高莽兄亦曾为我画过像，也多年不见面了。

约在90年代初，曾写过一首《半分园》，但未寄，今补奉，乞一哂。兄作初版《半分园》，我留有复印件一，和《半分园志》，一并奉上。

另寄上近照三帧，乞留念。

上了岁数，大字尚可，小字写不好了，手指已不灵也。

喜迎2003年，并祝

画安！

阖府均吉

吕剑

2002年12月22日，

冬至，飘雪。

老伴宗珏问好。

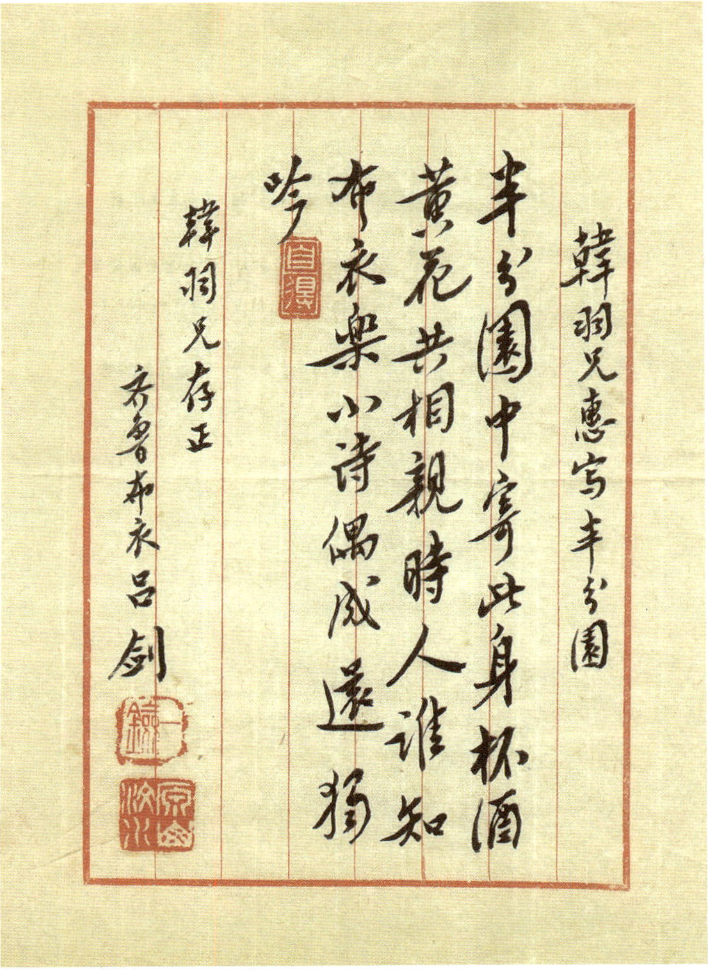
韓羽兄惠寫半分園
半分園中寄此身杯酒
黃花共相親時人誰知
布衣樂小詩偶成還獨
吟
韓羽兄存正
齊魯布衣呂劍

韩羽兄惠写《半分园》

半分园中寄此身，杯酒黄花共相亲。
时人谁知布衣乐，小诗偶成还独吟。

韩羽兄存正
齐鲁布衣吕剑

— 吕剑书赠韩羽 —

札　记

吕剑兄分宿舍，得窗下一隙地，种瓜豆数棵，以添野趣欤？思以归农欤？起名“半分园”。诗坛泰斗，词苑名家，多有吟咏，亦雅事也。吾曾为文以记之：

吕剑兄获新居，房前有地半分，名曰“半分园”。园虽小，颇堪入诗，一时诸贤纷纷题咏。

剑兄自谓“虽不能滋兰九畹，但略可栽韭种豆。”我谓“岂止种豆，更播得满园珠玑也。”

“长生堪笑枉求药，适性何妨自把锄。”（孙玄常）“十分春色半分园，香菜生儿韭有孙。”（荒芜）“月满中庭春睡早，星辉北斗酒醒迟。”（聂绀弩）“心远何关进退难”，“秀句吟成好负暄”。（王以铸）“奈诗人老矣，良会厌周旋”，“作京华客，偏爱荒寒。”（陈次园）

山谷云：“天下清景，不择贤愚而与之，然吾特疑端为我辈设。”

半分小园，端为剑兄设。

复作《豆棚瓜架图》，蔚然成荫，憩息其间，不亦快哉。画饼固难充饥，望梅聊以止渴耳。

《豆棚瓜架图》

- 韩羽画 -

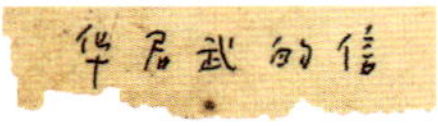

华君武

（1915 — 2010）祖籍江苏无锡。笔名华潮、彤哥、端父。中国著名漫画家，美术活动家。早年在杭州、上海读书。1933 年开始在上海报刊发表漫画作品。抗日战争爆发后加入抗日救亡协会。1938 年到陕北公学学习，同年底到延安鲁迅艺术文学院任研究员、教员。1942 年春与蔡若虹、张谔举办讽刺画展。1945 年秋参加鲁艺文工团到沈阳，不久到《东北日报》当记者。在此期间任东北局文委会委员。中华人民共和国成立后，任《人民日报》美术组长、文学艺术部主任，中国美术家协会秘书长、书记处书记、党组副书记，《漫画》编委。历任全国人民代表大会第一、第二、第三届代表，全国政协第五、第六、第七届委员，中国文联委员、书记处书记，中国美术家协会副主席、顾问等职。2001 年获“中国美术家协会终身成就奖”。

作者与华君武（左）

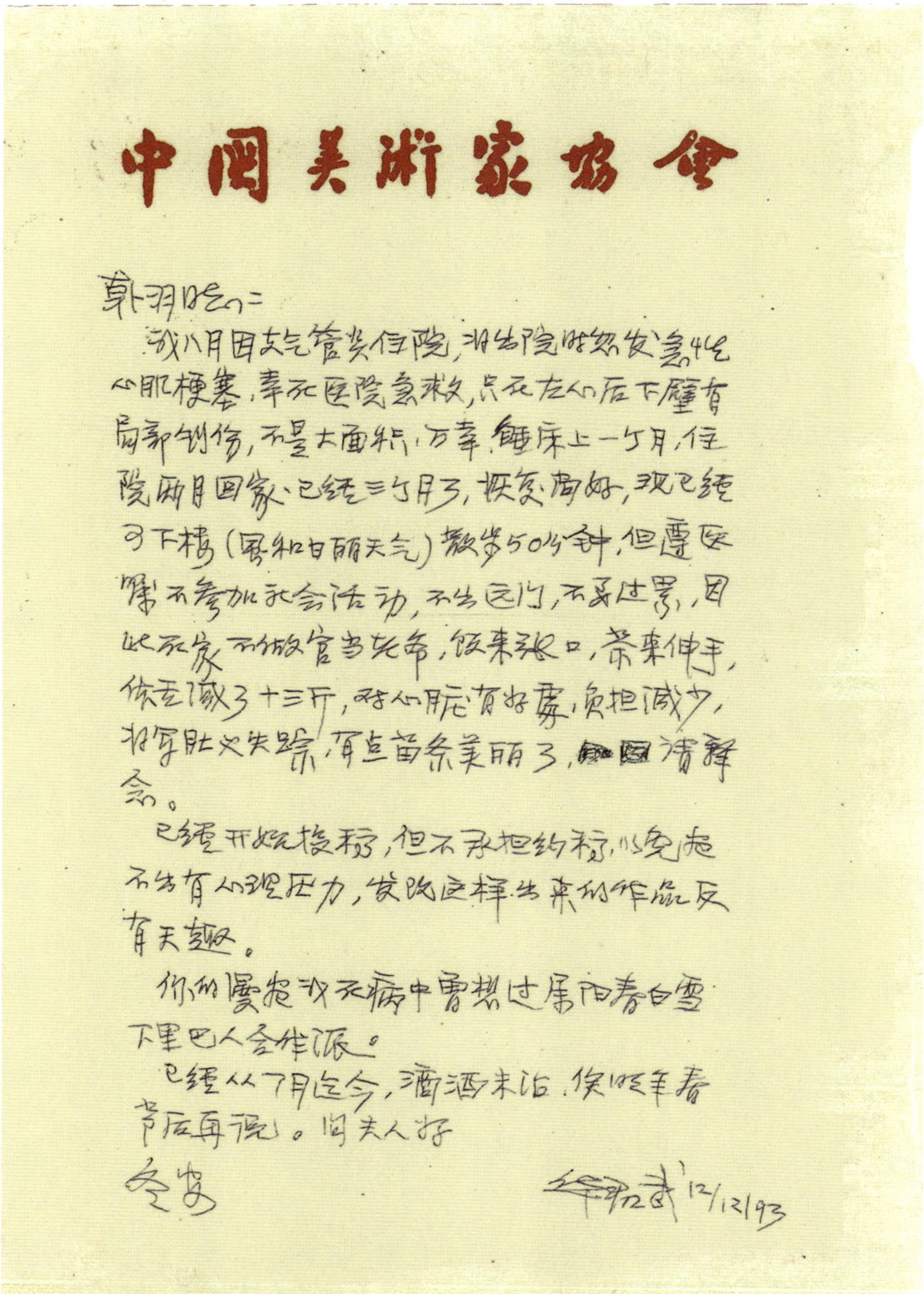

中國美術家協會

郭羽吟兄：

我八月因支气管炎住院，将出院时忽发急性心肌梗塞，幸在医院急救，只在左心后下壁有局部损伤，不是大面积，万幸。睡床上一个月，住院两月回家，已经三个月了，恢复尚好，现已经可下楼（风和日丽天气）散步50分钟，但遵医嘱不参加社会活动，不出远门，不多过累，因此在家不做官当老爷，饭来张口，茶来伸手，体重减了十三斤，对心脏有好处，负担减少，将军肚也失踪，有点苗条美丽了，[illegible] 请释念。

已经开始接稿，但不承担约稿，以免想不出有心理压力，发现这样出来的作品反有天趣。

你们爱抱我在病中曾想过属阳春白雪下里巴人合作派。

已经从7月迄今，滴酒未沾，俟明年春节后再说。问夫人好

冬安

华君武 12/12/93

韩羽同志：

我八月因支气管炎住院，将出院时忽发急性心肌梗塞，幸在医院急救，只在左心后下壁有局部创伤，不是大面积，万幸，睡床上一个月，住院两月回家，已经三个月了，恢复尚好，现已经可下楼（风和日丽天气）散步五十分钟，但遵医嘱不参加社会活动，不出远门，不要过累。因此在家不做官当老爷，饭来张口，茶来伸手，体重减了十三斤，对心脏有好处，负担减少，将军肚也失踪，有点苗条美丽了，请释念。

已经开始投稿，但不承担约稿，以免画不出有心理压力，发现这样出来的作品反有天趣。

你的漫画我在病中曾想过属阳春白雪、下里巴人合作派。

已经从7月迄今，滴酒未沾，俟明年春节后再说，问夫人好

冬安

华君武

1993年12月12日

郭羽同志：

书收到，已卧阅，倍感亲切，浑装书如穿西装，我常说中国画家去深圳客户如齐白石着一身西服。

昨日有一过去在中国当记者的朋友（中年）埃林来访，他是德国汉堡城的一家报纸的记者，两年前回国。他虽是一个西方记者，但对中国现代漫画很有兴趣，曾介绍《父与子》原作来京沪展出，也和张乐平、我有交往。虽是西方观点，又是中年，对我们友好，不顽固。我向他介绍了你，还巧那本穿西装的陈茶新酒集在旁，我即示他，题款的旁边写了德国埃林。他近日回德国他会写信给你的（他夫人叫赵远虹，是中国山西人，爸爸过去是中宣部的中层干部）特此先告诉你免你突然。

我去东北展览八次（沈阳、大庆、哈尔滨、宁安某部、北大荒）共四十一天，我喜欢到基层去，它使人不要忘本。

你的文字，浑然一体，很随便，但别人要照着随便又随便不起来了。吴良是前辈，他也想随便只随便了百分之八十。

我八月中旬应邀和宗涛去新加坡办个展约12天，

你可搬到一个热点上去了，每观气象预报，看家乡总是出类拔萃。

问你夫人好

夏安

吴冠中

22/7/92

韩羽同志：

书收到，可卧阅，倍感亲切，洋装书如穿西装，我常说中国画家去深圳落户如齐白石着一身西服。

昨日有一过去在中国当记者的朋友（中年）埃林来访，他是德国汉诺威的一家报纸的记者，两年前回国，他虽是一个西方记者，但对中国现代漫画很有兴趣，曾介绍《父与子》原作来京、沪展出，也和张乐平、我有交往。虽是西方观点，又是中年，对我们友好，不顽固。我向他介绍了你，正巧那本穿西装的《陈茶新酒集》在旁，我即在你题款的旁边写了转送埃林。他近日回德国，他会写信给你的（他夫人叫赵远虹，是中国山西人，爸爸过去是中宣部的中层干部）特此先告诉你，免你突然。

我去东北展览八次（沈阳、大庆、哈尔滨、空军某部、北大荒）共四十一天，我喜欢到基层去，它使人不要忘本。

你的文、字、画，浑然一体，很随便，但别人要照着随便又随便不起来了。关良是前辈，他也想随便，只随便了百分之八十。

我八月中旬应邀和宋琦去新加坡办个展约12天。

你可搬到一个热点上去了，每观气象预报，石家庄总是出类拔萃。

问你夫人好

夏安

华君武

1992年7月22日

札 记

华君武是我心目中的真正的漫画大师，似乎叶浅予先生也曾说过华君武是漫画大师。在我的阅读记忆里有那么几本书，无论在何种情况下，偶尔翻开任何一页，看着看着就被黏住再也放不下，一页页看下去。《华君武漫画集》就是其一。有的画儿好，好得有法说。华氏漫画好，好得没法说。

方成说钟灵“一见华君武就老实了”，也曾听人说“华君武有官架子”。也或许我还够不上需要向我摆官架子的档次，只觉得他是个睿智风趣的长者。

我曾陪他去看赵州桥，因是凭票浏览，空空荡荡，只有我们两人。看罢赵州桥，又看附设的景点。偏僻处有一锁着的小门，上写“迷魂阵”，我们站在土坡上往里瞅了瞅，只见竹竿编成的篱笆纵横交错，再也看不出个究竟。华老边下坡边说：“待我撒泡尿，破了它的阵。”就如面前这封信，不着意处也能令人绝倒，说到石家庄的“热”，只有四个字：出类拔萃。

信中写道：“你的文、字、画，浑然一体，很随便，但别人要照着随便，又随便不起来了。”华老一语，使之数日兴奋不已。而批评匡正者也以直言，比如以往信中“已有关良在前，何必去步其后尘”；“光在笔墨情趣上找安慰是无出路的”。

近年来很少去京，听人说华老在《人民日报》上发表了一幅漫画，喜极，买了多份报纸分送亲友。这是咋的了？数十年来，可谓是《人民日报》上无月无日不有华氏漫画，何以对这一幅独加青睐？是否以示“廉颇不老”，我心有戚戚焉。又听说华老认不清人了。我立即打了个电话，证之果然，一下子，心里空了半截。

刘真的信

刘　真

（1930 — ）山东省夏津县人。原名刘清莲。当代女作家。1939 年参加人民军队。1951 年在《东北文艺》上发表第一个短篇小说《好大娘》（中国青年出版社 1952）。曾在东北鲁迅艺术学院和北京中央文学讲习所学习，毕业后从事专业创作。担任过中国作家协会理事、河北省作协副主席、河北省文联副主席。自 1953 年起，先后出版的短篇小说集有《我和小荣》（中国少年儿童出版社 1953）、《春大姐》（作家出版社 1955）、《林中路》（作家出版社 1957）、《核桃的秘密》（长江文艺出版社 1958）、《长长的流水》（作家出版社 1963）、《三座峰的骆驼》（中国少年儿童出版社 1978）、《红围巾的旅行》（中国少年儿童出版社 1981）、《英雄的乐章》（河北人民出版社 1981）、《刘真短篇小说选》（花山文艺出版社 1983）等。另出版散文集《山刺玫》（山西人民出版社 1980）、《童年纪事》（河北少年儿童出版社 1985）等。她的作品中，《我和小荣》于 1980 年获全国儿童文学一等奖，《彭总和孩子》于 1982 年获中国少年儿童文学奖，《一片叶子》于 1984 年获（1981—1982）全国优秀报告文学奖。其代表作《长长的流水》《英雄的乐章》《黑旗》等被译成英、日、俄、朝、西班牙等多种文字。

江苏省如皋食品罐头厂

郭小羽同志：

现寄上标准象一张，作参考吧！

三月份你来邯郸时，一定来找我。北京画院的张文新（油画家）搞了一个悲多芬头象图子，还在瓷城，相当不错。我有过一个，叫孩子摔了。咱们一同去瓷城一趟，那里有许多工艺美术品，很好，可安排成本费卖给我们一些，随便挑挑，有精品室。市委宣传部，市文联，地区文联、地区日报社刘志浣（我侄子）都知道我的地址。

祝你新年快乐！

刘真

电话：3549

12月30号

韩羽同志：

现寄上标准相一张，你做参考吧。

3月份你来邯郸时，一定来找我。北京画院的张文新（油画家）捏了一个贝多芬头像模子，还在瓷城，相当不错。我有过一个，叫孩子摔了。咱们一同去瓷城一趟，那里有许多工艺美术品，很好，可按成本费卖给我们一些，随便挑，有样品室。市委宣传部、市文联、地区文联、地区日报社刘龙源（我侄子）都知道我的地址。

祝你新年快乐！

刘真

12月30日

韩注 1984

札 记

信的开头是“现寄上标准相一张，你做参考吧”。起因是我要为她画一漫画像。又是因为什么画漫画像？这幅漫画像发表在 1986 年的《文艺报》上，并附一小文，一看小文便知端的：

这幅画如果不加说明，不但别人看不懂，恐怕就连画上扭秧歌的主角本人也看不懂。我这样画是因为想起在干校劳动时和刘真的一次闲聊。她说她是山东夏津人。我是山东聊城人，相距不远，是老乡。她又说早在 1945 年即在部队里戎马生涯，曾参加过攻打聊城的战役，正巧，我当时恰恰在被攻打的城里做穷学生，越说越近，按着这意思画这幅画，以志和刘真的这段缘分。提笔作画，本应“人如其文”画出她的如她的小说一样的风采，但时光像“长长的流水”（她写的一本书的书名）一样地流逝着，现在仅能依稀记得“大跃进”年代她围着白纱巾穿着黑大衣的飒爽英姿的模糊影像。而十五六岁的刘真则又因隔着战火纷飞的城墙没有看到过。权宜之计，只能使老乡以年近花甲之面孔配以十五六岁之身态，集“志于学”“知天命”“耳顺”为一体了。

刘真是新中国伊始出道最早的女作家，继之是茹志鹃。在学习班时她给我的印象是无论是大批判或是小批评总有点满不在乎，我不无赞意地说是“刀枪不入”。试想 1959 年文艺界对其《英雄的乐章》举国声讨、上下挞伐，已是经过大阵仗“曾经沧海难为水”了。徐光耀和她颇谈得来，惺惺相惜。也是徐光耀为《英雄的乐章》抱不平，写了《不白之白》，一个“白”字，不啻雄鸡一唱。

恢复高考那年，我去邯郸地区招生，这时刘真已调到邯郸地区文联。闲得无聊，想起刘真，去找刘真聊天。她仰躺在床上，我坐在沙发上，两个烟鬼弄得满屋烟气腾腾。正说到开心处，倏地一口唾沫如弹丸直射屋顶，气壮神旺，巾帼不让须眉。

－韩羽画刘真－

米谷的信

米　谷

（1918 — 1986）浙江海宁人。原名朱吾石，笔名令狐原、封宁、M.K、李诚、石兰。漫画家。1934 年考入杭州艺术专科学校高中部，翌年转入上海美术专科学校。1936 年开始在《时代漫画》上发表作品。1938 年入鲁迅艺术文学院美术系学习，不久转入此院美术工场，为八路军后方政治部刊物《前线》作画。1943 年在上海唯美广告社当绘图员，在《光明日报》等报刊发表漫画。抗战胜利后，为《文萃》《文汇报》及《群众》周刊画政治漫画，配合反内战、反迫害、反饥饿斗争。他于 1946 年开始以“米谷”等笔名发表作品。1947 年冬到香港，并主编《文汇报》漫画双周刊，参加人间画会，任秘书长。中华人民共和国成立后，先后任《解放日报》编委兼艺术组长、华东美术工作者协会副主席、上海美术工作者协会副主席、中国美术工作者协会理事、《漫画》月刊主编、中国美术馆研究部主任等职。米谷的漫画创作生涯开始于 1930 年代中，以漫画享誉画坛则要到 1940 年代时期。这时期米谷创作的漫画，内容紧抓当时的政治题材，讽刺时弊，备受关注和好评。从 1940 年代末到 1950 年代，米谷的漫画在中国和海外都产生过广泛影响。著有作品集《米谷漫画选》及连环画《少年毛泽东》等。

米谷

宝翔姐姐：来信早已收到，因迟复，请谅之。

我近来很少与友人们通信，李公也即其一。原因是：比较复杂，第一，此间陶事谅你也有所闻，因此友好都劝我与朋友间减少往来。我想，总不为过，也为对方着想也是应该的。我们结论未定，应有些自知之明也。我想友人们的劝告是很对的，所以自你去后我和以后说与友人没有往来。加上看孩子，挂虑、琐碎也是够忙的。请你转告李公一下，此故只不打搅之谅。

画，我也暂时不画了。画出来吗？倘为请人遣，说不定弄出点什么事来也是受不了的，所以还是干脆不画为好，安心做个"家庭妇女"，看看孩子，买买菜。实在无聊闲来就下楼去看老人们在墙角边下棋。如此而已。

75.1.(1328)

你大概很忙吧？在忙搞些什么？
赖着也不忙，有时间再看可也。
今年这儿热得利害，并且高楼上整天无滴水，只能半夜洗衣、洗澡。好在我是闲汉，无需一般的正常生活，可随便变更。

关于李公的一册，请代为去一信，以免悬念。

专此祝

好！

启 7/8

75.1.(1328)

韩羽同志：

来信早已收到，因迟复，请谅之。我近来很少与友人们通信。李公也即其一。原因是：懒散；第二，此间陶事谅你也有所闻，因此友好都劝我与朋友间减少往来。我想，虽不为己，为对方着想也是应该的。况我的结论未定，应有此自知之明也。我想友人们的劝告是很对的，所以自你走后，我可以说与友人没有往来。加上看孩子，拉屎、摔跤也是够忙的。望你能转告李公一下，以赦久不握笔之罪。

画，我也暂时不画了。画它干吗？倘为消遣，说不定弄出点什么事来也是受不了的，所以还是干脆不画为好，安心做个“家庭男妇”，看看孩子、买买菜，实然闲出鸟来就下楼去看老人们在墙角边下棋。如此而已。

你大概很忙吧，在忙招生么？

赖画也不忙，有时间再画可也。

今年这儿热得可以，并且高楼上整天无滴水，只能半夜洗衣、洗澡。好在我是闲汉，无需一般的正常生活，可随便变更。

关于李公处，务请代为去一信，以免误会。

专此祝

好！

谷

31 日

韩注 1975

札　记

“此间陶事谅你也有所闻”，把这话稍加一注，据报刊资料：“原中国曲艺工作者协会副主席、《曲艺》杂志副主编陶钝在全国曲艺调演期间，应山东省代表队领队李寿山邀请，到西苑旅社看了几个老同志，听了几个曲艺调演节目。于会泳等人知道后，竟诬蔑这是‘黑线代表人物私审调演节目’，是‘文艺黑线夺权’的一起‘严重的政治事件’。于是，陶钝被勒令交代问题，行动受到监视，李寿山、郭文秋（山东代表队演员）回山东后，被强行调来北京隔离审查。他们还成立‘陶钝事件调查组’，派人和发信到全国各地调查与陶钝有联系的人和事，声言要在全国文艺界‘抓陶钝这一类人’，打一场全国性的‘战役’。”

是“杀猴给鸡看”抑或“杀鸡给猴看”，在吃文艺饭的人中，固然有等着看热闹取乐的，像浇了大粪汤的菠菜立马支棱了起来；而更多的则是心中惴惴，像十五只吊桶打水七上八下。仅以米公此信，见豹一斑，足概其余。信中说：“友好都劝我与朋友间减少往来。我想，虽不为己，为对方着想也是应该的。”“所以自你去后，我可以说与友人没有往来。”“画，我也暂时不画了。画它干吗？倘为消遣，说不定弄出点什么事来也是受不了的，所以还是干脆不画为好，安心做个‘家庭男妇’，看看孩子、买买菜，实然闲出鸟来就下楼去看老人们在墙角边下棋。”

而我这小扒拉子者，也心绪不宁，想象中总是浮现出“扫了我一眼”的那只“眼”。是上一年（1974年）批“黑画”时的事了。我的一位老同事，代表上级到河北工艺美术学校传达批“黑画”文件，当他在讲台上念到被点名的石鲁、李骆公时（按当时的说法是我与李骆公臭味相投），特别将“李骆公”三字语气加重，向台下的我扫了一眼，这一眼，实难言矣，似是幸灾乐祸得难以自持也。

翔宇：

"三打"及"穆桂英"我都请人拍了一下，效果极好。

今天收到你的《西游人物》，仅十分钟前，摄影师又来了，又请他去拍了。《西游人物》张张很好，可惜其中某些人物我不识，因为儿时看过这书，年长后未看。其中如"二郎神"、"土地爷"、"蜘蛛精"，及其一些着女人，造得极好。我说，你老以画儿内行。在请人拍以前，我有过一阵考虑：是整幅拍呢，还是一幅幅拍成小册页？可见，从整个画面看，相互连系不断。而拍成小册，不觉分割了。最后还是拍成整幅。从此，我又想到，你何不画一幅很热闹的如旧年画之类的

北京市西城区印刷厂出品 75.9（1328）

要的东西呢？例如，画《大闹天宫》，人物可以极多，场面极大，而各种人物（仍不宜太大）又相互很紧凑，左右联系，闹非凡。我觉得这种民间形式是很好玩的，而你画起来，一定会更有趣。当然，也可以画上玉皇与皇后的洋相。或者，画齐天聖当了弼马温，这也是可以很有趣的。当一个起码小官，自以为了不起了，摆起威风来了，这又何尝没有现实意义吗？

高坐马厩，作威作福，

不过，你为什么老不愿用“大红”和“黑”色呢？我总很喜欢这两色的，这两色很重，有份量。其他年画里的色，如“紫”、“深绿”，也太多了，多“吸”收一些。老傅的，其效果总特别好的。

一星期来，因为病，又在家全休了！不过，

北京市西城区印刷厂出品 75.9（1328）

在家每天作饭而已。我这破书也有些人伸手要，我自己在发笑。

春节前，展览会开了。因为我在家休息，近况不明。过几天，将去老钟处看看你的新作。

近月来，北京市内交通拥挤，上不了车，上了车又下不了车，真是寸步难行。在电车站上吹一个钟头西北风，是常有的事。

李路路，我处也无信。他给我的曹操诗，我已读了，很好！

何时来京？说

全家好！新春好！

[illegible] 14日

北京市西城区印刷厂出品 75.9（1328）

羽弟：

“三打”及“穆桂英”我都请人托了一下，效果极好。

今天收到你的《西游人物》，仅十分钟，裱师又来了，又请他去托了。《西游人物》整个很好，可惜其中某些人物我不识，因为儿时看过这书，年长后未看。其中如“二郎神”“土地爷”“蜘蛛精”及某一坐着女子，画得极好。我说，你画此类是内行。在请人托以前，我有过一阵考虑：是整幅托呢？还是一幅幅托成小册页？可见，从整个画面看，相互联系不够。而托成小册，又觉分割了。最后还是托成整张。从此，我又想到，你何不画一幅很热闹的如旧年画之类的东西呢？例如，画“大闹天宫”，人物可以极多，场面极大，而各种人物（仍不宜太大）又相互很紧凑，左右联系热闹非凡。我觉得这种民间形式是很好的，而你画起来一定会更有趣。当然，也可以出出玉皇与皇后的洋相，或者，画齐天大圣当了弼马温，高坐马厩，作威作福，这也是可以很有趣的，当一个起码小官，自认是了不起了，摆起威风来了，这难道没有现实意义吗？

不过，你为什么老不愿用“大红”和“黑”色呢？我是很喜欢此两色的，这两色很重，有分量。其他旧年画里的色，如“紫”“深绿”，也大可多吸收一些。画得好，其效果是特别好的。

一星期来，因为病，又在家全休了。不过，在家每天作画而已。我这破画也有些人伸手要，我自己在发笑。

春节，展览会要开了。因为我在家休息，近况不明。过几天，将去老钟处看看你的新作。

近月来北京市内交通极挤，上不了车，上了车又下不了车，弄得寸步难行。在电车站上吃一个钟头西北风是常有的事。

李骆公，我处也无信。他给我的曹操诗，我已裱了，很好！

何日来京？祝

全家好！新春好！

谷

14 日

韩注　1976

羽军：

你好！

丁聪信中我胡写了几句，谅你已看过。

关于你的画，我俩便所听到真知的意见，会转告你。

草原来信说："韩羽的戏画在你处看过几幅，我很中意，也很喜欢。关良描画他却流畅，流畅易变为油滑。难的功夫不是截住了油滑之途。他那一股新鲜、泼辣气息却是关画所没有的。对画之好不好。无论如何新鲜、泼辣，必须使人感到深厚、沉实，在一定的程式中突出个别性格。他来京时，记得和我讨论此事。（先印哪一幅，收到再寄，不要一次都寄）。"

今天去艾处，他说："韩画是好的，但不要过份漫画化"（他指看你信上草草的画及门前挂抹，认为漫画化"过份"了。而实际我很喜欢。）

我觉得这两个意见值得你参考，所以转上。

北京制本厂印制 77.5 （1426）

流畅，偏文了，易入"油滑"之道。"拙"是杜绝
"油"的方法。流畅必须使人有"深厚"的感觉。
我觉得这个意见我说不出，但十分同意、非常
同意。一个人，一入"油滑"之道，是很难摆脱
的。陈文元即是一例。你要切记切记。
艾的意见，也有道理，而简一点不宜过份，一
过分，好处就会成为坏处。

我个人，对于你近来寄来的几幅，不太满
意。如你在很多方面用笔过分简单，连
衣服都没有，用两三条直线拼成（如盗书
中人物）。这种形象，我认为反而脱离了
美学上的简练与艺术性。我认为最近几幅不
及"白衣人"、"试"的水平。你是否受了我
写的"野"的影响呢？

草如，我已寄去"三岔口"一幅。你要求
每次寄一幅，以免遗失，所以，过几天我再寄

北京制本厂印制 77.5 （1426）

"盗书"。同时，我要你画一幅无上款的，让他看看如何？

三十斤石头一块已收到，谢谢。据说我已不相识了。后来他提起看年画稿事，我才想起。他带石来去，已很累的。请代谢谢。

我的手似乎很难画下去了，但我坚持仍要画之。我在书法上要造自己的反。

去年写的时候，你也应对自己造一下反，这是有进步的。

"盗书"，我认为戏剧性很强的。这种巧妙的戏剧性，看戏时会使人感到很有趣、很吸引人。作这种题材的画，也应强调这些东西。倘使把蒋的上当、自以为得计，和周的假睡……更明显而较细致的刻划出来，其效果会更好。画戏。有些人物本身形象已经有气魄而多采了（如宴），但有些需要引人的剧情。

3

关氏，比你易，因为在他以前没有人写戏曲史的。你比他难的地方就是因为在你之前有个关氏。但也对你有利，你知道了他的话，你就可以创出一套有别于他的体系。

这方面的书，不必费太大功夫，因为这是一个极特殊、更偏狭的科目。你只要把两、三个小戏排在一起就行了。

代刘好。顺

好

爸 27日

北京制本厂印制 77.5 （1426）

羽弟：

您好！

丁聪信中我略写了几句，谅你已看过。

关于你的画，我假使听到点什么意见，会转告你。

草兄来信说："韩羽的戏画在你处看过几幅，我很中意，也很好。关良拙而他却流畅，流畅易变为油滑。拙的功夫正是截住了油滑之途。但那一股新鲜、活跃气息却是关画所没有的。戏画画好不易。无论如何新鲜、活跃，必须使人感到深厚、沉实，在一定的程式中突出个别性格。他来京时，记得和我讨几张（先邮寄一幅，收到再寄，不要一次都寄）。"

今天去艾处，他说"韩画是好的，但不要过分漫画化。"（他指着你给荒芜的画及野猪林，认为漫画化"过分"了。而窦尔敦很喜欢。）

我觉得这两个意见值得你参考，所以转上。流畅，久而久之，易入"油滑"之道。"拙"是杜绝"油"的方法。流畅必须使人有"深厚"的感觉。我觉得这个意见我说不出，但十分同意，非常同意。一个人，一入"油滑"之道，是很难摆脱的。张文元即是一例。你要切记切记。艾的意见，也有道理，所谓一切不宜过分，一过分，好处就会成为坏处。

我个人，对于你近来寄来的几张，不太满意。如你在很多方面用笔过分简单，连衣皱都没有，用两三条直线构成（如盗书中人物）。这种形象，我认为反而脱离了美学上的简练与艺术性。我认为最近几幅不及“白衣人”“三打”的水平。你是否受了我要你“野”的影响呢？

草处，我已寄去“三岔口”一幅。他要求每次寄一幅，以免遗失，所以，过几天我再寄“盗书”。同时，我要你画一幅无上款的，让他看看如何？

三十斤石头一块，已收到，谢谢，杨君我已不相识了。后来他提起看年画稿事，我才想起。他带石来京是很累的，请代谢谢。

我鸭子似乎很难画下去了，但我坚持仍要画它。我在画法上要造自己的反。

在适当的时候，你也应对自己造一下反，这是有进步的。

“盗书”，我认为戏剧性很强的。这种巧妙的戏剧性，看戏时会使人感到很有趣，很吸引人。作这种题材的画，也应强调这些东西。假使把蒋的上当，自以为得计，和周的假睡……更明显而较细致地刻画出来，其效果会更好。画戏，有些人物本身形象已经有气魄而多彩了（如窦），但有些需要引人的剧情。

关良，比你易，因为在他以前没有人画戏曲画的。你比他难的地方就是因为在你之前有个关良。但也对你有利，你知道了他的路，你就可以创出一条有别于他的路来。

之方的画，不必费大功夫，因为这是一个极特殊，更偶然的构图，你只要把两三个小戏排在一起就行了。

说到此。祝

好！

谷

27日

（信中的“草”是香港《美术家》主编黄草予；“艾”是诗人艾青；关良画戏曲画，指写意戏曲画。——编者注）

羽翔：

书及信均到，勿念。

悦、丽芳好，多代转。

常念我事。我仍是“无子东去”的字号云云。据闻文化部正在“抓紧”中。但我既已被折腾了十年，自己倒反而麻木了，抱着“让它去”态度。我一不想当官，二不想发财，无所求也，仅想书书画画已！

“争夺战”战况如何？不过，“胜负乃兵家常事”，望勿忧虑为好。

据闻，你的书挨了某官的批，不知确否？这两天，我却听到了两个人对你书好评。其一，认为：关、高、韩

北京制本厂印制 78.1 （1291）

之人同僚治戏治，以韩为传；第一，甚

来信"十五贯"，我因知你近日情况不佳，所以婉言"过些时再说"。

仁者见仁，智者见智，此地各有说法。你可不必介意为好。

苏州，我也只是耳闻，究属如何，无更具体材料告你。不过，我也劝你把此类事放在"让它去"一搁为好。

敬此祝

好

[illegible]

北京制本厂印制 78.1 （1291）

羽弟：

画及信均到，勿念。

阮、雨等画，当代转。

蒙念我事。我仍是“无可奉告”四字答之。据闻文化部正在“抓紧”中。但我既已被折磨了十年，自己倒反而麻木了，抱着“让它去”态度。我一不想当官，二不想发财，无所求也，仅想画点画而已！

“争夺战”战况如何？不过“胜负乃兵家常事”，望勿忧虑为好。

据闻，你的画挨了某官的批，不知确否？这两天，我却听到了两个人对你画好评。其一，认为关、高、韩三人同属画戏画，以韩为佳；另一，想求你“十五贯”。我因知你近心情不佳，所以婉言“过些时再说”。

仁者见仁，智者见智，奖批各有说法。你可不必介意为好。

黄刊，我也只是耳闻，究属如何，无更具体材料告你。不过，我也劝你把此类事放在“让它去”一栏为好。

专此祝

好

谷

20日

韩注 1978

札　记

不止一次、两次，可说是多次了，在和别人谈话中，往往突然冒出诸如此类的话："米谷呢？""这几年怎么听不到米谷了？"

最近离开上海前，在张乐平家，谈话间又提到米谷。乐老蹀躞着碎步叹息着："米谷，唉！"我，还有詹同沉默了，本来带有寒意的房间更显得凄冷了。

画界前辈米谷，全身麻痹，神志不清，已长达六年了。

也是最近，我帮着笑英大嫂（米谷夫人）为他翻转身体。他呆滞的眼神、木然的面孔，使我感到熟悉而又生疏，我觉着自己的鼻孔抽搐了一下，赶紧闭了闭眼。

这就是艺坛老将米谷？这就是解放战争、抗美援朝战争时期铁笔横扫敌顽的米谷？简直难以想象，这瘦弱的身躯，从前洋溢着的是如江河流泻般的革命的激情与无穷尽的智慧。

我的呼唤他是否能听得到？我看着他的翕动着的嘴，费力地猜测着。但我知道，无论听到与否，由于表达能力的丧失，阻隔了我们之间的任何交流，我们离得这么近，却又是那么远。

我愤怒，但却是无可奈何的愤怒。这病魔，夺去了一代漫画大家的才智。

我曾不止一次地祈望着：说不定哪一天老前辈又能坐起来讲话了。

又是最近，我收到从北京寄来的新出版的《米谷漫画选》，手捧着书，百感交织，心潮逐浪，过去的一切齐集心头。

20世纪50年代初，在北京二眼井的一处院落里的侧屋内，不，还要早，应该说是40年代，我十七岁刚刚参加工作的时候。有一天无意中看到《文汇报》上登载的几幅画，是根据《小二黑结婚》故事画的。我漫不经心地看着。看着看着惊讶起来，这不就是我家乡的情景？这窗户、苇席、剥蚀了的泥墙、油污的灯盏……都似乎在散发着我熟悉的为农村所特有的气味。这“二诸葛”不就是我的远房族伯？那“三仙姑”多么像给我生病的妹妹“观香”的神婆子，我就曾经亲耳听到她对一个后生悄悄说：“上我家去吧，孩子爹卖菜去了。”

米谷是谁呢？他的这支笔简直把我们村里的那些人的魂儿都拘到画上来了。从此我迫不及待地等着下一张《文汇报》。逐渐地收集到了几十幅，贴成了少头没尾的一小册，这成了我的珍品。我常常拿出来翻阅，每次都唤起我对家乡的回忆，给我以很大的欣赏上的满足。又渐渐地使我产生了一种欲望：如果我有一天也能画得这样出神入化……我受着吸引，我着了迷，我亦步亦趋地试着模仿起来，这可以说是我的美术创作的始步。“米谷”这名字与我的深切联系就是这样开始的。我崇仰着这位没见过面的米谷，常常想象着他可能是什么样子的。

在北京二眼井的一处院落里的侧屋内，我第一次看到神交已久的米谷，当时情形记忆犹新。当我跨进大门口时，心情激动得不可言说，难道真的要见到米谷了么？但相见之后，却与我的想象大相径庭。他穿着西服上衣，却又是一双中式便鞋，这不伦不类的装束很难与他卓越的艺术联系起来。不过这也仅是一刹那间的感觉。攀谈中，我说我很喜欢连环画《小二黑结婚》，我非常熟悉画中所描绘的这一切，因为我就是在农村中长大的，我是山东农村人。他说：“你是山东人？你们山东人很讨厌我们上海人，是吗？”我窘住了，这一窘，紧张心情倒反而消失了。这是我们相识的开始，“米谷”由想象成为具体：西装上衣，中式便鞋。

我与米谷相熟起来是由于我常常给《漫画》杂志投稿。当时有很多青年作者齐集在《漫画》编辑部周围，如毕克官、缪印堂、肖里、詹同、丁午、于化、陈永镇、何苇等。以米谷为主编的《漫画》杂志，在培养青年漫画家上是有功劳的，直到现今很多人谈起来仍充满着感激之情。《漫画》杂志经常以大量篇幅刊登青年的作品。尤其是关于稿件的通信，热情耐心，有询必答，当时有人称之为“漫画函授学校”。这良好的编辑工作作风，当然与米谷倡导有关。因为在处理稿件上，主编米谷也与其他编辑一样事必躬亲。正是这些信件，指导、鼓舞了多少青年作者啊。

我曾多次看到米谷与编辑们围着稿件像医生会诊一样，绞尽脑汁，推敲斟酌。一幅幅作品在“会诊”下起死回生或者点石成金。而作者必然也伴随着提高了一步。《漫画》杂志就是这样与青年作者打成一片的。我也是经常怀着感激之情回忆起这一切的。我已经听得惯熟了的，是米谷的那亲切而又蹩脚的普通话：安羽，来啦。

我们再次重逢则是远隔十数年之后了。“打倒”“砸烂”声中，惊魂甫定，我曾偷偷跑到北京他的住处去探望。但是除却门上生锈的锁，门前的积尘，再就是更增添了一层的牵挂与怅惘。

终于，他被准许回家养病了。终于，我们见面了。自然的规律，人世的风雨，使他较之《漫画》杂志时期已颇显老态。尤其使我不愿想起而又有时不免想起的，是有一次我们一起在街上走着，我突然发现了他穿的棉袄原来竟如此破旧，还有断了檐的鸭舌帽。再看看来来往往的“造反”新贵，愤懑之情，盈之于胸。“冠盖满京华，斯人独憔悴。”这就是我们当代的漫画大家！

他这时不仅患着严重的高血压症，更腻烦的是他的所谓“问题”（这类的“问题”在那十年中可说是全国膨胀性的）还“挂”着，处在一种无形的被管制之中。从他这时给我的信中很可以看出这一点。他写道：“……此间陶事谅你也有所闻，因此友好都劝我与朋友减少往来。我想虽不为已，为对方着想也是应该的。况我的结论未定，应有此自知之明也。”“画，我也暂时不画了……干脆不画为好，安心做个‘家庭男妇’”。

我看着“家庭男妇”四字，想起了米谷主编《漫画》杂志时期对青年后进的指导与关怀，想起了从解放战争起到60年代中期的他的数以千计的犀利的深刻的政治讽刺画，不由得心中酸楚。难道是“廉颇老矣”？不，不是，是被迫放下了画笔。

我惭愧自己无能为力，于他无丝毫之助。说来可怜，有一天我无意中说了句什么话，引得他大笑起来，使我恍悟到讲“笑话”使他开开心倒也不错，于是我常常讲笑话。有自己经历的，也有道听途说的，每当他纵声大笑时，我高兴地觉得也算做了一件事情。

这时，我也是被“恩赐”为“又得浮生半日闲”的人，这么说是为了有点“诗意”，可说穿了是半失业。再者是万马齐喑的文化禁锢，任何艺术上的尝试都将遭到非议，尤其像我所处的小城中更是如此。大概是“人以群分”论在起作用吧，在这种情况下我就常常溜到北京去，一到他家，把门一关，“躲进小楼成一统”起来，只有这时才真正感觉到了自己的存在。

我们彼此就是在这种状况下，较之《漫画》杂志时期有了更多的接触，因而我对这位艺坛老将也有了较深的了解。

很久以前，我就曾经听到过关于米谷的传言，说解放前他在上海时候，把睡卧用的铺板都给画满了，这是在睡梦中忽然来了灵感以防忘却而记录下来的。对此我毫不怀疑，因为一个辛勤的脑力劳动者是很有可能这样的，这或者也可以叫作“劳动惯性”吧。在“文化大革命”施加给他的艰难处境中，虽然他也曾一度表示“干脆不画为好”，但像终生在田地里耕耘惯了的老农熬不得清闲一样，这位在艺坛耕耘了一生的老将怎能轻易放下画笔！“家庭男妇”终于还是“重为冯妇”。

他开始偶尔捏捏泥巴，捏各式各样姿态的马；继之画盘子，却如决堤之水，不可遏止了。他信中自我解嘲：“画盘子，成为包袱，总不能发展成瓷器铺。”我说就成瓷器铺又何妨！我为他奔走买盘子，开始是在东城区买，后来又远征到西城区。盘子难于买到了，又想到砂锅盖。可是他来信说：“砂锅盖原色甚好，但市场无单独卖盖，故不易得。”因而又从砂锅盖转移到纸上，画起了鸭子。这位老前辈这时很有点儿像缴了械的将军，两手空空，既无像样的纸，更无色、笔。到处收拢，兼收并蓄，在他的画案上有皮纸、高丽纸，还有包装纸。有国画色、广告色，也有小学生用的水彩色。有完好的，也有变质的。这位“将军”手下就是这样的一批“杂牌军”。他的鸭子的身上当然也就是各种性质不同的颜料的混合了。

他到底画了多少鸭子，我没统计过，只见他卧室里挂有三个大字：“千鸭塘”。他画鸭子是由于喜爱这洁白的家禽，抑或别有寄托？我不好揣猜。但有一事我记得很清楚：有一天米谷要我给他写一副对联，我问写什么字，他随手在纸上写了：“无缘上架去，甘愿下塘来。”接着他又很快涂掉了“无缘”改成“何必”二字。我们为这即景生情的鸭子对联一起笑开来，彼此有一种心照不宣的痛快之感。

美术评论家黄苗子在《米谷漫画选》序言中写道：“米谷平日待人接物就像一团火，热情而使人感到温暖，他的精神也像一团火，发出强烈的光焰。”米谷待人热诚，的确如火之焰。对他的思想、精神，我常有一印象，如果把它比作游山探胜，则总喜涉足于人迹罕至之处，冀辟奇境。

譬如，他常常给我出一些别致的题目。有一天忽然说：“安羽，你画一个梳辫子的林黛玉(意即清代服饰的)试试看，如果画得让人承认了，这就是本领。”这真是匪夷所思，但却引起了我的兴趣。这另辟蹊径的想法使我在思考上得到很大的启示。

他更有趣地在信中写道：“或者，画齐天大圣当了弼马温，高坐马厩，作威作福，这也是可以很有趣的，当一个起码小官，自认是了不起了，摆起威风来了，这难道没有现实意义吗？”

又有一次，他让我画《虹霓关》，我有点儿畏缩地说：“不是这戏有问题吗？”他说：“且莫管，那要看从什么角度看，这一对白袍的颜色不是蛮漂亮！”是的，满台素雅，别有情致。直到最近我从一本书上偶然看到日本作家芥川龙之介对《虹霓关》的一段话：“不是男人捉女人，而是女人捉男人。萧伯纳在《人和超人》里曾把这个事实戏剧化了，然而把这个戏剧化了的并不是从萧伯纳开始的，我看了梅兰芳的《虹霓关》才知道中国已经有注意到这种事实的戏剧家。”我忆起了米谷说的“且莫管”三个字。正是芥川“且莫管”固定成见的看法，才能有了他自己的看法。“且莫管”是思想上的解放，是对因袭的排除，是导致独立思考的起点。

刚刚腾出饭桌，他就摆上了色、笔，我以为又要画鸭了，他却抽起烟斗说：“安羽，来！画个窦尔敦。”我画了，他说再健壮些。我又改画了，他说胡须再红些。我于是把一块朱红涂了上去。他把我画的这些健壮的、不健壮的窦尔敦分送给了文艺界朋友。后来，偶然看到黄苗子为窦尔敦的题句。黄老风趣地嘲笑窦尔敦“一半儿英雄一半儿蠢”，使我恍然有所悟。画旧戏怎能说没有意思？不是可以画出思想的吗！我开始画能表达出自己想法的戏，画《苏三起解》，画《三岔口》，借戏喻今。我对漫画的戏或戏的漫画产生兴趣，就是由这次画窦尔敦引起的。

在“帮气”窒息下，对我的变形的画与戏曲题材，是他首先全力以赴地给我以支持。他经常写信给我鼓气：“西门庆、刘唐、蒋门神等画起来倒也是很能入画的……总之戏曲人物有的是，够你画一辈子。不比我的鸭子，画来画去没有什么新名堂，看来我最后只能画‘全聚德’了。”“一、你有旧戏基础（至少知道剧情、服装、脸谱）；二、善于漫画夸张手法；三、加上民间用色，全矣、足矣，干吧。”

鼓励有之，批评也有之。他来信说：“以我个人所好而言，我觉得你的画在‘野’的方面还是不足。所谓‘野’，一句话也难以说清，大概是全无框框，想要怎么画就怎么画。”“我的鸭子似乎很难画下去了，但我坚持仍要画它。我在画法上要造自己的反。在适当的时候，你也应对自己造一下反。”“草兄来信说：流畅易变为油滑。拙的功夫正是截住了油滑之途。无论如何新鲜、活跃，也须使人感到深厚、沉实。艾说：但不要过分漫画化。我觉得这两个意见值得你考虑，所以转上。我十分同意、非常同意，一个人一入‘油滑’之道，是很难摆脱的。一切不宜过分，一过分，好处就会变为坏处。”

我翻阅着这一沓沓信件，这些信件无一不是老前辈为疾病缠身且在艰难处境中写来的。关怀、至诚，在字里行间闪烁着“强烈的光焰”。米谷曾送过我一幅率意之作：一老农蹲踞于地，酒碗、鞋子弃置于侧，两手捧酒坛，眼一睁一闭，凝神窥视坛口。上题“饮后之作请羽弟醉正”。印章歪斜似亦有醉意。风趣如此，使人忍俊不禁。于观赏间，我模模糊糊地总觉得在这老农身上似乎有着这位老前辈的影子，也就是说隐含着他的某些性格特点，譬如：率真、爽朗。正是由于这样，我在心目中虽以前辈敬之，总是不知不觉地更把他当成了挚友。

同时我也成了米谷的“监视者”。每当一起去看朋友时，笑英大嫂总要嘱咐一句：“不要让米谷吃酒！”这一点，我是毫不含糊的。刚刚打倒“四人帮”后，大家高兴，一起饮酒，我除了对付自己的还要替米谷喝，结果酩酊大醉。据说，反而是“被监视者”把我扶回家的。有时，我们也通同作弊，笑英大嫂警告我们“不要乱串”，我们往往是迂回一下，依然还是“乱串”到那些所谓“有问题”的人的家里。

突然，像挨了一闷棍。米谷脑溢血住院了。我立即赶到了隆福寺医院。

虽然他已讲不清话，但手势、表情使我仍能猜测出他的意思，我告诉他：我继续在画《红楼梦》人物，他点了点头。

六年了。

在这漫长的六年中，每当我画出一幅画时，就不由得想：米谷不病多好啊。

每当路过南小街口或在他家中，过去的一切历历呈现眼前，而空寂落寞之感更倍于常，就不由得想：米谷不病多好啊。

当我看到《米谷画辑》《米谷漫画选》的时候，心绪起伏，又不由得想：米谷不病多好啊，他应当看到自己画集的出版。

笑英大嫂常常在病床前对他说："好好养着，你总有一天能再拿起画笔来的！"

是的，艰难的逆境没有能使他放下画笔。病魔，也不应该使他放下画笔。

马

－米谷画－

－韩羽画米谷－

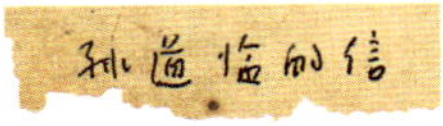

孙道临

（1921 — 2007）北京人。原名孙以亮。表演艺术家、导演艺术家、剧作家。1938年考入燕京大学哲学系，开始业余文学创作和戏剧演出活动。1941年珍珠港事变后，因学校被迫关闭而失学。1943年起，先后加入中国旅行剧团、上海国华剧社等，开始话剧演员生涯。曾把英国女作家勃朗特的《呼啸山庄》改编成话剧《魂归离恨天》。1945年重返燕京大学学习。1947年毕业后，相继在上海清华影业公司、昆仑影业公司参加拍摄了《大团圆》《乌鸦与麻雀》等故事片。新中国成立后，在上海电影制片厂当演员。五六十年代活跃在银幕上，塑造了《渡江侦察记》中的李连长、《家》中的高觉新、《不夜城》中的张伯韩、《永不消逝的电波》中的李侠、《革命家庭》中的江梅青、《早春二月》中的萧涧秋等各种类型的人物形象。1978年开始从事编导工作。1981年与叶丹合作，将巴金的小说《灭亡》改编为同名电影文学剧本。1984年把曹禺的话剧《雷雨》改编为同名电影文学剧本，自任导演和主要演员，集编、导、演于一身。1986年又创作出电影文学剧本《非常大总统》（合编），自任导演和主要演员。在传记故事片《李四光》中扮演著名地质学家李四光，在中日合拍的《一盘没有下完的棋》中扮演中国棋手况易山等银幕形象。当选为第四、第五届中国影协理事。

作者与孙道临（左）

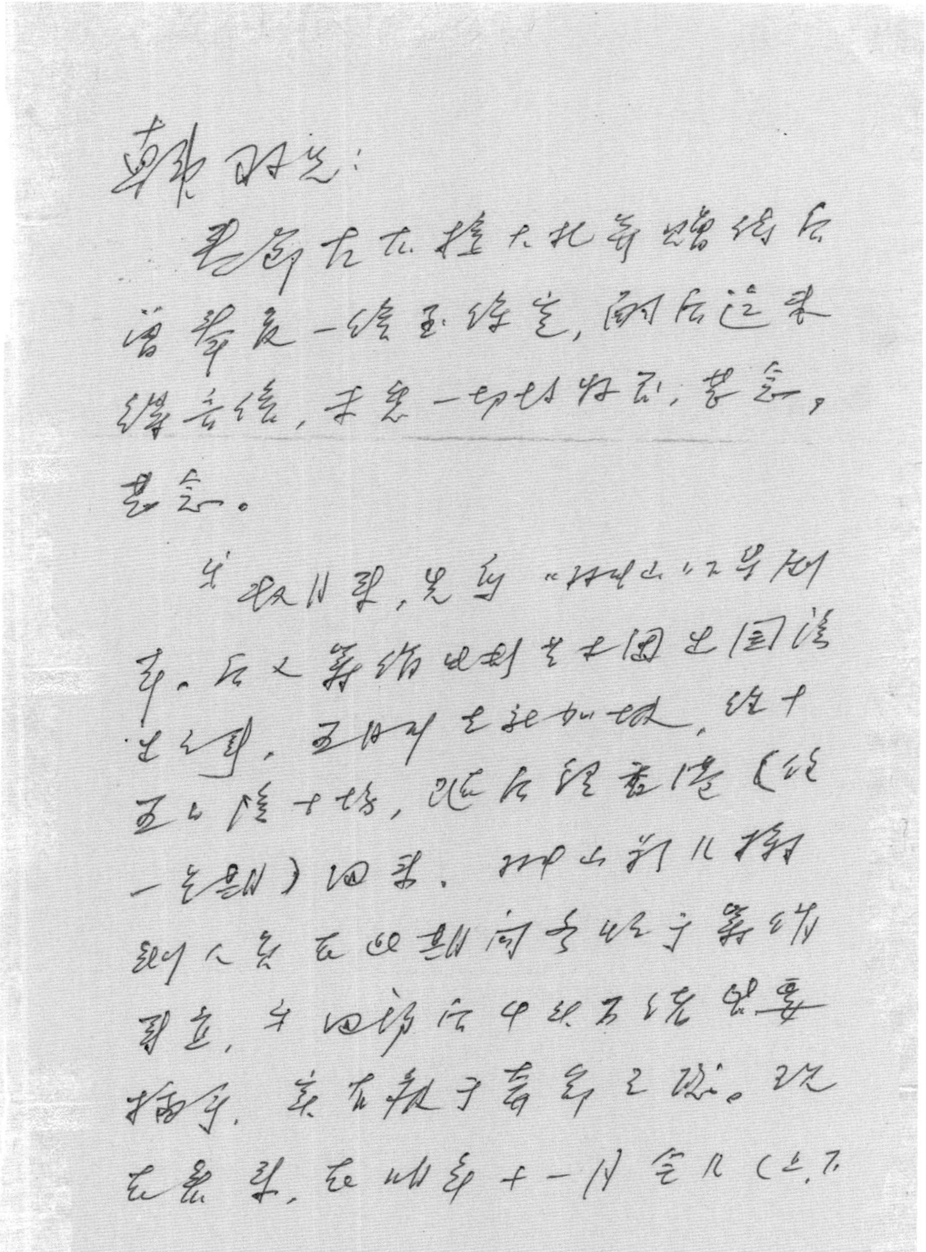

等）精神以前，这就叫"临危机会"了。你们开得出来"讨论会"吗，希望能够?!"然后这不是过来人吗。

这些天正忙碌，要与本部门讨论计划。七月份去广东广西看外事，八月份回来继续开始搞北京前的经济等，九月份争取先到洛阳，北京接触为你学的结果。我总是先后坚持去洛阳一游，或北京也能去？就这么不知道可知，再给兄去。友情信件，岂不是为此难续吧！

来信寄以作品，代他致谢。

"井冈山"风雨了多年来，谈谈党史与感悟水，莫不知何不悦情过去大笑也！不多言，祝好身体！祝健康！ 立嵘 1985.6.22 上午

韩羽兄：

春节左右接大札并赠诗后，曾奉复一信至保定，嗣后迄未得音信，未悉一切均好否，甚念、甚念。

弟数月来，先写《孙中山》下集剧本，后又筹备电影艺术团出国演出之事。五月中去新加坡，住十五日演十场，随后经香港（住一星期）回来，《孙中山》影片摄制人员在此期间各忙于筹备事宜。弟回沪后，千头万绪皆要插手，实有疲于奔命之感。现在看来，在明年十一月全片（上、下集）拍成以前，是难获喘息机会的了。何日再得与吾兄“斗室荧灯，举樽相对”，但愿这不是过奢之望。

这些天正试装，并与各部门谈计划，七月份去广东、广西看外景，八月份回沪做开拍前准备并分镜头等，九月份争取先到洛阳、北京拍较为简单的镜头。未识吾兄届时有兴去洛阳一游或北京小聚否？最近有否来沪可能，亦望见告，友情诗情，当不至如此难续吧！

承为宗江作画，代他致谢。

《孙中山》困难多，要求高，战战兢兢，如履薄冰，实不知能否侥幸过此大关也！不尽言，祈赐音信！祝

健康！

道临

1985 年 6 月 22 日 上海

札 记

“承为宗江作画，代他致谢”，信中这句话，使我想起黄宗江，他家住后海东煤厂，是孙道临带我去的。孙和黄是同窗好友，我则初识。到后不久，又来了一位熟人李骆公，他从桂林来，甫坐定即大呼“坐火车太浪费时间”，有顷，又说“坐在火车上什么事都不能干，太浪费时间了”，道临兄冲我低声说：“要那么多时间干什么？”中午留饭，有酒。饭前，宗江兄如导游，领我在庭院观光。盖此处乃恭王府（红学家周汝昌著《恭王府考》，谓恭王府之花园即大观园）后旧院一角，渠顿生红楼遐想，此地当为焦大、茗烟等奴辈聚居之处。一隅有一陈旧小戏台，按图索骥，绘声绘色，谓赖大因其子得官在家摆席唱戏，这院落又可能是赖大家的云云。姑妄言之，姑妄听之。又言俞平伯曾为之题“焦大故居”，周汝昌为题“湘莲旧台”，黄裳为题“琪官遗馆”，境由心造，复姑妄信之了。

姑妄信之，也就姑妄画之，画琪官持短笛，焦大挥臂张口作“爬灰的爬灰”叫骂之状，黄大戏剧家在温语宽解，并附一歪诗：“琪官曲罢愤难平，焦大赌气耍酒疯，合应黄兄来排解，只缘同住‘红楼’中。”

黄兄见画嘉奖说：“这构思深得我心，只是遗憾少了尤三姐。”

作者与黄宗江（左）

－韩羽画黄宗江－

刚光：

22晚返家，华函赫然在目，不意翔速若此，阅后惘然若失之。"思君若汶水，浩荡寄南征。"古诗人云天厚谊之过甚也。兄性偏傲，性复乖僻，受之徒增惭愧，惟望来日以诗以寸心报之耳。

日来浮想联翩，试制俚句（忆秦娥），以谢知友：

天涯路
深情如梦君归去
君归去
孤灯寒寂
故人天涯（别后想起大学操场）

最是推心相见日
白玉樽怀松柏意
松柏意

不堪老侄

但问前期

我今日起开会一周，拟于下月初去乌鲁木齐搜集资料，估计需时月余。何日南归？必得在汝京家，岂是一大快事。然后印就后直印出来。事后后去代会话题纪录。为先阅读一个剧本以立此增人生滋味！

希望料收信后即回复，祝

近日安好

巴山

'86.3.24 夜

羽兄：

22晚返家，尊函赫然在目，不意神速若此，阅后怿然者久之。“思君若汶水，浩荡寄南征。”古诗人云天厚谊不过若是。弟德薄，性复乖僻，受之徒增愧恧，唯望来日得以寸心报之耳。

日来浮想联翩，试形诸短句（忆秦娥）以谢知友：

天涯碧
深情如梦春归去
春归去
孤馆寥寂
夜风如泣（别后数夜大风扑窗）

最是推心相见日
白玉襟怀松柏意
松柏意
不堪惜依
但问前期

弟今日起开会一周，拟于下月初去穗搜集资料，估计为时月余，何日南来？如得在沪重聚，当是一大快事。照片印就后当即寄上。来沪后当代介绍熟识牙医，为兄配得一口利齿，以充分咀嚼人生滋味！

春寒料峭，诸多珍重，祝
画事如意

道临

1984年3月24日夜

札　记

“紫色为《雷雨》之主色调，盖紫为红、蓝相生相克，热烈与幽冷之混合，用以衬托剧中人矛盾之心态。此不仅繁漪，亦兼及于周朴园、周萍、四凤。繁漪衣装初为亮藕合色，继之为暗紫色，后为黑紫色旗袍加红披风，衣装前后之变化，暗切人物心情之变化。室中紫色瓶插院中藤萝为紫之环境色。”

“看内部影片《女吸血鬼》，某女电影演员翌晨告人说：夜里惧不成寐，后以《毛选》拥之于怀，始心神稍定。”

“来沪后当代介绍熟识牙医，为兄配得一口利齿，以充分咀嚼人生滋味。”

这是多年前记录的道临兄的只言片语，现今读之，仍耐人“咀嚼”。

翻阅信札，见一信中有《忆秦娥》，从而想起我的快板诗，盖《忆秦娥》与快板诗有关。我们都喜欢聊天，一瓶烧酒，边喝边聊，“陶然共忘机”。一日，举杯相对，忽焉眼前一晃，孙道临欤？萧涧秋欤？我本不会作诗，感乎中，发于外，中情所激，只好亵渎缪斯了：

西窗剪烛，
举杯相对，
依稀当年涧秋，
一介书生。
叹文嫂长眠，
陶岚半老，
年年二月，
徒对春风。

几番坎坷，
几多悲欢，
人生如戏，
戏如人生。
俱往矣，
莫道鬓际添星，
壮怀未减，
“围棋”赛罢，
“雷雨”声起，
更拟讨逆平叛，
挥戈东征。
最堪忆，
长夜不寐，
中中外外，
今今古古，
谈兴酒兴，
友情诗情。

萧涧秋、陶岚、文嫂均为影片《早春二月》剧中人，孙道临是萧涧秋的扮演者。影片拍摄于 1964 年。上推二年（1962 年）文化部、剧协在广州召开创作座谈会，后称之为“广州会议”。此会调动起了文艺界、知识界的积极性，被誉之为文艺界的春天。此影片适值此会之后应时而问世。凑巧得很，片名恰是《早春二月》。快板诗“年年二月，徒对春风”依此而发。道临兄则更慨乎言之“春归去”。盖恶紫夺朱，此会很快被“四人帮”诋毁为“黑会”，不止“春归去”，竟归而不返达十年之久，而《早春二月》亦被诬茵成溷。一句快板诗本闲事讴吟，不料想触及噩梦，意兴全消，更哪堪“孤馆寥寂，夜风如泣”。

孙道临的同岁、同窗、同行、同乡黄宗江说他是“一首诗”，“是一首舒伯特和林黛玉合写的诗”，“看来是一句玩笑，确是玩笑，却又是我和道临七八岁时相识，如今却七老八十了，我积累了这么一句对他的既虚且实的总结。”（孙道临《走进阳光》一书的代序）出自乡巴佬的我的感触，继宗江先生再添补一句：每与之相对，借黄山谷语“便可扑去面上三斗俗尘”。

孙道临饰孙文

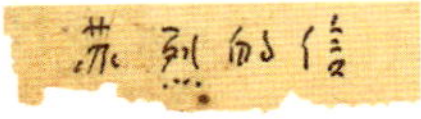

苏 烈

（1921 — ）辽宁绥中人。笔名老烈。1939 年毕业于绥中中学。1941 年在山东沂蒙山区参加八路军，历任八路军山东纵队敌工干事，八路军 115 师政治部政工干事，东北野战军政治部政工干事、保卫干事，湖北公安厅办公室副主任，湖北省委书记处办公室农村组组长，中共中央中南局政策研究室副处长，广州市委政策研究室副主任，广东社科学联副秘书长。1955 年开始发表作品。1982 年加入中国作家协会。著有《学步集》《龚同文选集》《瓜豆篇》《流水章》《老烈杂文》《货郎集》《当代杂文选粹・老烈之卷》《老烈作品选粹》《诗文会》等。

作者与苏烈（右）

1995.

第　　页

韩羽兄：

您寄来的画册拜领了。十分感谢。听马季的相声我不笑。看您的画我大笑不止，真好！方成的早已寄来。冰兄的近在咫尺，他竟不送来，该打。想不到河北印刷得这么好，很值得一表。我没事干，懒得很，还在弄那“漫画我”的第二本，老牛破车，慢得很，年底见吧！您若南下，无任欢迎，请先打个招呼。

即候

春安

苏烈 上

元月十五日

贺卡是广禺画的。

20×15=300　　广东省社会科学联合会

韩羽兄：

您寄来的画册拜领了，十分感谢。听马季的相声我不笑，看您的画我大笑不止，真好！方成的早已寄来。冰兄的近在咫尺，他竟不送来，该打。想不到河北印刷得这么好，很值得一表。我没事干，懒得很，还在弄那唱戏的第二本，老牛破车，慢得很，年底见吧。您若南下，无任欢迎，请先打个招呼。

即候

教安

苏烈上

6月15日

贺卡是卢禺光画的。

韩注 1995

札　记

省长李尔重似乎曾说过："有个熟人叫苏烈，他也喜欢你的戏曲画。"苏烈，想当然，八成也是个省一级的大干部。

忘记是谁说的了，肯定有人对我说过，解放天津活捉陈长捷，是苏烈一个人一把手枪把陈长捷从天津押送到了石家庄。苏烈又俨然是个武侠小说中的人物了。

后来有幸拜识，苏烈原是杂文家老烈，自称"老烈员外"的。他写杂文尝自谓"真话至多不过一半，而且一有风吹草动，马上躺倒不干。"此话妙哉妙哉，阿弥陀佛！

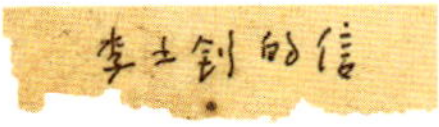

李士钊

（1915 — 1991）山东聊城人。20 世纪 30 年代在国立上海音专就读。抗战期间参加创办、编辑华北解放区《抗战日报》，40 年代开始发表作品，且译配了《联合国国歌》。1949 年后历任上海《新民晚报》记者，文化部内部刊物《文化资料》编辑，山东省地方史志编辑。编著有《武训先生的传记》《武训画传》《蒲松龄作品在国外》等。

装
订
线

韩群同志如握：

你6月26日所来信，29日由邮寄收在济南落地，但我读到时已在8月底了。

我6月22日晚去北京参加黄翀专先生追悼会，6月30日，一直还到7.5才拿到，以后我留在北京在文化部处理蒙学的事，8月15才去天津参观访问，8月25日回济南的。

到天津我才知道万里同志7月27日在全国书画教育会议的讲话中提出要为武训恢复名誉的事，回济后在教育厅看到了文件不久，即去聊城，临清一到，把文件送聊城地委，临清武训后代，临清县领导参与有关到冠县，传达传来。9月9日回济南，13日去菏泽出席水浒研究会，18日上午，19日又陪武训的专人到聊城考察，20日回济南，即去滨州出席书画教育会，会上又谈传达了万里同志的讲话

(济印五厂81.11)　Ji.5　第　页

每会参三百多人，和那些小组反应最强烈。25日又去青岛崂山，28日到潍坊去参观，30日才回济南。10月5日又到泰安参加一签字，10日登泰山，11日又去曲阜孔府、孔林，15日才回来的。由于几个月来不安定，又未参加多次山水活动；尤那时曾见到你写的字和画，最近又在《山东人物》第五期又看到你的自述，非常高兴；我正打算把有关自己作品之出版等回山东工作的事中。

你如从回泰安工作当然很好；

你画的《武松打虎》和《八仙过海》……都很好，不久可发出。另外我想写你画一幅大点的《武松打虎》可举办展出，此外请你带给山东的作画一幅"神禽画意"作写出之用。这些工作都是开始之事，刊载"大众日报"上登载。

专不多言，希多联系，并请

画祺

王钊敬上

1983.10.18.下午

韩羽同志如握：

您6月26日的来信，29日的邮戳在济南落地，但我看到时已在8月底了。

我6月23日晚去北京，参加苦禅先生追悼会。6月25日、7月2日，一直延到7月5日才举行。以后我留在北京，在文化部办理落实政策的事。8月15日才去天津看老婆孩子。8月25日回济南的。

到天津我才知道万里同志7月27日在全国普通教育会议的讲话中提出要为武训恢复名誉的事。回济后在教育厅看到文件，不久即去聊城、临清一行，把文件送聊城地委、师院、武训后代、临清县县委书记等有关同志传布开来。

9月9日回济南。13日去菏泽出席《水浒》讨论会。18日上梁山。19日又陪武汉的客人到聊城参观。20日回济南即去潍县出席省普教会，会上正式传达了万里同志的讲话，与会者三百多人，聊城小组反应最强烈。25日又去青岛参观，28日到蒲松龄故居，30日才回济南。10月5日又列席省政协常委会，10日登泰山，11日又去曲阜师院看材料，15日才回来。由于几个月来不安定，久未奉复甚以为歉。在聊城曾见到您写的字和画，最近又在《人物》第五期看到您的自述，非常高兴，我正打算找有关同志谈谈您愿意回山东工作的事中。

您如能回老家工作当然很好。

您画的《武松打虎》小册子，我已交阳谷文化局了，不久可展出。另外，盼望您画一张大点的《武松打虎》，可装裱展出。此外请为蒲松龄故居画一幅《聊斋画意》供展出之用。这些工作都是开路先锋，并可在《大众日报》先发表。

余不尽耑复，盼复示并颂

画祺

士钊 敬上

1983年10月18日下午

札　记

李士钊先生，我的同乡，我老师的同学。武训，我乡先贤。1951 年对电影《武训传》的批判，因李士钊是《武训画传》的编著者，也成为重点批评对象。

李士钊在《武训画传》序言中说：有人以为武训“兴学”是不彻底的革命运动，因为“兴学”不能解决穷人的问题，只是部分地“改良”了穷人的生活，使他们少受不识字受欺骗受剥削的苦而已，不能使穷人们真正地得到翻身。我们以为他处的时代不同，他本身的主观条件受了种种的限制，能够做出一件平凡而伟大的事业，提高了自己的阶级觉悟，并高度地发扬了对本阶级的友爱和为人民服务坚韧不拔的牺牲精神，是值得歌颂而且应当效法的。为武训先生合作这一篇传记，希望能够纠正过去的一切附会的不正确的说法。特别明确地指出武训先生是一个穷苦的劳动人民的儿子——被压迫被侮辱被残害的农民阶级的先觉者。

为了这一愿望而合作了《武训画传》的两位作者，付出的代价是“被公开点名批判，继而在‘反右’‘文革’中一再罹难。（画者）孙之儁先生含冤去世，（编著者）李士钊先生屡遭摧残。”（《武训画传》再版序言）

信中有“到天津我才知道万里同志 7 月 27 日在全国普通教育会议的讲话中提出要为武训恢复名誉的事。回济（南）后在教育厅看到文件。不久即去聊城、临清一行，把文件送聊城地委、师院、武训后代、临清县县委书记等有关同志”等语。三十年的坎坷终于熬到了头。老先生的激动心情跃然纸上。尤以奔走相告“武训后代”，当亦“家祭毋忘告乃翁”也。

－武训像－

李世南的信

李世南

（1940 — ）原籍浙江绍兴。别名阿难，斋名一叶庐。20世纪60年代先后师从何海霞、石鲁学画。作品多次入选国内外大型美术作品展览并在多种专业报刊上发表，或被多处美术馆、博物馆、艺术馆收藏。多次在国内外举办个人画展。出版《李世南画选》（泰国版）、《李世南画集》（北京版）、《李世南速写艺术》（天津版）、《李世南十年作品集》（湖北版）等。曾任西安市文联委员，西安市青年联合会副主席。现为中国美术家协会会员，湖北省美术家协会专业画家。

作者与李世南（右）

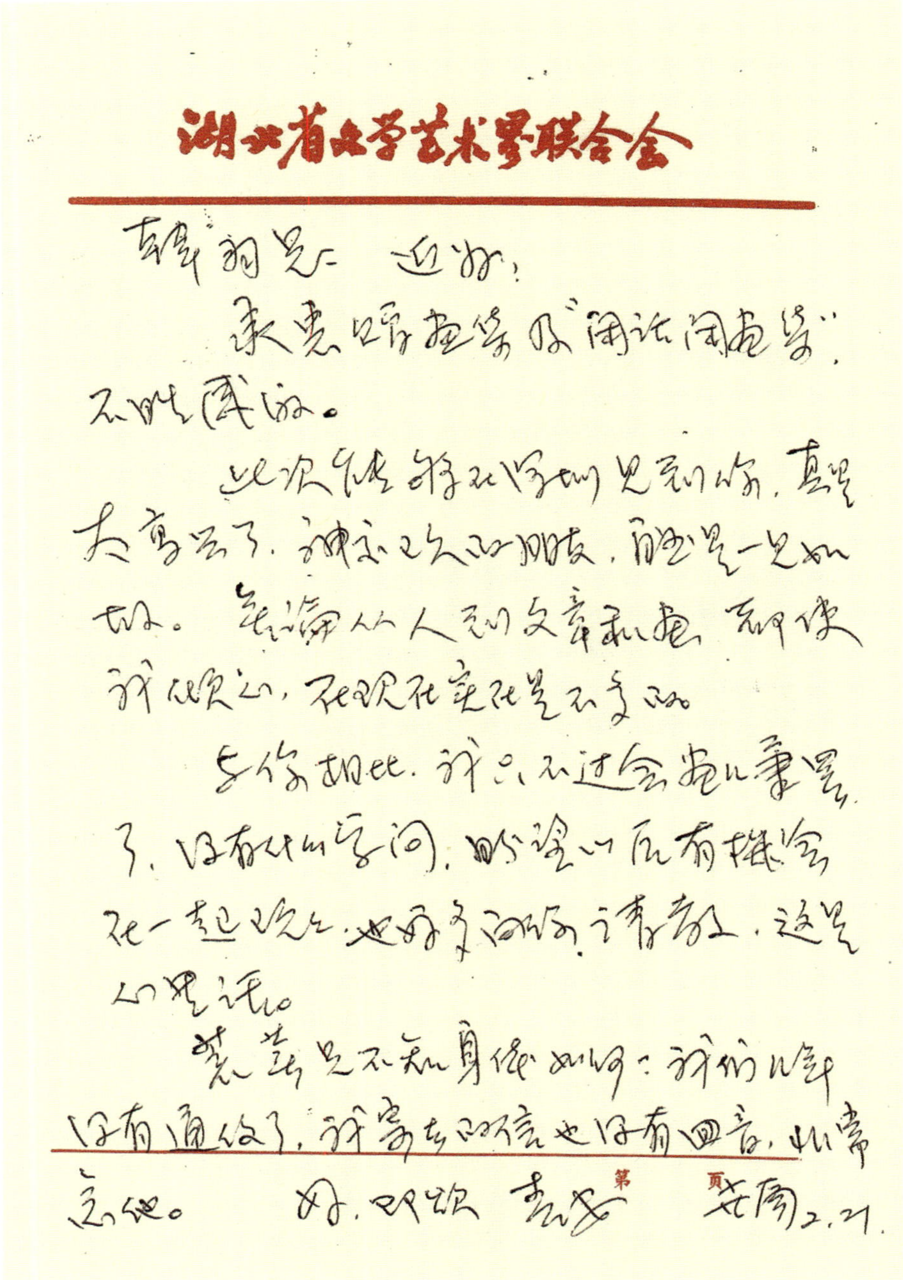

湖北省文学艺术界联合会

韩羽兄：近好！

承惠赠画集及《闲话闲画集》，不胜感谢。

此次能够在深圳见到你，真是太高兴了。神交已久的朋友，能见一见如故。无论从人到文章和画，都使我倾心，在现在实在是不多的。

与你相比，我只不过会画几笔罢了，没有什么学问。以后如有机会在一起玩玩，也好多向你请教，这是心里话。

黄苗子兄不知身体如何？我们几年没有通信了，我寄去的信也没有回音，非常念他。好，即颂 春安

第　　页

世南 2.21.

韩羽兄：

近好！

承惠赠画集及《闲话闲画集》，不胜感激。

此次能够在深圳见到你，真是太高兴了。神交已久的朋友，自然是一见如故。无论从人到文章和画，都使我倾心，在现在实在是不多的。

与你相比，我只不过会画几笔罢了，没有什么学问，盼望以后有机会在一起玩玩，也好多向你请教，这是心里话。

荒芜兄不知身体如何？我们几年没有通信了，我寄去的信也没有回音，非常念他。

好，即颂　春安

世南

2月21日

韩注　2000

札　记

文坛前辈艾青老人闲话中几次提到世南，八成是他也向世南提到过我，于是我们书信往还，以画会友，有感，也有情了。

听说他自北而南，由西安而湖北而深圳。后又听说他又自南而北，由深圳而河南。后一次的“听说”，还有不同版本，带有传奇性。身无长物，只有一个照料生活又和他学画的河南籍的孩子相伴，风尘仆仆，进出于深山野寺间。我一听，这不是在唱昆曲《八阳》那出戏了？建文帝和程济不就是一师一徒、一副挑担，而且唱词也合榫合卯：

> 收拾起大地山河一担装（不同的是，一为社稷山河，一为纸上山河），四大皆空（听说世南也有点遁世绝俗的意思），历尽了渺渺征途，漠漠平林，磊磊高山，滚滚长江。（少不了）寒云惨雾，（也少不了）苦雨凄风。雄城壮，江山无恙（仍是原样的北方景色）。谁识我一瓢一笠（一笔一砚）到襄阳（安阳）。

安顿甫定，世南又写信又捎话，要我去河南搞个人画展。一呼即应，立刻动身，把酒长谈，移樽就教，快哉快哉。这是一个小型的（我是个下懒蛋的鸡，没有多少画）半公开的展览，也是我在国内的唯一的一次个人画展。世南兄雅人深致，展场窗明几净，伴以古乐，徜徉其间，尘腑为之一浣。拙作本俚俗，得熏而香，得沐而洁，竟也添出三分斯文气。

乘隙间，游了巩县石窟寺，吃了开封灌汤包。

现世南又由河南而北，寓居北京仰山路，之前曾为其涂写“高山仰止”，何其凑巧乃耳。

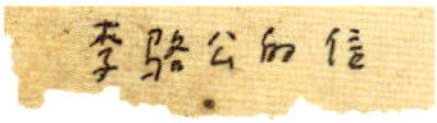

李骆公

（1917 — 1992）福建福州人。1936 年考入上海美术专科学校，1940 年 8 月在上海举办 “黑沙骆油画展”，后考入日本大学艺术专科攻研现代油画，师事野口弥太郎、里见胜藏、猪熊弦一郎等。留学期间作品入选第十三、第十四届“独立美展”。1944 年冬回国，历任哈尔滨美术协会会长、辽东学院（今鲁迅美院）美术系教授、东北师范大学讲师、天津津沽大学教授、河北女子师范学院副教授、河北师范学院美术系主任等。1957 年后全力研究现代书法篆刻，经钱瘦铁、王个簃指点并与邓散木、宁斧成结为挚友，遂以现代中西绘画形式美渗入书法篆刻，艺风突变。1961 年至 1965 年间发表首批诗文、书法、篆刻作品，并被介绍到港澳。1969 年后精研草篆，作品新颖奇绝，壮阔大气，别具一格。《光明日报》《福建画报》、香港《大公报》《良友》、《澳门日报》、美国《华侨日报》等载文专栏介绍其人其艺，1983 年和 1985 年应邀访问日本和澳门并举办个展。出版《李骆公书法篆刻集》、《驼踪》（丁伯奎撰文）等。曾任中国书法家协会理事，中国美术家协会会员，日本北陆篆刻会名誉顾问和国际美术审议会海外评审委员，中国现代书法研究会顾问，桂林画院名誉院长，河北师范大学名誉教授。

李骆公

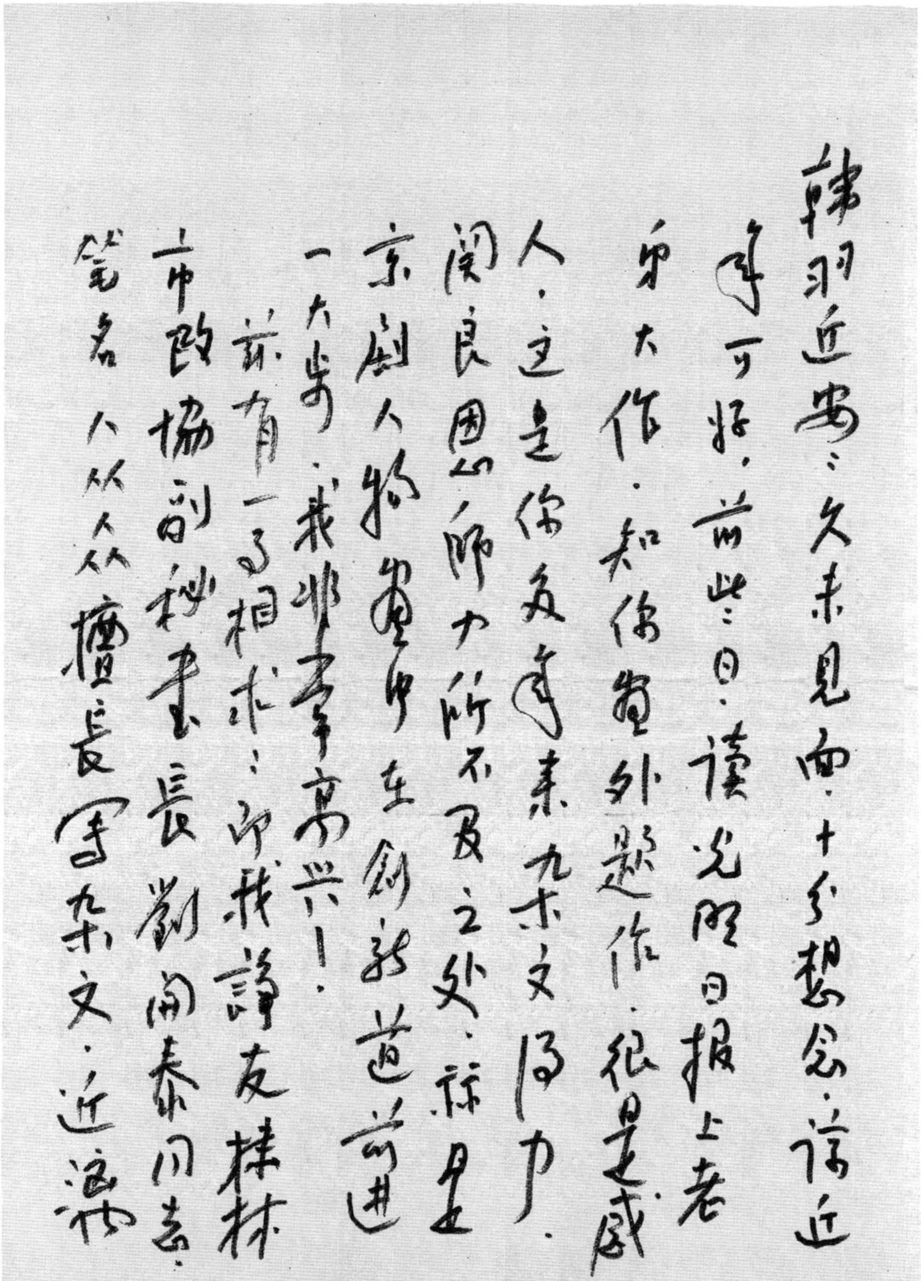
韩羽近安：久未见面，十分想念，请近年可好，前些日，读光明日报上老弟大作，知你画外题作，很是感人，这是你多年来杂文得力，阅良图思，即力所不及之处，你是京剧人物画中在创新道前进一大步，我非常高兴！

兹有一事相求：即我诗友株林市政协副秘书长刘阳泰同志，笔名八从从从众擅长写杂文，近没

江出版社要给你们出集子，嘱我为其
写题书签，并又希望请了我老朋友你
们方先生二位为其画两三幅漫画以光
篇幅。我也知道你们都很忙忙，但
至好朋友相托，我只好求你挤出
时间来画一两幅，好吗？拜托拜托
我去年九月间患脑血栓，中医叫
瘫痪，半身不遂，在北京友谊[illegible]医
院出来，现在学习走路，但不如
以前方便了。病前为你托为孙道临
君篆刻了名章，此章十是不日寄你

静佛谅亦知，黄宗江兄是否在国内
许久没有伙伴来往。吴祖光的情况从
报纸上看到一些，甚慰。见时向他为
托。张仃老伴陈布文亦病去世后
又娶了一位延安老同志。张在京开个
展时见了一面。看来（去年）身体还健壮。
佛与我同年。
你到石家庄时，一定要到丁[illegible]太太
佛对我家情况甚为清楚。
握手！
木子张公祥上 七月七日

韩羽近安：

久未见面，十分想念，谅近年可好。前些日，读《光明日报》上老弟大作，知你画外题作，很是感人，这是你多年来杂文得力，关良恩师力所不及之处，算是京剧人物画中在创新道（路）前进一大步，我非常高兴！

兹有一事相求，即我诤友桂林市政协副秘书长刘开泰同志，笔名人从众，擅长写杂文，近漓江出版社要给他出集子，嘱我为其写题书签，并希望请我老朋友你与方成二位为其画两三幅漫画以光篇幅，我也知道你们都很忙，但至好朋友相托，我只好求你挤出时间来画一两幅好交差，拜托，拜托。

我去年9月间患脑血栓，中医叫瘫痪（半身不遂），在北方、南方各医院进进出出，现在学习走路，但不如以前方便了。病前为你托为孙道临导演刻了名章，此章是否寄你转他，请示知。黄宗江兄是否在国内，许久无信件来往。吴祖光的情况从报纸上看到一些，甚慰，见时问好为托。张仃老伴陈布文癌病去世后，又娶了一位延安老同志，张在京开个展时见了一面，看来身体还健好，他与我同年。

你到石家庄时，一定要到丁伯奎处，他对我家情况甚为清楚。

握手！

李骆公拜上

7月7日

韩注　1986

札　记

夏天里，每去骆公家，见他总是赤膊光脚，着一大裤衩，不是锯石磨石，就是刻石。汗流浃背，在石屑中走来走去，诚哉“黑沙骆”也（他早年的笔名，意为沙漠中的骆驼）。勤奋惜时，锲而不舍。我尝想，如果艺术界也来个“点将录”，当是“拼命三郎”。

他的老友老刘，求他刻一印章，操刀立就。拿给我看，我说：“这方方正正的字体，恰似老刘的四方脸盘，妙！”他指着印章中的几个小白点说：“还有哩，你瞧这是他脸上的麻子。”

“文化大革命”风狂雨骤，我们各自东西。惊魂甫定，多方探听，得知他被贬到广西灵川。身处厄境，一如既往，照旧磨刀刻石挥毫“草篆”，为人争相索求。现尚存书信一纸，中有顺口溜，可证当时：

我有一毛病，
想君当知道。
看到心爱物，
总想伸手要。
此情我自苦，
旁观人自笑。
翻遍医学书，
病名查不到。
杜撰“书画癖”，
自封此雅号。
吃药不顶事，
打针无疗效。

求神又问卜，
更是瞎胡闹。
今忽见篆书，
老病又犯了。
燃眉急求援，
治病贵治早。
不要寄《本草》，
务必寄篆草。
药到病即除，
保证立时好。
病中狂佯态，
请君休见笑。
尚未如米芾，
纵身把河跳。

正值“批黑画”之际，在北京遇到骆公，穿街觅巷满面风尘，问其故，说：“早些年朋友们在一起，要多少画都可以，真后悔一幅都没要过。可是广西的当地领导屈尊相求，要我务必带一两幅回去，东串西串疲于奔命，明天还要去李可染家。”我说：“现下正要批黑画哩。”他说：“这我知道，广西的人也知道，你说群众说得对不对：越批越香。”

最近偶然从《边缘》杂志上看到骆公早年创作的一批现代派油画作品，想起往事：1979 年全国文代会，一日宣布自由参观在北海举办的现代派绘画展览，我刚走到门口，恰好骆公从里面走出，大声对我说：“像这个，我们在 30 年代早就玩过了。”不无得意之色。正会心欲笑，忽又黯然。音容宛在，“枫林关塞千里梦”也。

— 韩羽画李骆公 —

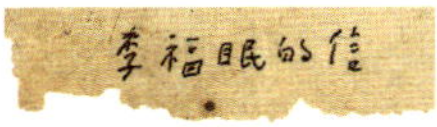

李福眠

（1949 — ）祖籍天津。老三届初中生。1968 年配给进厂，1989 年调入《文学报》，谋饭至今。树壮十围，瘦身徒劳；学年已逝，无意场屋。羡老残无职称，喜马二之潇散。钟情金石书画，屐痕不出江南。斜风细雨，淘书于斋堂冷摊；晨钟暮鼓，览撰于灯下窗前。心迹双清，有书话《天钥书屋散札》刊行。

第一页

邢老：

昨日地区停電。在汗流浃背中，收到您的来信。知悉您在“爬”书，这真是消暑妙法。

海上文化街一家专售影印书刊的书店，近在大兴土木。因已出租，将改为灯红酒绿的卡拉OK。大款有闲阶级，将有增一消魂之窟。书店也因此将库存之书，狼藉拍卖。气温虽高达三十七度，但淘书有获，亦得慰藉。

上次寄上的《钝吟三录》，知堂书話已道及，半个世纪多后，才得全观。今再寄上《南亭四话》《清代文字狱档》二书。后者鲁迅有文撰述。这些对您創作，頗有用处。四分一斤的鸡毛菜，现已漲價为一元八角。而这些原價旧书，还是便宜的。

詹同先生的儿子詹咏，分配在少年報社。

20×15=300　　文学報

该報也由解放日報承印。他和我们一样，每星期两天在解放日報外编办公室编辑。因我们都不善交际，故直至上两月才偶尔相识，这是同处一室，桌对桌不相往来的怪事。

詹咏说他父亲，现足不出户。在写一本将由文汇出版社出版，带有回忆录味儿的书，已作最后冲刺。他和您一样，是学者型的画家。他家我去过一次，书从地上堆到天花板。他对说，"我读的书并不比编辑少，包括一些黄色书。"这都是从创作要求出发的。報社里从大学文科分来的大学生，有些根本不知道郑振铎、阿英是谁。对黄宾虹、潘天寿也不知是谁。

您发在瞭望上的文章，我都已拜读。我晚上常也读书，写点自己喜写的一千字以内的小文，然后寄投。近在河北日報、今晚報翰墨苑发了几篇。

热盼您的系列稿件！

小章
九三年八月十四，闷热。

羽老鉴：

昨日地区停电，在汗流浃背中，收到您的来信，知悉您在“爬”书，这真是消暑妙法。

海上文化街一家专售影印书刊的书店，近在大兴土木，因已出租，将改为灯红酒绿的卡拉OK，大款有闲阶级，将有增一消魂之窟。书店也因此将库存之书狼藉拍卖，气温虽高达三十七度，但淘书有获，亦得慰藉。

上次寄上的《钝吟三录》《知堂书话》已道及，半个世纪多后，才得全窥。今再寄上《南亭四话》《清代文字狱档》二书。后者鲁迅有文撰述。这些对您创作颇有用处。四分一斤的鸡毛菜，现已涨价为一元八角，而这些原价旧书，还是便宜的。

詹同先生的儿子詹咏，分配在少年报社。该报也由解放日报社承印。他和我们一样，每星期两天在《解放日报》外报办公室编辑。因我们都不善交际，故直至上两月才偶尔相识。这是同处一室，桌对桌不相往来的怪事。

詹咏说他父亲，现足不出户。在写一本将由文汇出版社出版，带有回忆录味儿的书，已作最后冲刺。他和您一样，是学者型的画家。他家我去过一次，书从地上堆到天花板。他对我说：“我读的书并不比编辑少，包括一些黄色书。”这都是从创作要求出发的。报社里从大学文科分来的大学生，有些根本不知道郑振铎、阿英是谁，对黄宾虹、潘天寿也不知是谁。

您发在《瞭望》上的文章，我都已拜读。我晚上席地读书，写点自己喜写的一千字以内的小文，然后寄投。近在《河北日报》《今晚报》之翰墨苑发了几篇。

热盼您的系列稿件！

小李

1993年8月14日闷热

札　记

邮递员又送来一包书，是上海福眠兄所寄。一是《南亭四话》，一是《清代文字狱档》。

文字之狱，招祸以笔，读书人感之甚敏，比如我，就有点近似看杀鸡的猴子。

过去读过一些文字狱的资料，多支离片断，难得其详。戴名世《南山集》案、汪景祺《西征随笔》案，虽具始末，亦尽为罗织罪名既成之文。而这两册《清代文字狱档》，为原北平故宫博物院文献馆编，上海书店影印重版。辑录有办案诸臣奏折、“案犯”供单、雍正、乾隆上谕，是地地道道的原始档案材料。印数仅三千、粥少僧多，不易购得是显然的。书中附有一信，我读了信，大为有感于天下事总是阴错阳差。这《清代文字狱档》就是错来差去辗转到了我手中的。福眠在信中写道：“海上文化街一家专售影印书刊的书店，近日在大兴土木，因已出租，将改为灯红酒绿的卡拉 OK，大款有闲阶级，将有增一消魂之窟，书店也因此将库存之书狼藉拍卖，气温虽高达三十七度，但淘书有获，亦得慰藉。”这《清代文字狱档》原来得之于书店的狼藉拍卖，书店之狼藉拍卖又因其出租改为卡拉 OK。就是这么一改，失之一马，塞翁得福，福眠说“亦得慰藉”，我说卡拉 OK“万岁”。

此文一开头，没想到被文字狱给扯远了。本是想说说福眠的。现在言归正传。

直到现在，福眠还在我的想象之中，是胖是瘦？是高是矮？年岁可能比我小，或者是一口吴音。写到这儿，我忽省悟过来，何不寄一张照片给他，抛砖引玉，换回他一张照片，不也就真“相”大白。

首次通信，是他约我给《文学报》的“博闻”栏目写题头，我谨遵命，后来因搬迁，把他的地址给弄丢了，断了线。两年后，我又收到从保定原址转来的他的信，问寄给我的《小知录》收到了没有，我赶忙写了回信，告知我的新址，并说我处购书较难，列了几册书名，其中有张中行的《禅外说禅》，拜托他在上海代买。没想到此信一去，有如决堤之水，书一包一包源源不断寄来。大多为久已绝版之书以及明、清文人著述。有作者题字的《禅外说禅》，当是为他珍藏，也一并割爱，这使我怦然心动，情重鲍叔也。而我不免有夷吾自贪之惭。

过谦近伪。直话直说，我写信告诉他："我读书很慢，是爬行，你寄的书，仅读了《幽梦影》《石林避暑录话》《东坡志林》《梁遇春散文全编》《走到出版界》。虽慢，却小有所获，在我的《画、话水浒》里派上了用场。"

王婆安排下十面挨光计，赚得了潘金莲，自夸好手段。岂料想，这正合了潘金莲的心思，乐得不声不响就坡上驴。这是潘金莲的狡黠处，王婆被她瞒过了。我正苦于没有恰切的话语扫王婆的兴，恰好福眠寄来了《东坡志林》，我又恰好读起了《东坡志林》。一句现成话被我借得了，"猢狲作人状，折旋俯仰中度，细观之，其相侮慢也。甚矣，人言弄猢狲，不知为猢狲所弄。"好个"人言弄猢狲，不知为猢狲所弄。"坡公这只鞋，正合了我的脚。

清人张潮在《幽梦影》中说：阅《水浒传》至武松打虎，因思，人生必有一桩极快意事，方不枉在生一场。这逗引起了我即兴发挥，我补接了一句：且再看武松在孔太公庄外为黄狗所欺，人生有快意事，也当必有败意事。

试想，如果没有福眠寄书，焉能现趸现卖。福眠于我，其谊厚矣。

福眠与我，天南地北，未晤一面，陆续寄书数十册，价数百元，这对"大款"来说，固九牛一毛，对穷读书人讲，何异倾囊。我要寄款相还，他坚拒不收，却之不恭，受之有愧。尤使我不安的是趁工作之暇，四处奔波淘书。说起淘书，似乎是雅事。其实书之言"淘"，与贫之言"清"（清贫），犹如上海滩上的白水煮面叫"阳春面"一样，是读书人干的"美其名曰"的勾当。拆穿了说，意在以便宜价钱买到合用的书。虽乐在其中，却是首先要由"苦"垫着底的。我想起了庄子，"泉涸，鱼相与处于陆，相呴以湿，相濡以沫，"福眠、福眠，濡我以沫也。

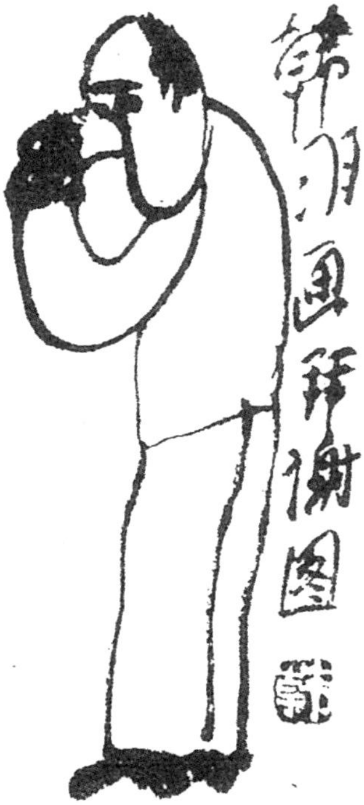

《拜谢图》

— 韩羽画 —

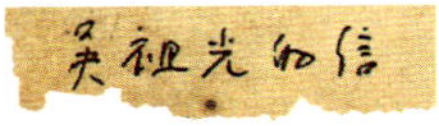

吴祖光

（1917 — 2003）祖籍江苏武进，生于北京。中国著名学者、戏剧家、书法家。曾任中国戏剧家协会副主席。1935 年入北平中法大学文学院，同年开始在报刊发表小说、散文。1937 年任南京国立戏剧专科学校秘书，抗日战争时期随校内迁四川，讲授《中国戏剧史》等。1937 年，他以东北抗日义勇军事迹创作了第一部话剧《凤凰城》。1940 年写成历史剧《正气歌》。1941 年，离开剧校到重庆，任中央青年剧社编导委员。1942 年完成代表作《风雪夜归人》。此后创作了神话剧《牛郎织女》（1942）、历史剧《林冲夜奔》（1943），以及写沦陷区北平一群青年学生命运故事的《少年游》（1944）。1944 年任重庆《新民晚报》副刊主编期间，撰写了大量抨击蒋介石政权的文章。抗战胜利后到上海，主编《新民晚报》副刊《夜光杯》，并与丁聪合办《清明》杂志。这一时期创作了《捉鬼传》（1946）、《嫦娥奔月》（1947）两剧。后在国民党当局的威胁下，于 1947 年离沪去香港，先后任大中华影业公司、永华影业公司编导。1949 年 10 月，吴祖光回到北京任中央电影局编导，先后导演了《红旗歌》等八部电影。1960 年任中国戏曲学校实验京剧团、中国戏曲研究院实验剧团编剧。这一时期除写反映公安战线事迹的话剧《咫尺天涯》（1964）外，剧本有《武则天》《三关宴》《凤求凰》等，以京剧《三打陶三春》最具创造性，影响也最大。1978 年起任文化部艺术委员会委员。同年创作了他最后一部话剧《闯江湖》。

作者与吴祖光（右）新凤霞（中）夫妇

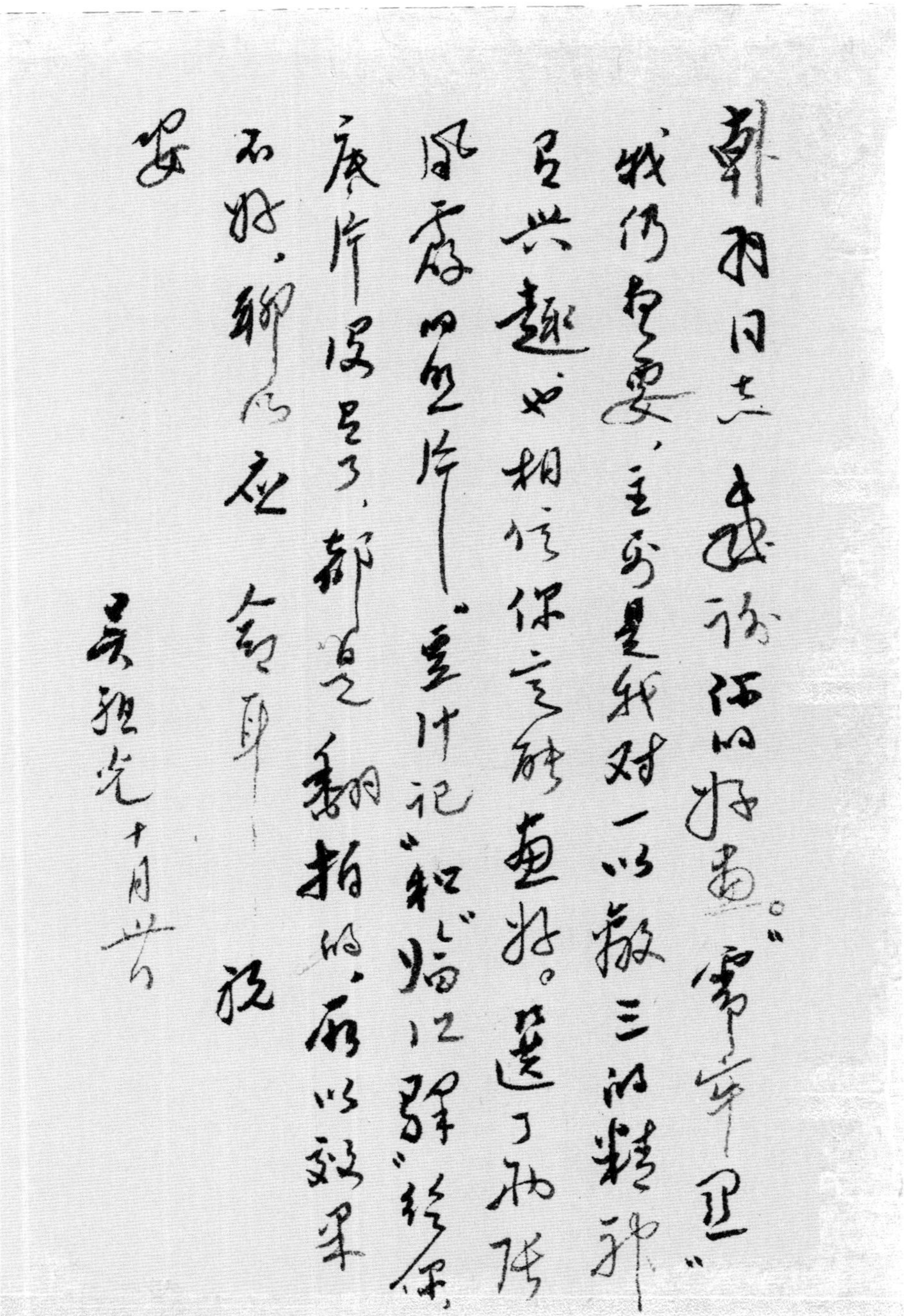

郭林同志：

我谢谢你的好画。"雪宇里"我们也要，主要是我对一以敬三的精神与兴趣，也相信你定能画好。还选了两张风露四色片。"画竹记"和"烟江驿"给你，底片没有了，都是翻拍的，所以效果不好。聊以应命耳。祝

安

吴祖光 十月廿六

韩羽同志：

感谢你的好画。《虎牢关》我仍想要，主要是我对一以敌三的精神有兴趣，也相信你定能画好。选了两张凤霞的照片“豆汁记”和“临江驿”给你。底片没有了，都是翻拍的，所以效果不好，聊以应命耳。祝

安

吴祖光

10月30日

韩注　1978

札　记

“《虎牢关》我仍想要，主要是我对一以敌三的精神有兴趣”。后来看到画上有吴公题句：“壮哉白袍将，一以敌其三。今古同一慨，请看虎牢关。”盖以吕奉先为酒杯，以浇胸中块垒也。诗中古典来自《三国演义》，今典呢？他没说，我也不便问，是终生之谜了。

一日，承蒙赏饭，去新侨饭店吃西餐，饭毕，吴公说：“去永玉家坐坐去。”新侨距北京站不远，一会儿就到。永玉先生恰外出，梅溪先生在家，言及去新侨吃饭顺路过访。她说：“新侨最好的是饭后的冰激凌。”我们听了一怔，她明白了，说：“看来你们还没等到端上冰激凌就出来了，还可以回去再吃去。”我颇感遗憾，可是怎好意思再回去。

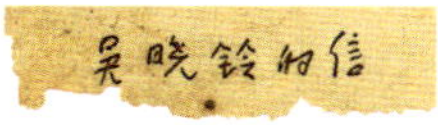

吴晓铃

（1914 — 1995）辽宁绥中人。中国古典戏曲研究家。毕业于北京大学，后在北京大学等执教。1942 年后任印度泰戈尔国际大学中国学院教授、法国巴黎大学北京汉学中心通检组主任。新中国成立后先后在中科院语言研究所、中国社科院文学研究所任研究员。对古典戏曲和印度文化颇有研究，曾注释《西厢记》，校订《六十种曲》，编校《关汉卿戏曲集》，译著有印度戏剧《小泥车》《龙喜记》。

吴晓铃的信

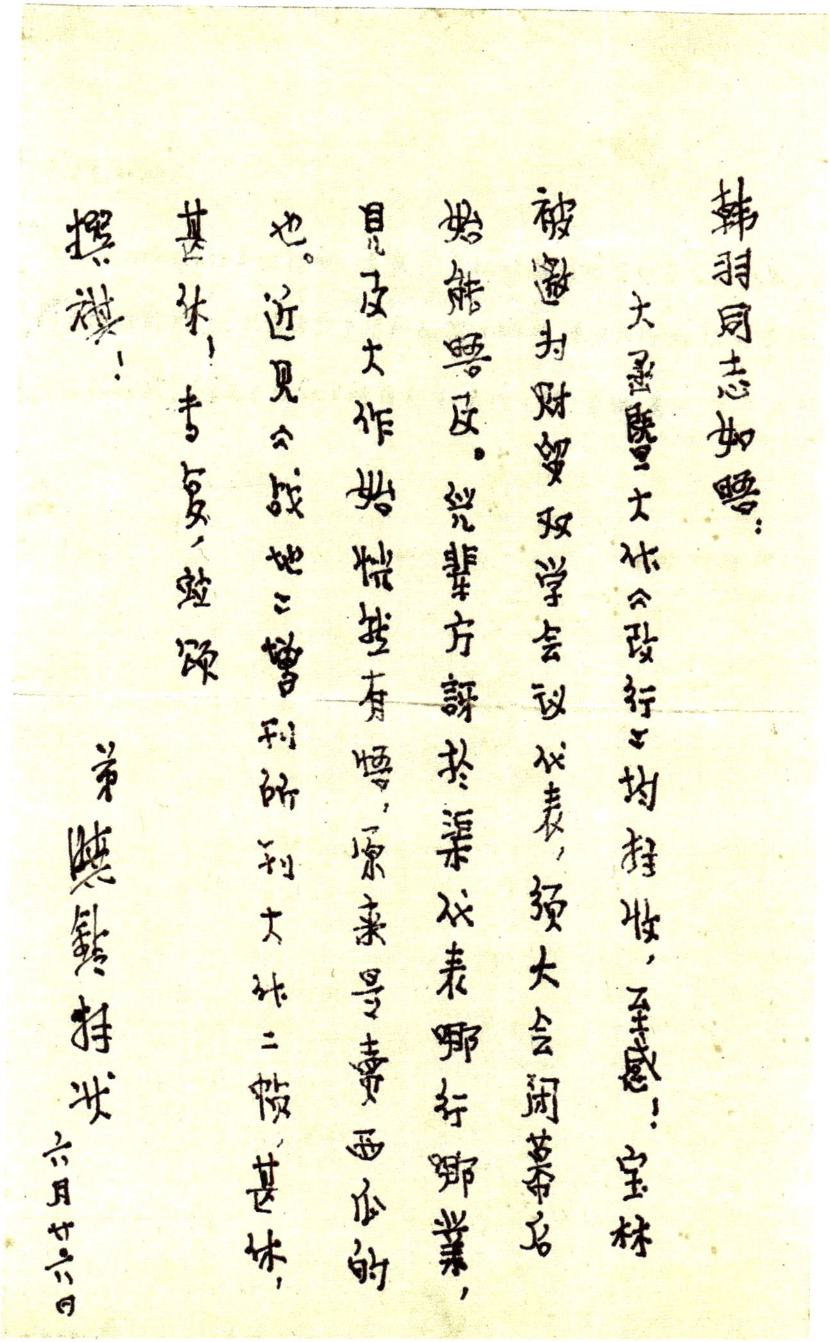
韩羽同志如晤：

大函暨大作《改行》均拜收，至感！宝林被邀为财贸双学会议代表，须大会闭幕后始能晤及。兄辈方讶于渠代表哪行哪业，见及大作始恍然有悟，原来是卖西瓜的也。近见《战地》增刊所刊大作二帧，甚妙，甚妙！专复，并颂

撰祺！

弟　晓铃　拜上

六月廿六日

韩羽同志如晤：

大函暨大作《改行》均拜收，至感！宝林被邀为财贸双学会议代表，须大会闭幕后始能晤及，儿辈方讶于渠代表哪行哪业，见及大作始恍然有悟，原来是卖西瓜的也。近见《战地》增刊所刊大作二帧，甚休、甚休，专复并颂

撰祺！

弟晓铃拜状

6月26日

韩注　1978

札 记

相声大师侯宝林有相声段子《改行》，大意是大清国“国丧”，严禁全民娱乐喜庆。戏院关门，说书场停业，说书唱戏艺人被迫改行另谋生路。一唱“黑头”的京剧艺人摆摊卖西瓜，大声叫卖，一开口，仍是原汁原味的“黑头”声腔。苦煞了唱戏人，笑煞了听相声人。我就《改行》画成一画，侯宝林说：“老韩，你画得不对，他不是拿西瓜刀，应该拿切菜刀。”

此画曾寄吴晓铃先生，他复信时适值“宝林被邀为财贸双学会议代表”，儿辈和朋友们正“讶于渠代表哪行哪业？”“见及大作始恍然有悟，原来是卖西瓜的也”。一语“原来是卖西瓜的也”，发人一噱，俨然相声之“抖包袱”也。

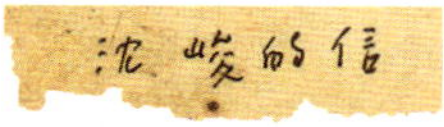

沈　峻

（1927 —　）清末名臣沈葆桢之后。丁聪夫人。早年毕业于复旦大学外语系。曾任外文局编审。

作者与沈峻（中）

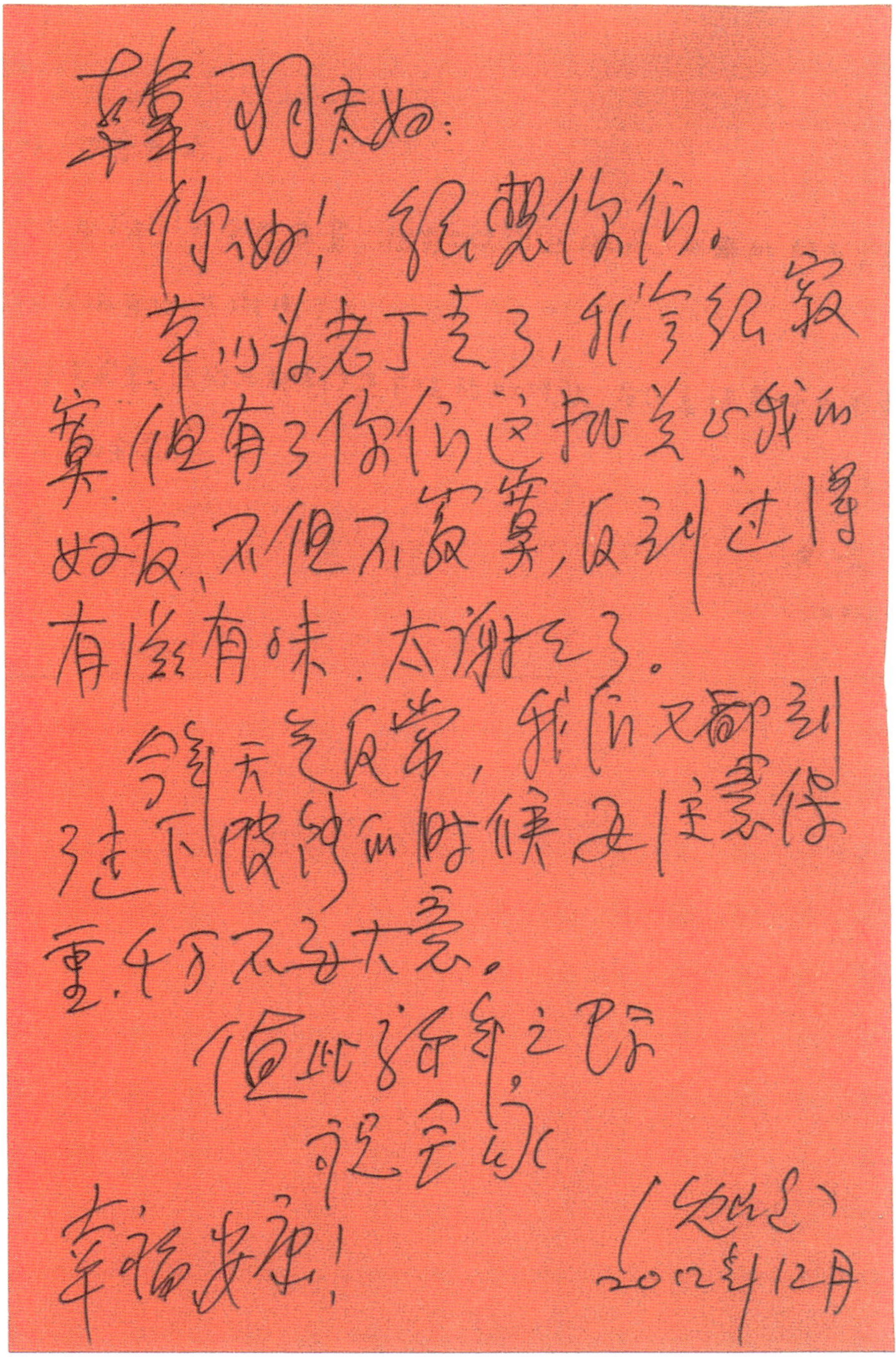
韩羽夫妇：
你好！很想你们。
本以为老了走了，那会很寂寞，但有了你们这批关心我们的好友，不但不寂寞，反到过得有滋有味，太谢谢了。
今年天气反常，我们又都到达了肢体的时候，要注意保重，千万不要大意。
值此新年之际
祝全家
幸福安康！
（沈峻）
2012年12月

韩羽夫妇：

你（们）好，很想你们。

本以为老丁走了，我会很寂寞。但有了你们这批关心我的好友，不但不寂寞，反倒过得有滋有味，太谢谢了。

今年天气反常，我们又都到了走下坡路的时候，要注意保重，千万不要大意。

值此新年之际，祝全家

幸福安康！

沈峻

2012年12月

札 记

“本以为老丁走了，我会很寂寞，但有了你们这批关心我的好友，不但不寂寞，反倒过得有滋有味”，很显然，是怕我们挂念。我又想起了和丁老的最后一面，他已不能说话了，坐在轮椅里，瞅我一眼，就笑一笑，他愈想笑，我愈想哭。

沈峻，大我五岁，呼之为大姐。相识有年，每去北京，没少在她家蹭饭吃，挤地方睡，随随便便，像到了家。

有一年给我打电话说：“丁聪画了大批的文化界朋友们的肖像，有人提议出一本集子。我想如果请被画者本人及他们的朋友各写几句有趣的话和肖像放在一起，岂不有趣，丁聪也给你画过，你也写几句话。”

后来书出版了，书名《我画你写》，寄给了我一本，翻开一看，我敢打赌，纵使愁肠百结，也会破涕为笑。

只例述相识的几位：

方成自述：终生从事政治讽刺画，因不关心政治屡受批评。

方成说侯宝林：他有个闲章号称“一户侯”。

黄永玉说韩美林：韩美林认为的好人未必是好人，他认为的坏人一定是坏人。

黄苗子说华君武：你讽刺别人时，自己心情很不愉快；你讽刺自己时，别人心情很愉快。

黄苗子说范用：书中沉醉心常乐，床上纠缠耳不闻。一事未曾夸耀过，祖宗原是范希文。（注：范用尝有“我这个领导不管床上事”的高论。）

冯骥才说韩美林：这个人在忘情地拥抱和亲吻世界的同时，被来自这个世界的许多手掏空了口袋。

郁风自述：我生平最得意的一件事，就是我比我丈夫高，而且还不是一点点。

于是夏衍说郁风：此风（郁风）不可长。

黄宗江自述：拙笑难倩兮，弯目难盼兮，却真善美兮余所求。

牧惠自述：老是不合时宜，总算明白了时宜。

启功自撰墓志铭：中学生，副教授。博不精，专不透。名虽扬，实不够。高不成，低不就。瘫趋左，派曾右。面微圆，皮欠厚。妻已亡，并无后。丧犹新，病照旧。六十六，非不寿。八宝山，渐相凑。计生平，谥曰陋。身与名，一齐臭。

邵燕祥说舒展：人间有味是微醺，何必微醺话始真？避席难逃文字狱，著书犹带辣椒魂。笑谈九与一之比，窃谓花和草不分。句句行行皆苦口，亦狂亦侠亦情深。

舒展说苏烈：醉时清醒，醒时若醉，其文既含五粮液之醇爽，又藏二锅头之野辣，说些人家不敢说不便说又不好说的真话（约 50%），而一遇风雨欲来举“纲”枪棍之时，老烈立即装醉躺倒。

黄苗子说王世襄：你怀里的蝈蝈，比你一生幸福温暖。

俗云：“笑一笑，少一少。”翻完这本书，不知要年少几许？然则，笑亦多类矣。乐极固然而笑，苦极、愤极又何尝不笑？故笑而欲哭、哭而欲笑，甚而欲哭笑而不得。同一“笑”字，酸甜苦辣，个中滋味，让人品尝个够。想起沈大姐，不由得竖起大拇指。

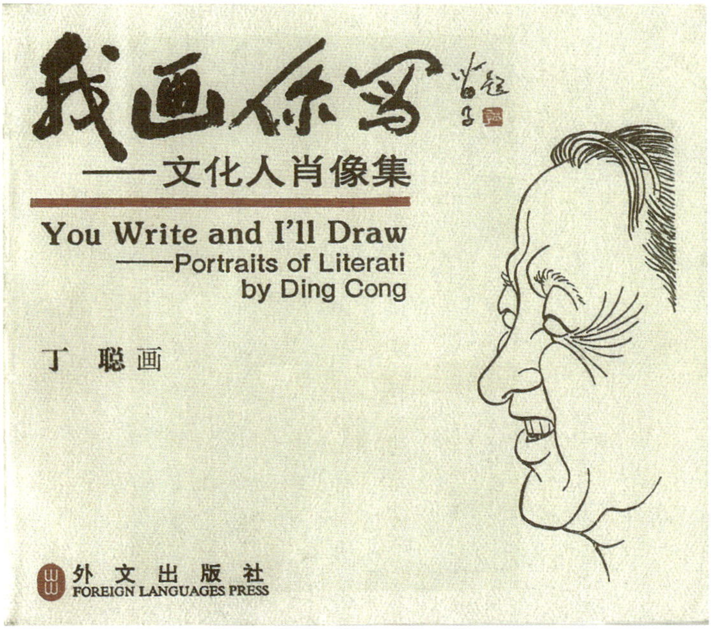
我画你写
——文化人肖像集
You Write and I'll Draw
——Portraits of Literati
by Ding Cong
丁 聪画
外 文 出 版 社
FOREIGN LANGUAGES PRESS

《我画你写》一书的封面

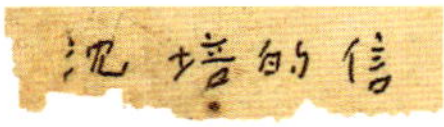

沈 培

（1934 — ）浙江省绍兴市人。原名沈培金，笔名尉迟横。漫画家。1954 年毕业于中央美术学院华东分院（即现在的浙江美术学院），分配到北京《中国少年报》任美术编辑。他在该报上创造了一个家喻户晓的漫画人物“小虎子”。沈培于 1980 年 1 月移居香港，在《香港商报》继续从事漫画创作。

作者与沈培（左）

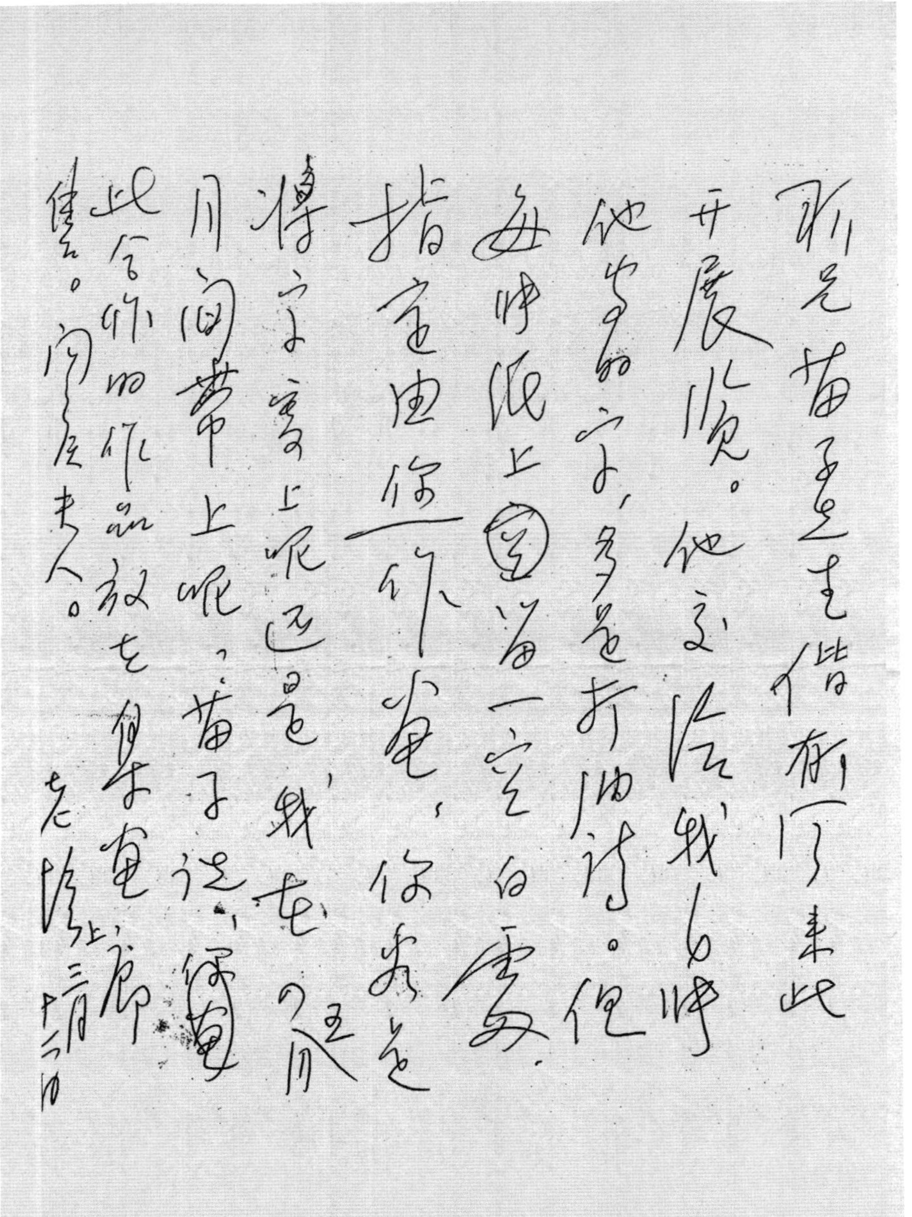
荆兄：苗子专借杭行来此开展览。他要给我写时他也能写字，多是打油诗。但每时泥上写当一定白费。指定由你作笺，你必是得字写上呢还是我先写，五月间带上呢？苗子说，留着此令你的作品就是自成其佳。问候夫人。

老沈上 三月十二日

羽兄，

苗子先生偕郁风来此开展览。他交给我六张他写的字，多是打油诗。但每张纸上留一空白处，指定由您作画，您看是将字寄上呢，还是我在四五月间带上呢？苗子说，此合作的作品放在集画廊售。问候夫人。

老培上

3月12日

韩注 1992

札 记

在公园里，一个老头儿向长凳走去（打算坐一会儿），对面一小孩儿（弟弟）看见了长凳，撒腿就跑。小孩儿的哥哥见状，也紧随其后撒腿就跑（看来这俩小孩儿在和老头儿抢座位）。弟弟先到，一个前扑趴了上去，霸占住了整个长凳，（自己抢占了座位，也替哥哥抢占了座位）。紧接着哥哥也跑到了，抓住弟弟的脚脖子往回一拉，长凳空出了一半，这时老头儿也恰好到了长凳跟前。看到这儿，我拊掌大笑，却又不知该笑弟弟还是该笑哥哥。

这是连续漫画，是《中国少年报》上连载的《小虎子》。画中的大孩子（哥哥）就是小虎子。漫画作者是沈培。是20世纪50年代从报纸上看到的，至今已五十多年了，时间不谓不长，可小虎子长生不老，在我记忆里，仍原模原样如在目前。这个《小虎子》的生命力，与漫画大师比如卜劳恩的《父与子》有得一拼。

漫画家陈永镇对我说，他有一同学想见见我，我随口而应，随之也就忘在脑后了。已记不清何年何月何日了，一天中午，陈永镇推门进来说："一位报社的记者采访你。"我急忙起床，睡眼惺忪，点烟倒茶，正襟危坐。那小个子记者拿着本本，有板有眼地问，我有板有眼地答，官腔官调，郑重其事。永镇扑哧一笑，我思忖，莫非说错了话了？他笑指着记者说："他就是我的同学沈培。"匪夷所思，谁能想得到，他竟来了这么一手。

又是记不清何年何月何日了，和沈培闲话，他说："韩老师（天哪！忽又叫起我老师来了），我去上海看望关良先生，问他：'关先生，还认识我不？'他愣了神儿盯着我，我说：'我在杭州美院学习过。'关先生说：'哇，想起来了，你就是班上的那个最调皮的学生。'"

"最调皮的学生"，真是传神之笔。由他的老师使我想起了我的老师。我上小学时的常老师的论调是："我最喜欢什么样的学生，你们猜？我最喜欢调皮捣蛋的学生。"石破天惊，一句话说得我们吐出了舌头，你瞧我，我瞧你。"你们说说，这是为什么？因为调皮捣蛋的学生最聪明，你们信不信？"我们不敢相信他的话，谁知道他葫芦里卖的什么药？

现在我是百分之百地相信常老师的话了，如果是个榆木脑袋、白痴，又怎能"调皮"得起来。或许还要加上"童心"。就是说，"调皮"与"聪明、童心"是伙穿着连裆裤的，"童心"与"聪明"一搅和，往往会搅和出鬼点子，于是剑走偏锋，不按常理常规出牌了。

小虎子给老头儿让座位，就是不按常理常规出牌。我尝想，莫非沈培小时候干过这事，壮年童心未泯"夫子自道"？忽地想起《庄子》，《庄子》曰："不知周之梦为胡蝶欤？胡蝶之梦为周欤？"仿其意，为之言曰：不知沈培之为小虎子欤？抑小虎子之为沈培欤？

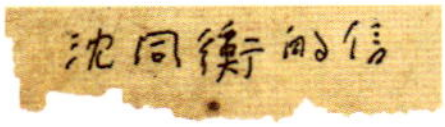

沈同衡

（1914 — 2002） 上海市人。笔名石东。人民日报高级编辑（离休）。1937 年上海新华艺专毕业后，在周恩来、郭沫若领导的军委政治部三厅艺术处专事抗日宣传工作，从事报纸及士兵读物的编辑，1939 年任 《桂林晚报》副刊主编，1941 年任广西艺术师范美术讲师兼教务主任，1945 年任重庆育才学校美术教师和《中国工人》《商务时报》副刊主编。在重庆与特伟等人举办 “八人漫画联展” 。抗战胜利后返回上海，为中华全国漫画作家协会负责人之一，经常为 《群众》《文萃》《文汇报》等进步报刊创作漫画。1947 年创办并主持“漫画工学团” 。1949 年任上海市军管会文艺处美术室副主任，参加筹建上海美协，被选为副主席兼秘书长。新中国成立后，先后任中国美协上海分会副主席兼秘书长、《漫画》 编委、《人民日报》高级编辑、《漫画选刊》 主编、中国新闻学会理事、中国新闻漫画研究会会长、《当代中国》新闻卷编委。参加革命以来，发表数以万计的美术作品和新闻漫画。早期的《加冕图》送莫斯科参加“中国抗战漫画展”获优秀奖，并在苏联《文学报》和美国发表，20 世纪 40 年代的《谒陵图》柳亚子先生为之题了词。1986 年有作品获全国好新闻漫画一等奖，1992 年获“中国漫画金猴奖” （荣誉奖）。出版《谁是我们的敌人》《战地书简》《怎样画漫画》《漫画漫谈》 等十多种美术专著，所著《成语典故》发行一百多万册，获 1986 年全国首届优秀畅销书奖。

第　页

韩羽同志：

春节过得好吗？我的57年问题总算宣告解决，工作则尚未安排，目前临时上班帮忙。本人调回北京的可能是有的，不过子女很难随调。我的大女儿为照顾年老父母，十多年守不结婚，侍奉不离左右，现在将要把她丢在新疆，实在于心难安。李域同志表示愿意帮助设法将我大女儿沈测调到保定任教，此举颇为感激。不知你认识李域同志否？可以协同他出出参谋主意，走走门路吗？我现已搬来报社招待所住，来京时盼见面谈谈。祝

好！

沈同衡

七九年二月六日

25×8＝200　　人民日报社

韩羽同志：

春节过得好吗？我的1957年问题总算宣告解决，工作则尚未安排，目前临时上班帮忙。本人调回北京的可能是有的，不过子女很难随调。我的大女儿为照顾年老父母，十多年宁不结婚，侍奉不离左右，现在将要把她丢在新疆，实在于心难安，李棫同志表示愿意帮助设法将我大女儿沈洌调到保定任教，心中颇为感激。不知你认识李棫同志否？可以协同他出出主意，分头走走门路吗？我现已搬来报社招待所住，来京时盼见面谈谈。祝

好！

沈同衡

1979年2月6日

札　记

漫坛前辈沈同衡，被错划“右派”，发配新疆二十年，得改正。信中言：“本人调回北京的可能是有的，不过子女很难随调。我的大女儿为照顾年老父母，十多年宁不结婚，侍奉不离左右，现在将要把她丢在新疆，实在于心难安。”改正，得重见天日；但又面临骨肉分离。沈老“于心难安”，我辈亦于心恻然。李樾和我，求神问卜，心思挖空。盖“昔有鹦鹉飞集陀山，乃山中大火，鹦鹉遥见，入水濡羽，飞而洒之。天神言：‘尔虽有志意，何足云也？’对曰：‘常侨居是山，不忍见耳！’”

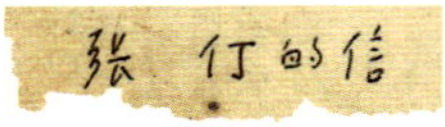

张 仃

（1917 — 2010）号它山。中国画家、工艺美术家、美术教育家。1932 年在国立北平艺术专科学校学习期间，参加左翼美术家联盟，1934 年被捕。抗日战争爆发后，参加抗日漫画宣传队。1938 年赴延安，在鲁迅艺术文学院美术系任教。1946 年任《东北画报》总编辑。期间发表过大量宣传画、年画、漫画等多种美术作品。中华人民共和国成立后，历任中央美术学院实用美术系教授，中央工艺美术学院院长、中国美术家协会常务理事、中国工艺美术学会副理事长。1950 年中华人民共和国国徽甄选阶段，带领中央美术学院设计组提出了与政协会徽类似的国徽图案以及由红星、麦穗和天安门组成的国徽图案。1950 年 6 月 10 日政协第五次常委会初步决定采用带有天安门城楼的国徽方案，而其第二稿未被选中。曾负责设计动画美术片《哪吒闹海》，设计鸡年生肖票（1981 年）。

作者与张仃（右）

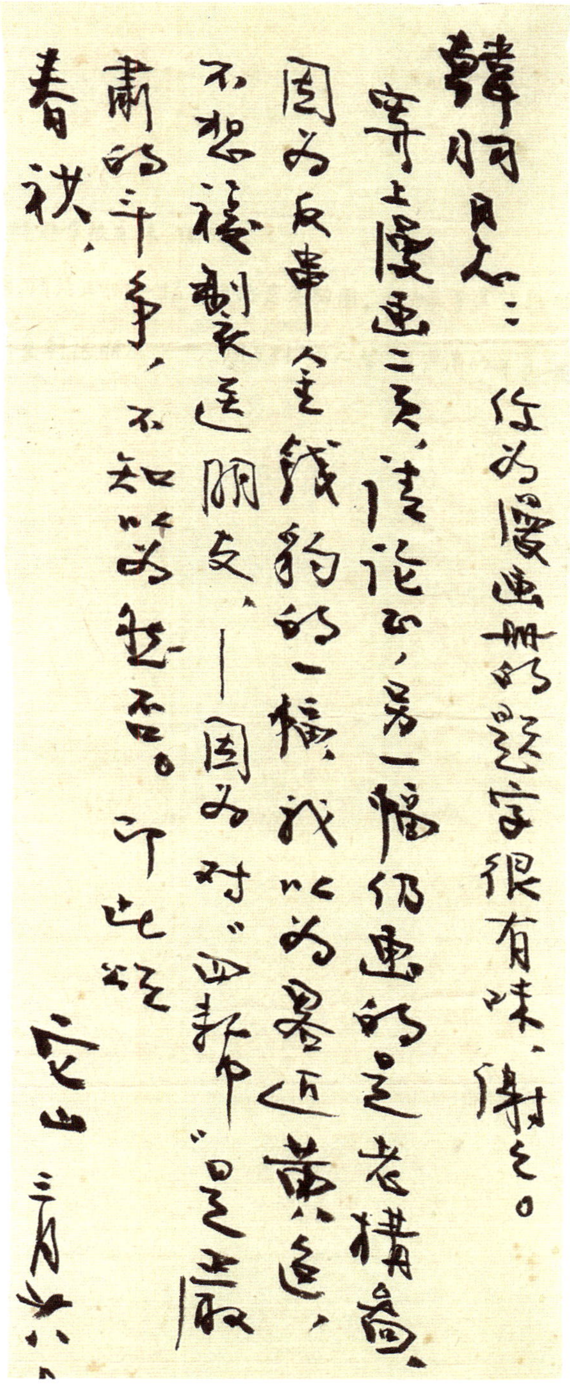

韩羽兄：

你为漫画册的题字很有味，谢谢。寄上漫画二页，请论正，另一幅仍画的是老横高，因为反串全钱豹的一幅，我以为要近黄色，不想被制装送朋友。——因为对"西郡"是严肃的斗争，不知以为然否。

仃 此候

春祺。

定山 三月廿六

韩羽同志：

你为漫画册的题字很有味，谢谢。

寄上漫画二页，请论正，另一幅仍画的是老构图。因为反串金钱豹的一幅，我以为略近黄色，不想复制送朋友，——因为对"四人帮"是严肃的斗争，不知以为然否。

即此颂

春祺。

它山

3月28日

韩注 1977

札　记

每翻看《张仃画集》，至漫画《女皇梦》，往事浮现心头。信中所写“寄上漫画二页”，就是《女皇梦》中的二页。何止这二页，张仃先生创作《女皇梦》时，我常去他家，侍立于侧，看其运笔挥毫，遇废弃之稿，即纳入衣袋中，集腋成裘，常自窃喜，傲然自谓：谁藏有《女皇梦》初稿？我有。

回想当年，揪出“四人帮”，举国人心振奋，揭批“四人帮”的漫画如漫天飞雪，铺天盖地。多年郁积之气借画笔毫端喷泻而出，如火山爆发，如决大川。江青的“女皇梦”是众矢之的，张仃先生的这一“矢”，入木三分骂亦精。

《女皇梦》可谓是把一个“梦”字做足了文章，集各种艺术手段熔于一炉。比如《吕后》，其勾线、设色、服饰陈设俨然就是出土的汉墓壁画。唯独吕后的面孔是江青的模样。时空穿越，扑朔迷离，汉墓里的吕后即江青欤？抑江青即汉墓里的吕后欤？似此似彼，如幻如梦，恰是这最荒唐之荒唐，才使之触摸到最真实之真实。尤妙的是设色，红、黄、蓝三色的涂抹所形成的斑驳脱落之状，诱发人的通感，视形类味，似乎嗅到了年深日久的墓穴中的潮霉气。

再看《叶卡捷琳娜》，我特地找出她的油画像相比照，即如梳发样式也有据可考。正如布文先生说的“虽然在漫画中，只用了半个镜框，只有沙皇的两条腿而已。有关沙皇像，都查阅过七八种图片”。遗其细，撮其要，虽寥寥数笔，亦恍如冬宫一隅。像是《聊斋》中的陆判做了手脚，江青的脑袋长在了俄国女皇身上，令人忍俊不禁的是，虽君临天下，不可一世，可手中捧着的却是一顶男人的皇冠，真真“极知老女添妆苦”也。

《电影皇后》的画面是红、黄、蓝、黑大色块对比，响亮明快，极富现代感，极富好莱坞洋调儿，置身其间，陶然绮梦，既想当女皇又想当电影皇后的江青当会快意：得其所哉。

《开历史倒车》的陈旧色调，俨然一幅中华民国初年的古老年画，画中的火车头，俨然是清末民初的老古董（没有对民间年画的多方面研究，没有旧照片的参考资料肯定是画不出来的），挤在驾驶室里的“四人帮”，扭着脖子向后看，有如《封神演义》里的脑袋向后长着的申公豹。再不必多着一语，“开历史倒车”活生生地形象化了。信手拈来，以轻运重，可谓妙思。

佛家有言：“芥子纳须弥。”漫画在诸画种中，约定俗成居于末座，小如“芥子”，但它所容纳的学问、识见以及生活面之广，也恰如“须弥”。可是有的人往往看不到，张仃先生让我们看到了。

这又使我想起“笔墨等于零”之争，这争论是由张仃、吴冠中两位熟人为嚆矢而引发，继之如点燃的鞭炮一发而不可收，余波荡漾至今。吴冠中先生说的那句话，出自什么语境，是否还有延伸之义，只就事理推测，像他那样的识见，怎会做出如此简单的理解。但是那五个字已是白纸黑字如板上钉钉摆在那儿了，就字面上讲，也实难以辗转。而张仃先生的笔墨不等于零，不但有理有据，而且有资格说出这话。且不提他在艺术领域的国画、焦墨山水、装饰绘画、壁画诸端荦荦大者，只就漫画《女皇梦》来说，任何一笔都不等于零。

女皇梦（一、吕后）

女皇梦（二、武则天）

女皇梦（三、西太后）

女皇梦（四、叶卡捷琳娜）

选自《女皇梦》组画

－张仃画－

－韩羽画张仃－

张正宇的信

张正宇

（1904 — 1976）江苏无锡人。早年在上海从事出版事业和从事漫画活动。“七七”事变后，正宇在上海与其兄张光宇编辑《抗日画报》。他除漫画外，广为搜集民间美术，钻研国画，尤以书法、金石有造诣。他作猫有名于艺林，晚年所作的熊猫、荷花、石头以及山水等，都能妙境独造。曾任中国青年艺术剧院美术顾问，中国美术家协会理事，中国戏剧家协会理事。

1976

无锡轻工业大学

韩羽同志：

来书右悉。承问切至，谢谢：唐山一震，殃及京津一带，幸舍屋牢固，未受倾塌，家中大小平安无恙，未加架棚于街

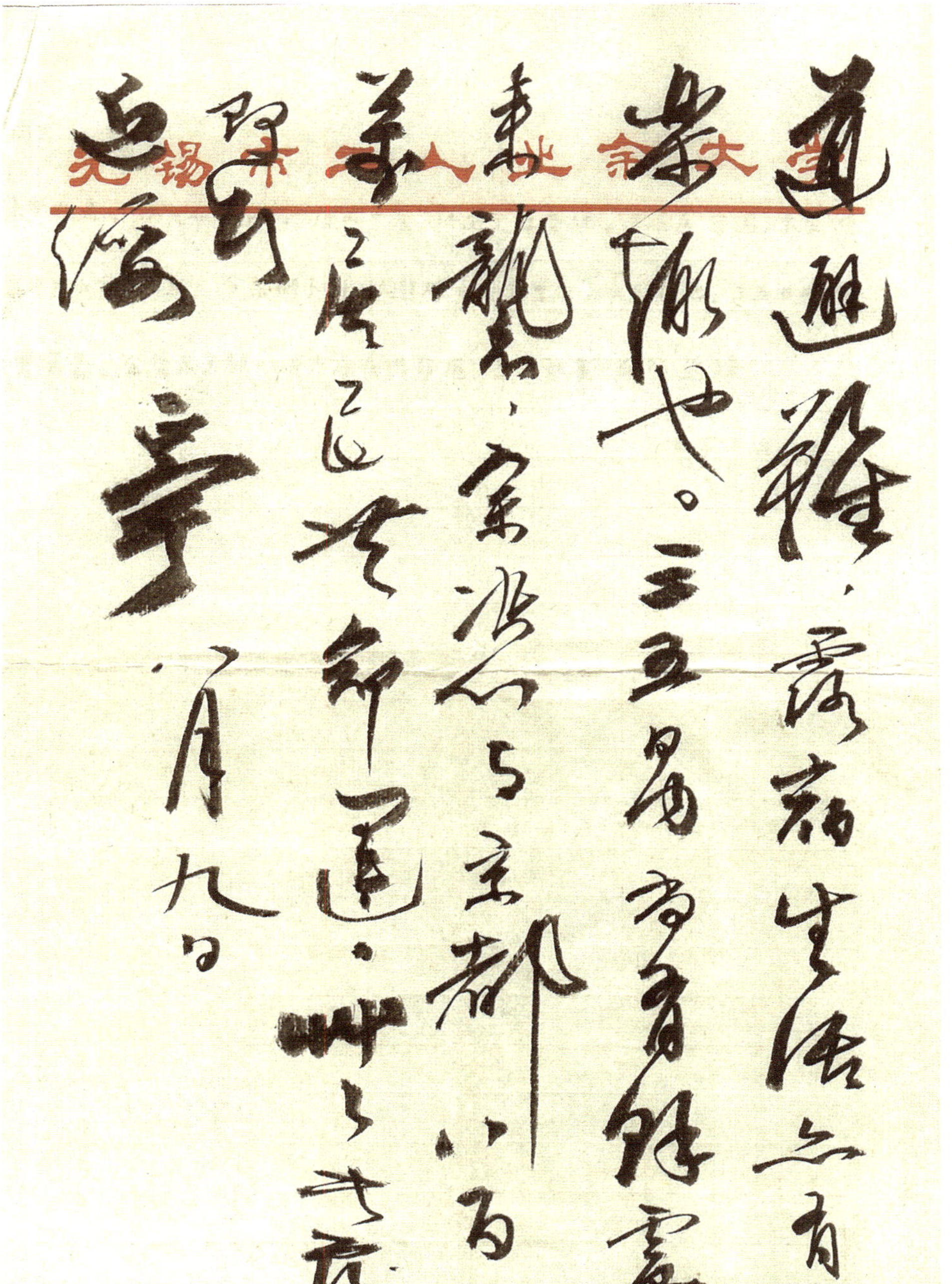
无锡市业余大学
月九日

韩羽同志：

来书收悉，承关切至谢。唐山一震殃及京津各地。幸余屋牢固，未受倾塌，家中大小平安无恙。今架棚于街道避难，露宿生活亦有乐趣也。三五日内当有余震来袭，余凭与京都八百万居民共命运，草草此复，即颂

近绥

正宇

8月9日

韩注 1976

札 记

和米谷访正宇老，甫坐定，米公说：“近来画了些什么？我们瞧瞧。”他拿出一纸夹子，有黄猫、黑猫数幅。米公比来比去对我说：“安（韩）羽，你看这只猫像你不像。”我笑而不答。米公说：“这只猫送给安（韩）羽了。”正宇老在猫旁题“正宇赠韩羽”。

和张仃先生访正宇老，附带有一任务，替米谷捎话求一幅字，正好顺路搭车。俟正宇老操笔欲写，张仃先生附耳低语：“我们叫好。”于是齐声呼好，正宇老更来兴致，一气数幅，幅幅精妙。

写《书简一束》，《边缘》杂志编辑问：是否有毛笔写的书札？我翻了翻，翻出此信，不但是毛笔，且是大书家。就此信似无话可说，且无话找话。此系唐山地震期间住防震棚时所写，老先生言“余凭与京都八百万居民共命运”，就此一语，可想见那个时代的书信体。

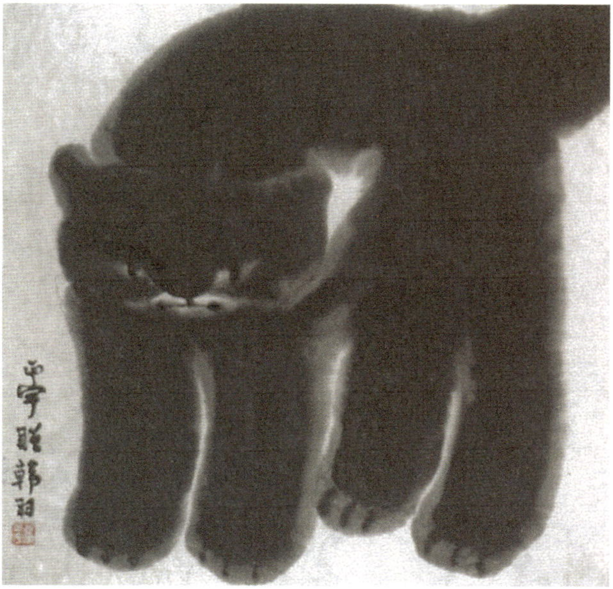

《猫》

－张正宇画－

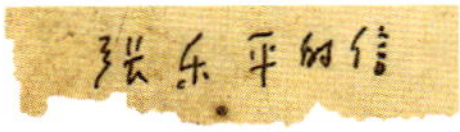

张乐平

（1910 — 1992）浙江海盐人。中国画家。20 世纪 30 年代起发表漫画作品，任《前线日报·星期漫画》副刊主编。抗战胜利后，致力于《三毛从军记》和《三毛流浪记》等连环画创作，先后分别在上海《申报》和《大公报》连载，反响强烈。1949 年 4 月，在宋庆龄支持下举办《三毛原作义卖画展》，筹款创办“三毛乐园”，救济流浪儿童。新中国成立后，历任上海美术工作者协会副主席、中国美术家协会上海分会副主席等职。有《张乐平画集》。

第　　页

韩羽同志：

你好。来信及大作均早收到。弟因前时乘车不慎跌了一跤，身体一直欠佳，因此迟复了，万望见谅。尊先大作亦素所敬仰。前时曾得闻，你欲改变原有笔法，大为一惊。当时记得曾托人带讯，劝君珍视原来风格。现得大作，喜之望外，谢谢。弟因搁笔十年，一无长进，实在有愧。幸得英明领袖华主席一举粉碎"四人帮"，文艺也得到了解放。你要求画个三毛头像，应当奉命，不过好久未曾画过，未免生疏，尚请指正。专此

握手

张乐平 1977.4.6

20×16=320 上海人民出版社

韩羽同志：

你好。来信及大作均早收到。弟因前时乘车不慎跌了一跤，身体一直欠佳，因此迟复了，万望见谅。老兄大作我素所敬仰。前时曾传闻，你欲改变原有笔法，大为一惊。当时记得曾托人带讯，劝君珍视原来风格。兹得大作，喜之望外，谢谢。我因搁笔十年一无长进，实在有愧。幸得英明领袖华主席一举粉碎“四人帮”，文艺也得了解放。你要我画个三毛头像，应当奉命，不过好久未曾画过，未免生疏，尚请指正。 专此

握手

张乐平

1977年4月6日

札　记

绘画这一行，其实也是“摸着石头过河”，糊涂着的未必不是明白；明白了的未必不是糊涂。走着走着碰上了“鬼打墙”，是常有的事。也是在这节骨眼上，一句“劝君珍视原来风格”，不异佛家棒喝，得免亡羊于歧路。

后因拍摄动画片，数度赴沪，乐平老每相见总是相同一句话：我们一起吃老酒。一日，阿达转告：“张乐平邀特伟、你、我去他家吃酒作画去。”举杯相对，发现我是白干，乐平老是老酒，特伟老是啤酒，阿达是水果饮料。我说：“你们喝的我敢喝，我喝的你们不敢喝。”颇有得意之色。酒后合画“三毛贺三万”，即贺万籁鸣三兄弟从影六十年。按例有题字必有印，特伟老出主意，将纸撕成一空白之方块，铺在画纸上，四人各按指纹，一天然印章也。其防假性能无与伦比。

万氏兄弟——万籁鸣、万古蟾、万超尘为我国动画电影的创始人，也是老漫画家。1926年就制作了第一部动画片。今年是万氏兄弟从影六十周年，合作此画，表示祝贺。

张乐平、特伟、韩羽、阿达
1986年10月

– 张乐平画三毛 –

－韩羽画张乐平－

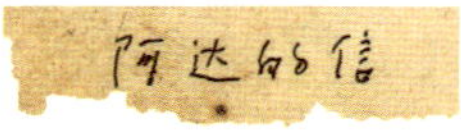

阿 达

（1934 — 1987）江苏昆山人。本名徐景达。中国美术电影导演、漫画家、中国影协第五届理事、中国美协第五届理事。1951 年考入苏州美术专科学校动画科。翌年，转入北京电影学院动画系。1953 年，北京电影学院动画系毕业后入上海美术电影制片厂。1956 年后相继担任了《小蝌蚪找妈妈》《大李、小李和老李》等影片的美术师或背景设计。1978 年参与导演的中国第一部彩色宽银幕动画片《哪吒闹海》，于 1980 年获第三届电影百花奖最佳美术片奖、文化部 1979 年优秀影片奖，1982 年获马尼拉国际电影节特别奖，1988 年获法国第七届布尔·波拉斯青年国际动画电影节评委奖和宽银幕长篇动画片奖。代表作动画片《三个和尚》，1981 年获第一届中国电影金鸡奖最佳美术片奖、文化部 1980 年优秀影片奖、丹麦欧登塞第四届国际童话电影节银质奖，1982 年获葡萄牙第六届国际动画片电影节最佳影片奖、西柏林电影节银熊奖，1983 年获菲律宾马尼拉电影节特别奖。与常光希联合导演的动画片《蝴蝶泉》，获文化部 1983 年优秀影片奖。1984 年编导的动画片《三十六个字》，于 1986 年获南斯拉夫萨格勒布第七届国际动画电影节 D 组教育片奖。动画片《超级肥皂》于 1987 年获第七届中国电影金鸡奖最佳美术片奖、日本第二届广岛国际动画电影节教育片组二等奖。《新装的门铃》于 1988 年获第一届上海国际动画电影节美术片特别奖。因参与创研水墨动画制片工艺，1985 年获文化部科技成果一等奖，1987 年获国家科技二等奖。1983 年被聘为法国安纳西第十四届国际动画电影节评委。1985 年当选为国际动画协会理事。

上海美术电影制片厂

羽兄：

今天收到寄来的《河北文艺》，拜读了您的大作，感触很深。因为这是有感而发，所以读了更觉得亲切和真诚。希望您今后还要常写这类文章，把我们共同的看法告诉大家。我想这是很有意义的事情。文章最后还提到了我，可是我自己已记不清了，惭愧。

最近曾去了北京一次，文化部奖励79年优秀影片，我作为《哪吒》摄制组的代表，赴京领奖。（因王树忱带影片到法国参加电影节去了）这次在京时间太短，连方成、苗地等人也没有看成，打电话也没有打通。华君武同志又不在京，就是去了一次人美，见到了丁午兄，当然还有关景宇，我们在一起谈到了您，并在人美共进午餐。四日离北京五日回到上海。

《三个和尚》工作已经开始，摄制组的同志们真希望您此时此刻就来到，共商大计，那怕只来一星期也好。就不知道您那一天才能开好文代会？ 上个月底我曾让我们摄制组的制片同志寄了一份画面分镜头台本给您想您已收到。请您"先睹为快"。希望能听到您的具体意见。最好还要请您亲自动动手，画一画。还是一个老问题，什么时候能来呢？。不要等生米煮成熟饭以后再改就麻烦了。人称电影是"遗憾的艺术"，但我希望尽量少遗憾一些才好。

韩美林曾来过上海。带着新婚妻子朱虹同志。可惜只呆了三天。我和他只谈了十几分钟。我问他在文代会上跳上台去发言的事（是您告诉我的）他至今还很激动。当然我们又谈了您。可惜你们还没有认识，他对您的画甚为赞赏称之为："真正的艺术"。最近他又准备到美国去开个展。（八月中）大约6个星期。有这样的机会也不错。同时还为国家赚了一大笔外汇。

特伟同志已从美国回来，目前还在北京西苑饭店四楼，大约再过几天就要回上海了。您如果最近能来上海，就可以一起听他谈谈在国外的见闻了。

如果您来沪时经过北京，请代问方成、钟灵、英韬诸同志好。

想念你们啊！

问您一家好。

握手。

阿达

80.5.10

吃不准你现在在哪里，河北文艺也从石家庄寄来信，我就寄给他们转交给您吧！

羽兄：

今天收到寄来的《河北文艺》，拜读了您的大作，感触很深。因为这是有感而发，所以读了更觉得亲切和真诚。希望您今后还要常写这类文章，把我们共同的看法告诉大家，我想这是很有意义的事情。文章最后还提到了我，可是我自己已记不清了，惭愧。

最近曾去了北京一次，文化部奖励1979年优秀影片，我作为《哪吒》摄制组的代表，赴京领奖（因王树忱带影片到法国参加电影节去了）。这次在京时间太短，连方成、苗地等人也没有看成，打电话也没有打通。华君武同志又不在京。就是去了一次人美，见到了丁午兄，当然还有关景宇，我们在一起谈到了您，并在人美共进午餐，4日离北京，5日回到上海。

《三个和尚》工作已开始，摄制组的同志们真希望您此时此刻就来到，共商大计，哪怕只来一星期也好，就不知道您哪一天才能开好文代会？上个月底我曾让我们摄制组的制片同志寄了一份画面分镜头台本给您，想您已收到，请您“先睹为快”，希望能听到您的具体意见，最好还要请您亲自动动手，画一画。还是一个老问题，什么时候能来呢？不要等生米煮成熟饭以后再改就麻烦了。人称电影是“遗憾的艺术”，但我总想尽量少遗憾一些才好。

韩美林曾来过上海，带着新娘子朱娅同志，可惜只待了三天，我和他只谈了十几分钟，我问他在文代会上跳上台去发言的事（是您告诉我的），他至今还很激动，当然我们又谈了您，可惜你们还没有认识，他对您的画甚为赞赏，称之为“真正的艺术”。最近他正准备到美国去开展览（8月中），大约六个星期，有这样的机会也不错，同时还为国家赚了一大笔外汇。

特伟同志已从美国回来，目前还在北京西苑饭店四楼，大约再过几天就要回上海了。您如果最近能来上海，就可以一起听他谈谈在国外的见闻了。

如果您来沪时经过北京，请代问方成、钟灵、苗地等同志好。

想念你啊，

问您一家好。

握手

阿达

1980年5月10日

吃不准您现在在哪里，《河北文艺》是石家庄寄来的，我就寄给他们转交给您吧！

札 记

我与阿达交往，始于合作动画片《三个和尚》。1979 年春，我为剪纸片《八百鞭子》设计人物造型，住在上海美术电影制片厂里。阿达当时参加拍摄《哪吒闹海》，闲暇时常来找我聊天。他说话总掺杂着嘻嘻的笑声。我问他是哪儿人，他说原籍昆山，苏州长大。看他身躯魁伟，方头大脸，怎能和江南人对上号？可是听他和别人讲话却又是吴侬软语。我说："阁下真江南风度、北国气概也。"他嘻嘻笑了。我问他动画片《画廊一夜》里那两个在电话里打小报告的家伙的噼里啪啦的像放鞭炮的声音是谁设计出来的，他又嘻嘻地笑了，意思是说他自己。我喊了一声："你真厉害！"同时心里想，什么时候和他合作一次。想着想着，果然来了。一天，他拿了个剧本来说："老韩，你看看，有兴趣没有，咱们合作。"我一看是《三个和尚》，是据民间谚语"一个和尚挑水吃，两个和尚抬水吃，三个和尚没水吃"发挥而赋予新意的。我说："推陈出新，好极。说定了。"当时，我们把这叫作"一拍即合"。

几经斟酌，包蕾很快将剧本定稿，下一步该是我设计人物了。阿达说："你不要管我们，就按你的画法画，我们把你的风格拍出来。"他虽大包大揽，我却不无踌躇。我虽然为剪纸片搞过人物造型，但剪纸形体较为固定，人物活动纯系横向而无纵向，易于处理。动画则人物辗转屈伸，俯仰多姿。而我画的人物多不合解剖，同一双手、脚，也往往此长彼短。这在静止状态中尚可，活动起来则恐麻烦。阿达嘻嘻地笑着说："我们想办法，会有办法的。"

和阿达相约，我们一起去承德。我说："几次下江南，都是你们陪着我转，这次到北方走走，比如去承德，我略尽地主之谊，到哪里找个地方边商量边设计。"他答应了。可是事到临头，我又失悔夸这海口了。因为在承德我没底数，除去有一个我的学生可资依凭外，借用太史公《项羽本纪》中的话说："然羽非有尺寸"了。果然现了眼，一到承德，已是万家灯火。那学生像大海里的针一样，且天黑夜冷，冻得上牙直打下牙。我带着阿达像没头苍蝇一样，在大街小巷里乱撞。不知怎的给撞进一座无人住的破楼里。实在累了，我蹲下来说："咱们就在这儿凑合一夜吧。"他嘻嘻地笑着，一副乐天派的样子。后来终于撞见一个小招待所，好说歹说，挤进去混了一夜。第二天，我解嘲说："这塞外风光比三秋桂子十里荷花如何？"他仍是嘻嘻地笑。使我感到，随遇而安，怎么都能凑合，正是"人到中年"的我们这代人通有的特点。

当然，白天很容易地打听到了我的学生；也当然饱览了普乐寺、普宁寺、普陀宗乘庙、须弥福寿庙、离宫。就连当时尚未开放的安远庙也进去观光了一番。塞外风光的确别具特色，阿达这江南人更有强烈的感受。我的海口没有白夸，心里稍安了些。这段插曲后来彼此常常提起。每谈起那狼狈情景，反而觉着好玩，虽然是冻得上牙直打下牙的事，心里却充满着温暖。

"三个和尚"按着我的理解设计出来了。第一个出场的是小和尚。单纯、聪明、天真无邪。如此设计是为了给他以后的性格发展留有余地。"近朱者赤，近墨者黑"，他遇到第二个和尚后，受到影响，才变得自私起来。第二个和尚的一举一动，直接影响着小和尚。我把他设计为奸刁、工于心计、好占便宜的成年人。第三个出场的，我把他设计为贪婪、憨直的胖和尚，和第二个和尚有所区别，且在戏中便于出他的丑，加强对"私"字的嘲笑。阿达赞同这些想法与人物造型。我说："我交稿了，下边该看你的了。"

一部好的艺术作品，需要内容和形式有着完整的统一。在拍摄《三个和尚》过程中，在把握与深化主题方面，在寻求恰当的表现形式方面，阿达很花费了一番功夫。他刻意追求鲜明的民族风格，刻意求简，借鉴传统戏曲表演中的"写意"手法，采用中国绘画中的空白背景与散点透视，锤炼动作的准确性，不用对白……电影是综合艺术，是靠各个门类的交互配合来展现的。各种因素是否能协调地、最大限度地发挥作用，导演举足轻重。首届电影金鸡奖评选委员会对动画片《三个和尚》的评语："寓意深长，幽默诙谐，造型、动作、音乐、音响和谐统一，在艺术上有所创新，具有浓郁的民族风格。”以及这部动画片的多次获奖，证实了阿达对艺术追求的成功，证实了阿达的导演才能。

阿达是动画电影导演，又是漫画家。漫画家习惯于匪夷所思，习惯于荒唐的想象，显示事物真理于荒唐之中。在这一点上，漫画艺术与只具备假定性而不具备逼真性的动画电影艺术至为接近；也是在这一点上，阿达与我这个动画上的门外汉有着更多的共同语言。我们就是这么一个门里，一个门外，叮当出了好几部动画影片。

继《三个和尚》之后，我们又合作拍摄了《门铃》《超级肥皂》。阿达写信说：“打算再次和你合作，今年是我拍片子的‘韩羽年’。”我回信说：“愿为麾下效劳。”于是又一同准备《无法表态》《两将军》的拍摄。

我们避开喧闹的上海，跑到金山县的农民画社里住下来酝酿剧本和设计工作。一间斗室，两个床铺，清静得很。每天照例是商谈剧本，继之，天南海北闲扯一通，或者转转曲桥小巷。有一次闲扯时，阿达嘻嘻地笑着说：“老韩，今天光听你的。”我说：“听我的什么呀？”他说：“随你的意，你谈什么我就听什么。”我喝下几杯酒后兴奋起来，说：“我谈谈京戏唱腔吧。”谈着谈着不知何所云起来，他说：“不听讲了，听你唱的。”我唱了两句，调门总拿不准。这时恰好有个猫趴在窗外不停地叫，我又学起猫叫，与猫一迭一声地呼应。阿达只嘻嘻地笑，似乎还带有点诡谲意味。回到上海，饭后一起看录像，阿达忽然想起来说：“老韩，我给你听一段精彩的！”我说：“是什么精彩的？”他说：“一听便知。”打开录音机，地地道道的山东腔，有说有唱还有猫叫——是我在出洋相。我说：“好，阿达，想不到你还捉弄我哩！”他又嘻嘻地笑了。

其实，我也捉弄他。我不懂上海话，记不清楚上海街道。不过，这点困难还是能想办法克服的。比如乘坐公共汽车，只要事先弄明白到目的地共有几站，上车后，每一停车，就屈起一个手指以计算站数，够了数，下车即可。但这需要费脑筋，且马虎不得。我为了省心，就倚“土”卖“土”，装起糊涂来。对象首先就是阿达。我说：“今天去看电影，我不认路，陪我去吧。”他说：“好的。”于是他成了我的“开路先锋”。我说：“今天乐平老来电话要我去，同我一起去吧。”他说：“我和你一起去过两三次了，你还不认道吗？”我说：“早忘了。”他说：“好的。”于是又成了我的“开路先锋”。

阿达温文随和，我有时遇事固执，他总是迁就于我，最多只不过嘻嘻地笑着说：“老韩，你将来一定是个固执的老头儿。”

我戒烟了，觉着没着没落的，嘴里总想塞点东西，于是就吃瓜子，吃上海唯一对我口味的酱油瓜子。阿达说：“你为什么不吃奶油瓜子？我们都喜欢吃奶油瓜子。”我说：“这个好，有咸味。”他陪着我边聊边吃，没想到《超级肥皂》的人物造型还没设计完，他也吃上瘾了。我说：“哈哈，你被我同化了。”我离开上海时，他提了个大包交给我，一看，全是酱油瓜子。

阿达会一口流利的英语，这使我既羡且妒。有一天，我一个人坐在上海美术电影制片厂的工作室里，没想到一推门进来了日本美术评论家小野耕世。我们有一面之识，我参加中国漫画家代表团去日本访问时，与他一起相处过几天。这意外的邂逅，无论是他还是我，都有一种“他乡遇故知”之感。惊讶，兴奋，握手，再以后可就无法进行下去了。他先说日本语，看我呆若木鸡的样子，又改为英语，我仍是呆若木鸡。他苦笑着摇摇头，我在纸上写：“等阿达来。”阿达来了，“线路”给接通了。我听着他们叽里呱啦嘻嘻哈哈的谈笑声，不由得赞佩道：“阿达，你真能耐。”

1986 年冬，我们应邀去北京电影学院讲课。我从保定前往，上车后没座位，一直站到北京。下车后又串了两家报社，到了电影学院已是下午 5 点钟，累得浑身都快散了架，草草吃了饭，好在是与阿达同屋，不管不顾躺下蒙头就睡。第二天醒来，我说：“阿达，真倒霉，昨天跑了一天路，累坏了。本想好好休息一夜，你猜，我夜里怎么着了？”他说：“夜里怎么了？”我说：“我在梦里扛了半夜木头，又拉了半夜煤球。”他嘻嘻笑着说：“这就是很好的幽默画。”我说：“老天爷，这种幽默还是离我远点为好。”

讲完课，我就回保定了。分手时，我俩郑重相约：来年开春，一起去爬狼牙山，一起去逛响堂寺。

但是，再也没有想到，一封电报像当头一棒。

仅仅分别十数天，我们在电影学院里的情景仍历历如昨，阿达的笑声还萦绕耳际，可他竟长辞了，突然得使人如坠梦境。此时心情，于哀痛中似又含有愤怒，愤恨造物与人为恶，只欲仰天长号。长夜难寐，我写了两行字烧化给他：

日间谈艺，晚间谈天。塞北江南，同憩同游。音容犹然，楸发半晌尚疑梦；

去年悼师，今年悼友。和尚将军，一在一故。造物忌才，捶胸中宵怒詈天。

我交友，多关注于牝牡骊黄之外，很少旁及其他。阿达给我最突出的印象是才气横溢，精力充沛，诚挚谦恭。只是在他去世之后，从讣告上才知道了他是中国电影家协会理事，中国美术家协会理事，国际动画协会理事、评委，上海漫画学会会长，中国动画学会副会长。从这里也可以想见到他生平业绩，对艺术事业的贡献。

时间的流逝，使哀痛心绪的波澜逐渐平复了，而记忆中的影像却越来越清晰，甚至连沉积在忘却的尘垢里的琐屑小事也浮现出来，而又蒙上一层酸楚。信件、照片、赠物，以前本是觉着无所谓的，现在却改变了它们的价值。

使我怕想起而又时时想起的，是詹同的来信。信中说："阿达去世之前两天还在念叨，不知老韩一个人春节是怎么过的？"

使我想起来不知是啥滋味的，是丁聪先生的转述："阿达去世前几个钟头里还在兴致勃勃地讲说他的多得数不清的创作计划。"

《三个和尚》造型

－韩羽画－

动画片《三个和尚》镜头

－韩羽画阿达－

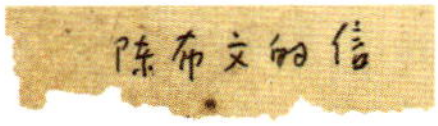

陈布文

（1920 — 1985）1937 年和青年画家张仃结识，互慕才华，遂结为终身伴侣。1938 年到延安，从事于鲁迅研究工作。20 世纪 50 年代开始从事教育工作，被誉为特级教师。

中央工藝美術学院

韓羽朋友：

長久不見，我們常常提起你。

因為我們都喜歡你的画……。

它山今天又找出一張你的画掛了起來。

你忙嗎？近来画什么？

它山希望你把最近的画送他一張，如果我也跟着说要一張，是否使你为难呢？

你出的画册，我們也没有，你自己也没多余的了吧？

告訴你一个好消息，1983年，它山可以回花果山了！

他辞了三年，恰逢政策英明，于是"归去来兮，悟以往之不谏，知来者之可追"！

什么時候来北京呢？

每次你来，总是匆匆而去，因为我们不会弄吃的，我虽然在家当收发与伙伕，也是不称职的永久工，奈何！智者不怪，就看画充饥好了！祝

春節好！

陳布文 83.1.8.

韩羽同志：

长久不见，我们常常提起你。

因为我们都喜欢你的画……

它山今天又找出一张你的画挂了起来。

你忙吗？近来画什么？

它山希望你把最近的画送他一张，如果我也跟着说要一张，是否使你为难呢？

你出的画册，我们也没有，你自己也没多余的了吧。

告诉你一个好消息，1985年，它山可以回花果山了！

他辞了三年，恰逢政策英明，于是，归去来兮，悟已往之不谏，知来者之可追！

什么时候来北京呢？

每次你来，总是匆匆而去，因为我们不会弄吃的，我虽然在家当收发与伙夫，也是不称职的永久工，奈何！智者不怪，就看画充饥好了！祝

春节好！

陈布文

1983年1月8日

札　记

依稀记得，传言四起：上边又要批“黑画”了，是这个时候认识了陈布文先生。我每去北京，总要去张仃先生家，没少吃了她做的饭菜。是个和蔼可亲、平易近人的长者，是延安时期的老革命。虽然她已辞世有年，在我心中音容宛在。

偶然读到了张郎郎的回忆文章，该文中这么一段话：“同一天（开大会批斗张郎郎的一天），我家的居委会主任和两个警察赶到我们家，他们要找我妈妈谈谈。他们知道我们家孩子多，万一有人想不开，会有更恶劣的后果，所以我妈妈首先得想得开。妈妈一个人坐在阳台上望着远方。警察走上前来，说：‘你孩子犯了大事了，又赶上点儿了（指大张旗鼓的镇压），你可得想开了。这会儿谁都没办法，你们家的人，可别胡思乱想，别出了岔子。’妈妈平静地说：‘我小时听说过车尔尼雪夫斯基他们，因为写东西被判处死刑，那时候他们就是我心目中真正的英雄。没想到我儿子也成了这样的人，我没什么想不开的，我为他感到骄傲。’”

本来是身材瘦弱的小老太太，形象忽然高大起来。蟪蛄岂知春秋，“主任连忙对警察说：‘老太太疯了，快走，快走。’”

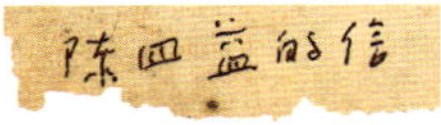

陈四益

（1939 — ）上海嘉定人。笔名东耳。先后任《瞭望》周刊编辑、编委等职。1986年以前的杂文作品，大多收入《当代杂文选粹第三辑·东耳之卷》。

瞭望周刊社

韩羽先生：

"垃圾新闻"图、文均已收到，谢谢。

"醉眼录"开栏以来，反响不错。日前到王朝闻处，他很称赞先生的画，尤其他赞先生曾作"韩信月下追萧何"一画，即韩信光头追着萧何，至"还我头来"的那幅画。据云，在他一部新作中，对此画作了分析，要我转告先生。

若说对"醉眼录"有什么希望的话，窃以为先生的画，若能国画趣味更浓些，则尽善矣。现在似漫画趣味多于国画趣味。此系外行之论，仅供参考。

兹将库存已发的画稿寄还。计：新官上任图、众人评字、守株得兔、也画螃蟹 四帧。（醉眼睛与赶车二帧已寄）收到后，请简复一函，以释远念。

即请

撰安

四益 3.28

韩羽先生：

《垃圾新闻》图、文均已收到，谢谢。

“醉眼录”开张以来，反响不错。日前到王朝闻处，他很称赞先生的画。尤其欣赏先生曾作《韩信月下追萧何》一画，即韩信无头，追着萧何要“还我头来”的那幅。据云，在他一部新作中，对此画做了分析，要我转告先生。

若说对“醉眼录”有什么希望的话，窃以为先生的画，若能国画趣味更浓些，则尽善矣。现在似漫画趣味多于国画趣味，此系外行之论，仅供参考。

遵嘱将已发的画稿寄还，计：《新官上任图》《众心所系》《守株得兔》《也画螃蟹》四帧。（《醉眼金睛》与《轿车》二帧已寄）收到后，望简复一函。以释远念。即请

撰祺

四益

3月28日

韩注　1992

札　记

与四益兄相识，在永厚家，从那时起，我成了《瞭望》的作者。

《瞭望》有一文艺版《珍珠滩》,《珍珠滩》为我开了个栏目“醉眼录”，不知是四益醉眼蒙眬，还是青眼相加，我的“鱼目”稿子竟“混珠”于“珍珠滩”达两年之久，快哉快哉。

逛琉璃厂，每当汗流浃背口干舌燥，立马想起新华社，横穿马路，直奔《瞭望》编辑部。四益兄心有灵犀，顺手斟上一杯热茶，捧着那杯热茶，快哉快哉。

回首前尘，每想起四益，就想起一杯热茶；每想起四益，就想起他的那本奇书《绘图新百喻》，并连带想起一奇文——严文井先生为这奇书写的序。奇文序奇书，又一奇也。

奇文谓奇书“他的寓言自成一格：在这个世界里，谁都没有特权，或者说有特权也不作数，什么达官贵人，和尚皇帝，正人君子，刀笔小吏，龙鳞虎虱，狗头犬人，千奇百怪，都只能老老实实共处于一室，各念各的经，各唱各的戏，都是一本正经，都又荒诞不经，说它不真实又像那回事，说它真实又没那回事。”尤其来劲的一句：“谁想来当考证家，谁就是大傻瓜。”“大傻瓜”三字，妙极趣极，传神写照，正在阿堵中，然而只能点到为止，不能再说，“一说便俗”（倪瓒语）。

－丁聪画陈四益－

邵燕祥的信

邵燕祥

（1933 — ）祖籍浙江萧山，生于北京。中国诗人、散文家、杂文家。1946 年开始发表诗歌、散文和杂文。1947 年读中学时加入民主青年联盟。1948 年入北平中法大学。1949 年到北平新华广播电台工作。1951 年出版诗集《歌唱北京城》，随后以《我们爱我们的土地》《我们架设了这条超高压送电线》等抒发建设者豪迈情怀的诗作引起普遍注意，1955 年集结成集《到远方去》，在青年学生和工人中产生了广泛的影响。50 年代末至 60 年代初因作品触及某些不公平社会现象而遭批评斗争，剥夺作品发表权数年。1978 年末到中国作家协会工作，曾任《诗刊》副主编。1979 年初获平反。1980 年后写了大量的杂文、随笔，针砭时弊，反思历史，富有思想力量和人文激情。

作者与邵燕祥（中）、阎纲（右）

韩羽兄：

昨天写好一信，下楼发出时，收到兄十二月大函，兄前所赠《学画书系》和《杂烩集》均已拜收，谢谢。

我将原写的信，拆封后加此数语。原信仍附上，我和蓝钢说待出版社发信了。为出版社向您提起，您心中有个底。

近元月赴台，未成行，又说四月有个机会，但手续烦杂。我想只能抱有一搭无一搭态度；有时间尽量多干些自己的事，随着现在年迈不饶。画家多健康长寿，据说是作画如气功，原兄得天地间正气，灵气，当活到八九十岁一百岁！！

握手！

燕祥 元月十六日近午

韩羽兄：

昨天写好一信，下楼欲发时，从信箱启得兄十二日大函。

兄前所赠《漫画书系画册》和《杂烩集》均已拜收，谢谢。

我将原写的信，折封后加此数语，原信仍附上，我和蓝翎就待出版社复信了。如出版社向您提起，您心中有个底。

说元月赴台，未成行；又说四月有个机会，但手续烦杂。我想只能抱有一搭无一搭态度；有时间尽量多干点活儿为宜，趁着现在手还不颤。画家多健康长寿，据说是作画如气功，愿兄得天地间正气、灵气，画他到八九十岁一百岁！

拜年！

燕祥

元月 16 日 近午

韩注 1995

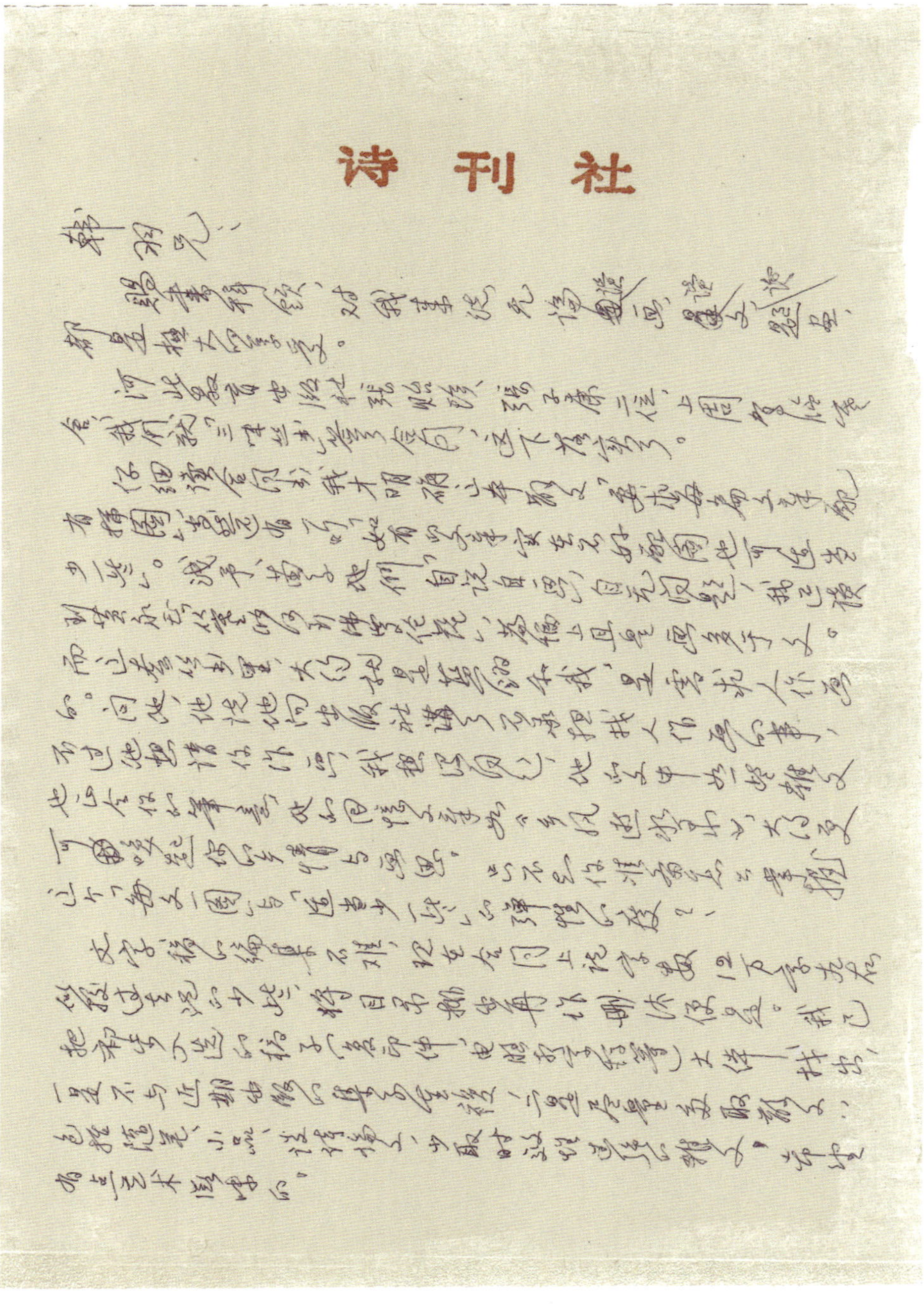
诗刊社

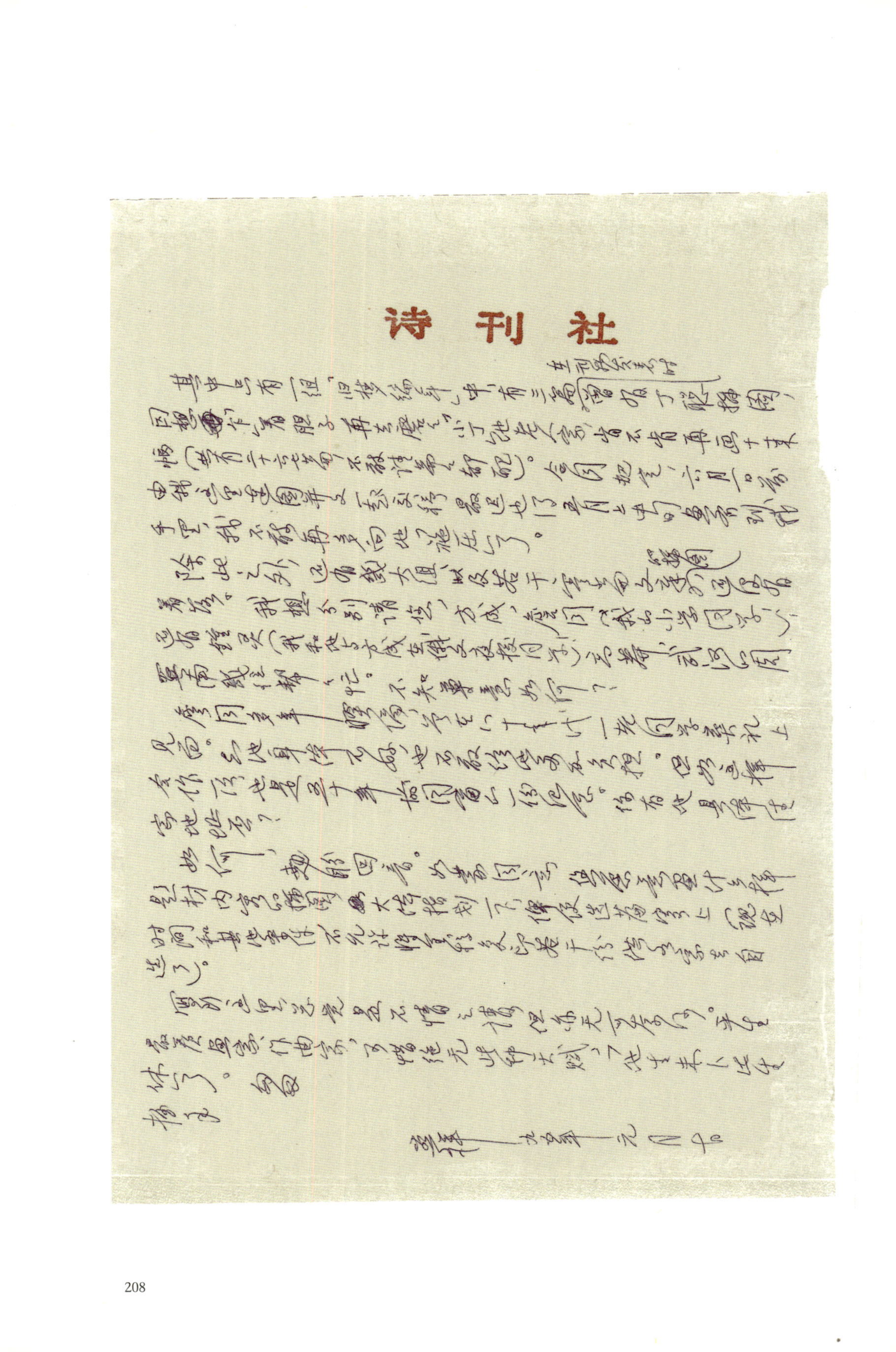

其中已有《汪》、《旧梦编年》中，有三篇[illegible]了[illegible]，因此多少了，[illegible]，[illegible]不到[illegible]十来帖（其中二十六首也不能[illegible]都好）。原因想是，六月份起由[illegible]，[illegible]手里，我不能再去向他催促了。

除此之外，还有[illegible]

[illegible]

韩羽兄：

赐书拜领，对我来说，无论读画、读文、读题画都是极大的享受。

河北教育出版社张贻珍、张子康二位，上周驾临寒舍，我们就《三味丛书》签了合同，这下落实了。

仔细读合同书，我才明确这本散文“要求每篇文章配有插图”，当然还有一句“如有的文章实在不好配图也可适当少一些”。浅予、苗子他们“自说自画”，自无问题。我还读到黄永玉《沿塞纳河到佛罗伦萨》，篇幅上且是画多于文。而这套丛书里，大约就是蓝翎和我，是需求人作画的。问他，他说他向出版社讲了不承担找人作画的事，不过他想请你作画，我想没问题，他的文中如一些杂文也正合你的笔意，他的回忆文章如《乡风逝水录》大约更可唤起你的乡情与画思。只不知你准备怎么掌握这个“每文一图”与“适当少一些”的弹性的度？

文字稿的编集不难，现在合同上说字数十二万字左右，似较过去说得少些，将目录排出再做删汰便是。我已把初步入选的稿子（复印件，电脑打字稿等）大体找出，一是不与近期出版的集子重复，二是尽量多取散文，包括随笔、小品、谈诗论文，少取时效性过强的杂文，希望有点艺术滋味的。

其中只有一组“旧梦编年”中，有三篇在刊物发表时曾有丁聪插图，因想“乍”着胆子再去磨磨“小丁”他老人家，肯不肯再画十来幅（共有二十六七篇，不敢请篇篇都配）。合同规定，6

月 1 日前由我这里连图并文一起交稿，最迟也得 5 月上中旬画齐到我手里，我不敢再多向他“施压”了。

除此之外，还有几大组以及若干零篇文章的插图还没有着落。我想分别请您、方成、詹同（我的小学同学），还有钟灵（我和他与方成在俄文夜校同学）、高莽，武汉的周翼南几位帮帮忙，不知尊意如何?

詹同多年睽隔，曾在 80 年代一老同学葬礼上见面。知他身体不好，也不敢给他多加负担，但如这样合作一次，也是五十年前同窗的一份纪念。你有他具体住家地址否?

如何，翘盼回音。如蒙同意，您愿意画什么样题材内容的插图，大体指划一下，俾便选篇寄上（现在时间和其他条件，不允许将全稿复印若干份供各家去自选了）。

写到这里总觉是不情之请，但亦无可奈何。平生最羡画家、作曲家，可惜绝无此种天赋，“他生未卜此生休”了。匆匆
握手

燕祥

1995 年元月 10 日

札　记

信中所谈是有关插图的事，出版社拟出一套丛书，要求书中有插图，蓝翎、邵燕祥为此作难，只好找我们画儿匠。看他们那着急劲，令人既想笑又想哭，何以如此，一两句话也说不清，且举一例，从前农民卖粮食，十几二十里地拉着粮食去了，到后就排队，好不容易排到了收购员跟前。收购员一摸粮食说："不行，粮食有点潮，拉回晒去。"只好再把粮食拉回去。粮食到底潮不潮？"我说潮，就是潮，不潮也潮；我说不潮，就是不潮，潮也不潮。"既如此，何不到别处去卖，可往哪儿卖啊，独此一家，别无分号。别光说闹心的，说点高兴的：

和燕祥兄初次相见，脱口而出："还他旋律，还我歌喉。"燕祥笑着重复了一遍："还他格律，还我歌喉。"这才发现我记错了一个字。这是他半个世纪前的《忆西湖》一诗的最后一句。提到这诗，还应该感谢姚文元，要不是他的批评文章中的引用，我还无由读到这诗哩。

又一次见面，又是脱口而出："大会开得很好嘛！"他更开心大笑得也重复了一遍："大会开得很好嘛！"传神阿堵，而且杂于典雅格律之间，变风变雅，大俗大雅，可谓化腐朽为神奇。

再看另句："红包续得红旗谱"，用典贴切，信手拈来，天衣无缝，我几乎疑为当年梁斌的《红旗谱》就是专为邵燕祥这句诗而写的。因没再见到他，尚未脱口而出。

我在诗词上也就是个中学生水平。柳永，我只记住了一句，"杨柳岸晓风残月"。宋祁，我只记住了一句，"红杏枝头春意闹"。潘大临，当然更是一句，"满城风雨近重阳"。邵燕祥，我记住了三句。

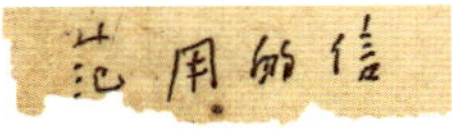
范用的信

范 用

（1923 — 2010）江苏省镇江人。原名鹤镛。出版事业家。新中国成立前，曾任读书出版社桂林、重庆分社经理，生活·读书·新知三联书店出版部主任。新中国成立后，历任华东军管会新闻出版处联络员，中共中央宣传部出版委员会科长，中央人民政府出版总署出版局副主任，人民出版社副总编辑、副社长，生活·读书·新知三联书店总经理。是中国出版工作者协会第一、第二届理事。主持出版过巴金的《随想录》（合订本）、赵家璧的《编辑忆旧》和《傅雷家书》等书；曾创办《新华文摘》《读书》杂志等。

锦州我兄：

与方成去南京，兄未能赶上，怅甚怅甚！凤凰台谈吃俱乐部说要一再邀请，未悉去了没有？

这两天，我把兄的文集找出来（都是兄赠送我的）又读了一遍，真是好书不厌一再读。计有《那凌集》、《闲话闲云集》、《陈茶新酒集》、《杂烩集》、《锦州小品》、《信马由缰》、《锦州随笔》、《杂文自选集》。不知后来又有出版否？现在这些书市上恐怕早已卖缺，我有一想法：请三联书店重编重印（几卷集文集）。兄以为如何？祈示。草草，顺颂

健安

范用 六、十九

韩羽我兄：

与方成去南京，兄未能赶上，怅甚，怅甚！凤凰台读书俱乐部说要一并邀请，未悉去了没有？

这两天，我把兄的文集找出来（都是兄赠送我的）又读了一遍，真是好书不厌再读。计有《两凑集》《闲话闲画集》《陈茶新酒集》《杂烩集》《韩羽小品》《信马由缰》《韩羽随笔》《杂文自选集》。不知后来又有出版否？现在这些书市上恐怕早已卖缺，我有一想法：请三联书店重编重印（几卷集文集）。兄以为如何？盼示。草草，

顺颂

健安

范用

6月19日

韩注　2002

韩羽兄：

您送我的书，我都要看好几遍。每回看，都觉得新鲜、够味。还有，我拿你的书下酒，喝一口黄酒，看一页，拈一粒大芸豆，有飘飘然之感。

刚才我又看《韩羽随笔》，其中记陈跛子、马青父最有趣。“嘭地一声，不知谁放了个屁？”我仿佛也听到了。那位放屁者有没有问：“谁放的？”

好像在报上见到，您又有书出版，我再伸手，务必寄我一本。

我还有一非份之想，您能不能拿我这个瘦老头画一幅谐谑画？只要几笔，涂上颜色，写几句妙语，我可以挂在卧室，随时开心。

何时再来京城？为盼！祝

暑安

范用

六月廿

韩羽兄：

您送我的书，我都要看好几遍。每回看，都觉得新鲜，够味。还有，我拿你的书下酒，喝一口黄酒，看一页，拈一粒大芸豆，有飘飘然之感。

刚才我又看《韩羽随笔》，其中记陈跛子、李青艾最有趣。"'噗'地一声，不知谁放了个屁？"我仿佛也听到了。那位放屁者有没有问："谁放的？"

好像在报上见到，您又有书出版，我再伸手，务必寄我一本。

我还有一非分之想，您能不能拿我这个瘦老头画一幅谐谑画？只要几笔，涂上颜色，写几句妙语。我可以挂在卧室，随时开心。

何时再来京城？为盼！祝

暑安

范用

6月20日

韩注　2004

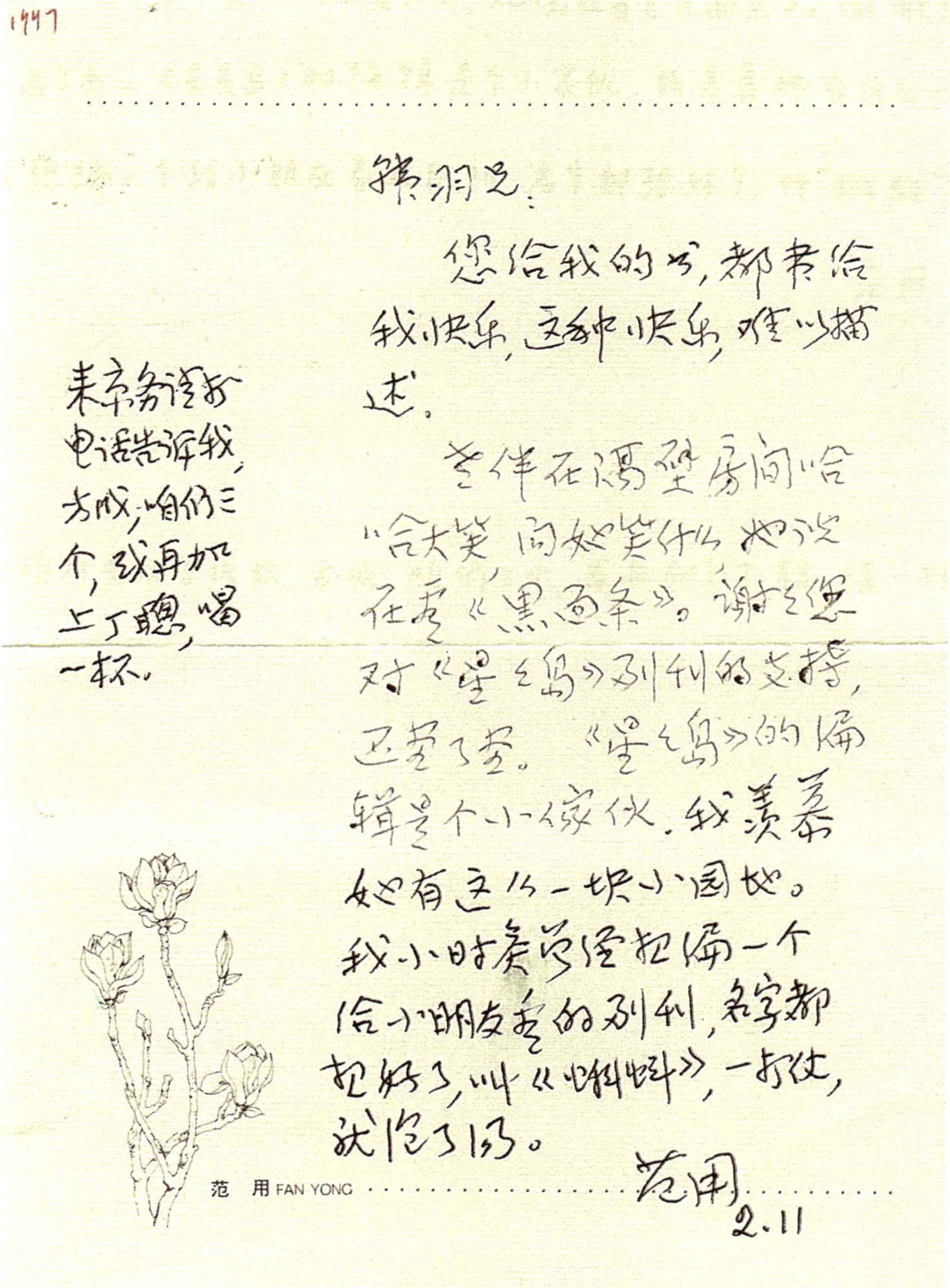

1997

锦羽兄：

您给我的书，都带给我快乐，这种快乐，难以描述。

老伴在隔壁房间哈哈大笑，问她笑什么，她说在看《黑面条》。谢谢您对《星星岛》副刊的支持，还寄了书。《星星岛》的编辑是个小家伙，我羡慕她有这么一块小园地。我小时候曾经想编一个给小朋友看的副刊，名字都起好了，叫《蝌蚪》，一打仗，就泡了汤。

范用

2.11

来京务请打电话告诉我，方成，咱们三个，我再加上丁聪，喝一杯。

范 用 FAN YONG

韩羽兄：

您给我的书，都带给我快乐，这种快乐，难以描述。

老伴在隔壁房间哈哈大笑，问她笑什么，她说在看《黑面条》。谢谢您对《星星岛》副刊的支持，还画了画。《星星岛》的编辑是个小家伙，我羡慕她有这么一块小园地。我小时候曾经想编一个给小朋友看的副刊，名字都想好了，叫《蝌蚪》，一打仗，就泡了汤。

范用

2月11日

来京务请打电话告诉我，方成，咱们三个，或再加上丁聪，喝一杯。

韩注 1997

札　记

“城东门外，紧傍着护城河小桥是一间卖烟的小铺。我正在小桥旁。卖烟老汉的孙子捧着一大碗黑高粱凉面条大步跨出门外，顺势蹲在门口，瞅了我一眼，不慌不忙地用筷子将面条、黄瓜、蒜拌来拌去，将面条高高挑起，又冲我瞅一眼，‘呼噜’将面条猛地吞进，嚼得啧啧有声。他以为我在咽唾沫了，或许我真的咽唾沫了，得意起来。又挑起一筷子面条，晃来晃去，瞅来瞅去，冲我挤眉弄眼，又呼地吞了进去。紧嚼几口，‘啊’的一声舒出一口长气，像是香极了。大概我又咽唾沫了。他更得意地将那面条拌来拌去。这时我觉得四周的一切都不存在了，唯有那晃动着的黑面条。

“突然，我的后背挨了一巴掌。一只手将我趔趔趄趄地拽了过去。是二姑。她边走边嚷：‘哪里都找不着你，跑到这里看人家吃饭，馋死你，看我告诉你娘去不！’”

这是我的《信马由缰》的首篇《黑面条》。范公写道：“老伴在隔壁房间哈哈大笑，问她笑什么，她说在看《黑面条》。”一句“哈哈大笑”，使我比喝了他的茅台酒还陶陶然。

－韩羽画范用－

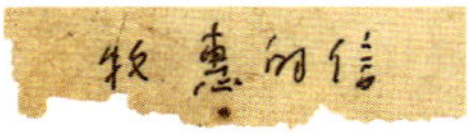

牧 惠

（1928 — 2004）广东新会人。原名林颂葵，后名林文山，中国杂文家。中学时期发表处女作《年》。抗战胜利后考入广州中山大学文学院中文系。1947 年加入中国共产党外围组织民主爱国学生协会，次年奉命从香港转入粤中纵队打游击，并加入中国共产党。新中国成立后任基层干部。1953 年被分配搞理论工作，在中共中央党校学习半年后，调到省级机关为干部讲政治经济学。1961 年调《红旗》杂志文艺组。1977 年被分配回广东，任《学术研究》副主编，发表了大量杂文、古典文学评论和当代文学评论。1980 年重回红旗杂志社，任科教文艺编辑室主任，编审。1982 年加入中国作协。

牧惠（右二）黄伟经（左一）

求是 杂志社

韓羽兄：

你好！

聊斋有关文字稿已结束了。现整理一份寄上，共95文。上次寄你的这里也有了（其中一篇阎达，换了个角度写）。请你看看，提出批评意见。我争取发稿前再改一次。

百花出版社要求明年初交稿，但要看你的进度而定。他们希望你画二三十幅以为插图增色。

另外，他们准备再版（修订）《歪批水浒》，上次不知已告你否？

收书稿时来简候告我以免悬念。

谢谢你！衷心地感谢！歪批水浒有你那三十幅画将大大增色。

此致
文礼

牧惠
11.5

韩羽兄：

你好。

《聊斋》有关文字算是结束了，现整理一份呈上，共九十五文。上次寄你的这里也有了(其中一篇淘汰，换了个角度写)。请你看看，提出批评意见，我争取发稿前再改一次。

百花出版社要求明年初交稿，但全看你的进度而定。他们希望你画二三十幅，以为拙作增色。

另外，他们准备再版(修订)《歪批水浒》，上次不知已告你否？

收书稿，盼来简告我，以免悬念。

谢谢你！衷心地感谢！《歪批水浒》没你那三十幅画将大大减色。

敬礼

牧惠

11月3日

韩注 1995

札 记

与牧惠兄相往来，始于合作《闲侃聊斋》《歪批水浒》。他写文，我作画。

文，是语言艺术；画，是视觉艺术，各有其自身规律及特点。虽共对同一篇目，着眼点亦自不同。

《田七郎》，最引起我兴致的是文中的“尸忽崛然跃起，竟决宰首”，使我想起刑天。“刑天与帝至此争神，帝断其首，葬之常羊之山。乃以乳为目，以脐为口，操干戚以舞”（《海外西经》）。旷达的隐士陶潜亦为之赞：“刑天舞干戚，猛志固常在。”田七郎不亦刑天欤？“尸忽崛然跃起，竟决宰首”，出人意料，猛气勃发，好一幅极具形象性极具视觉冲击力的画面。

再看牧惠关于《田七郎》的《有心为善＝阴谋？》一文，他的着眼点另有会心所在，他更关注的是田七郎母亲对儿子说的“受人知者分人忧，受人恩者急人难。富人报人以财，贫人报人以义”。这很容易令人想起《刺客列传·聂政》，聂政见严仲子曰：“前日所以不许仲子者，徒以亲在，今不幸而母以天年终，仲子所欲报仇者为谁？请得从事焉。”这不就是“贫人报人以义”？牧惠当也从田七郎看到了聂政的身影，否则，他对“义”的议论也就无从而发了。

有趣的是，我们不同的着眼点，竟阴错阳差到《田七郎》出处的其来有自，睹影而测竿，不亦《史记》乎？不亦《山海经》乎？其然乎？其不然乎？不由莞尔，想起一俗语，刑天、聂政大呼曰：“二十年后又是一条好汉。”

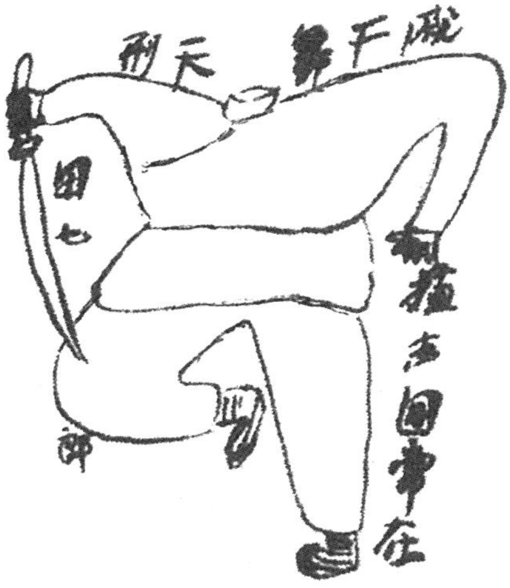

《聊斋，田七郎》

－韩羽画－

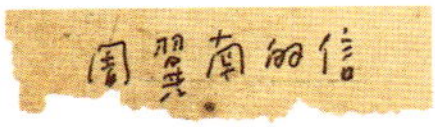

周翼南

（1941 — ）湖北汉川人。1959 年考入华中师范大学中文系。历任中学教师，《芳草》文学编辑，武汉市文联专业作家。1961 年开始发表作品。1985 年加入中国作家协会。文学创作一级。著有长篇小说《愚人船》，中篇小说集《珊妹子》，短篇小说集《夜雾消散的时候》，散文集《人物·山水·猫》，纪实文学集《中国：亚当和夏娃》，评画集《画外谈画》，长篇报告文学《汉商路》《从东方到西方》《书房画室》等，出版有画集。电视连续剧剧本《汉正街》（合作）获屈原文艺奖，短篇小说《斯托尔》获湖北省 1980 年至 1985 年儿童文学优秀作品奖。

作者与周翼南（左）

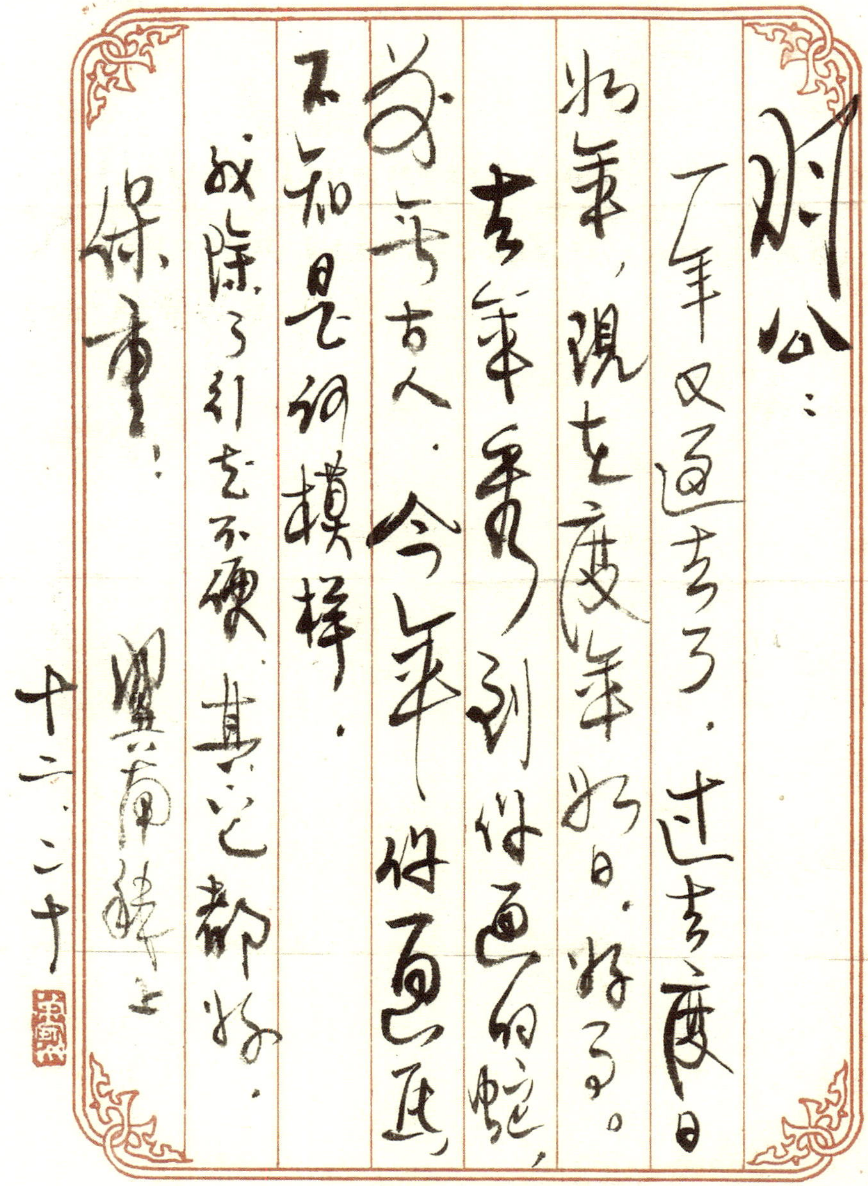

炯公：

一年又過去了。過去度日如年，現在度年如日。好了。

去年看到像畫的蛇，就像古人。今年像畫足，不知是何模樣。

我除了行走不便，其它都好。

保重！

翼南拜上

十二、二十

羽公：

一年又过去了，过去度日如年，现在度年如日，好事。

去年看到你画的蛇，前无古人。今年你画马，不知是何模样？

我除了行走不便，其他都好。

保重！

翼南拜上

12月20日

韩注　2013

札 记

翼南兄做一梦，醒后为文以相示：

庚辰四月初七日，得一梦。

梦河北老画家韩羽来汉，余陪游三峡。船进西陵，羽公缄默不语，半晌喃喃言：“天底下竟有这等胜境！惜乎今日得见。”午抵石牌镇，又游龙进溪、杨家溪，见银瀑飞溅，谷道幽深，羽公叹道：“世言桃源，此二溪胜于桃源也！”

夜宿明月湾一旅店，羽公倚窗赏灯影峡。峡影层叠，星光满天，山高月小，江涛拍岸，羽公忽发燕赵之声，唱一古曲，似孟德之“对酒当歌”，又似东坡之“大江东去”。唱毕，对余言道：“他给我看，我给他唱。”

余问：他者何？

羽公答：造化。

言毕，羽公笑，余亦笑。一笑而醒。

有语曰，日有所思，夜有所梦。五一长假，余曾应邀游西陵车溪、石牌二地。回后曾与羽公通话，赞西陵之美。羽公曰，虽年近七旬，尚未睹三峡之奇，殊为憾事。余便邀他今秋南下，作三峡之游。羽公笑应之。故有此梦也。

然梦中情景至今清晰可见，对答之语至今清晰可闻。余平生做梦无数，无如此可见可闻者。故记之。

羽公文画双绝，今秋若游三峡，当欣然写之画之。

不知是否唱之，若唱，岂非梦境乎？

读罢莞尔，翼南趣人，得此妙招，不劳两腿，但凭一枕，天下胜境，尽收眼底，何其快哉！学步邯郸，以邀翼南：

“翼南兄以梦见示。古人有言，痴人前不得说梦。既与我说梦，我似非痴；而相随游其梦中，又非痴而何？

‘峡影层叠’‘江涛拍岸’。甫近佳境，倏然‘一笑而醒’。三峡可闻猿声？峨眉恰逢新月？剑门曾否细雨？未睹神女丰采，尤令人扼腕。却怨得谁？怨我‘一笑’。

斜月在林，晨鸡动野，豆棚人语，墟里炊烟，北国乡间情趣亦不乏诗意。翼南何时有兴，也来我梦中一游？”

近接一札，翼南兄谓“去年看到你画的蛇，今年你画马不知是何模样？”恰巧我正自制贺年片，上画一马，前半身为红色，后半身为黑色，题为“相马优劣，不问牝牡；论人好坏，曾分黑红”。贺年片上插科打诨、不伦不类，无聊当有趣，翼南兄其笑我乎。

《追梦图》

－韩羽画－

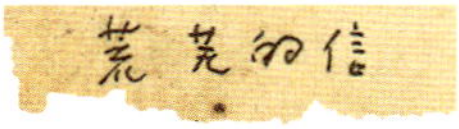

荒　芜

（1916 — 1995）安徽蚌埠人。本名李乃仁，笔名黄吾、叶芒、方吾等。翻译家、诗人。1933 年至 1937 年在北京大学学习。40 年代先后在重庆市苏联驻华大使馆、檀香山美国陆军学校华语训练班任中文教员，在上海任《文汇报》和法国通讯社编辑。1948 年进入解放区，在北方大学文艺学院、华北大学第三部任研究员。新中国成立前主要译作有美国奥尼尔剧作《悲悼》《惠特曼诗选》《朗费罗诗集》等。1949 年任国际新闻局《争取人民民主、争取世界和平》中文版主编。1952 年任外文出版社编辑部副主任。1956 年调入中国科学院（今中国社会科学院）文学研究所专事美国文学研究工作。1964 年起在该所分出独立的外国文学研究所（后改名中国社会科学院外国文学研究所）从事研究工作。新中国成立后主要译作有：《苏联文艺论集》（阿玛卓夫），《高尔基论美国》《马尔兹短篇小说集》《马尔兹独幕剧选》，马尔兹的剧本《雨果先生》《奥尼尔剧作选》《麦凯自传》《中国印象》。还有论著《纸壁斋说诗》，旧体诗词集《纸壁斋集》及续集。80 年代发表了一些散文随笔，于平淡中见老辣。

韓羽同志：

广州花城出版社来约稿，我和舒芜同志推荐了您，希望您能给他们搞一个画册《画和诗》，以您的画为主，配上聂绀弩、苗子、邵燕祥等人的诗，并约给他们三两幅，先在《羊城晚报》、《随笔》、《花城》、《历史文学》（花城发行的大型杂志）等报刊发表，积有成数，再出专集。我和舒芜也可以给您配诗。或者我们的诗里有可以入画的，您也可以选去作为画材。尊意如何？盼复。

寄上最近写的一些时事打油诗和（姚雪垠）徐城北的两篇诗评，请您指教。画稿的拍照费（黑白片）由出版单位负担。

即颂

暑安

荒芜 83.7.7.

轻工 80.7 (1478)

剪报盼仍还我。

韩羽同志：

广州花城出版社来约稿，我和舒芜同志推荐了您，希望您能给他们搞一个画册，《画和诗》，以您的画为主，配上聂绀弩、苗子、迩冬等人的诗，按月给他们三两幅，先交《羊城晚报》《随笔》《花城》《历史文学》（花城发行的大型杂志）等报刊发表，积有成数，再出专集。我和舒芜也可以给您配诗。或者我们的诗里有可以入画的，您也可以拿去作为画材。尊意如何？盼复。

寄上最近写的一些时事打油诗和姚雪垠、徐城北的两篇诗评，请您指教。

画稿的拍照费（黑白片）由出版单位负担。

即颂

暑安

荒芜

1983年7月7日

剪报盼仍还我。

札　记

社科院有一楼，张王李赵各据一方挤居在楼内大厅中。荒芜先生起居处，以木框糊纸，错落排列如菜园篱笆，以代墙壁。其诗集名《纸壁斋集》，盖缘于此。我每往访，无需敲门（也不可敲，一敲就破），从纸缝中一窥，即可察知主人在否。我曾戏撰一联，谓为“再给纸壁斋添补一纸”：

小楼一统，唯糊纸为壁，
大路八千，以安步当车。

荒芜先生古道热肠，我的“野狐禅”画，蒙其多方推荐，为之壮胆，为之鼓气，使小狗（借契诃夫语）居然也敢叫出声来。唐人诗“平生不解藏人善，到处逢人说项斯”，我固不敢自比项斯，荒芜先生诚乃杨敬之也。

韩羽兄：十六日示及图片十帧收到，谢谢。

《评雪辨踪》、《上天台》等六幅我将陆续配诗。所约新诗人的诗也陆续寄来，约有二十首，但配套的不多。你认识的画家较多，不知能约请几位作画否？（国画、西画、版画都行）总之，希望在今年上半年交稿。老艾新作如寄来，当转上。

刘旦宅绘红楼人物，拟请林锴设法弄一本来看看。你画的有几幅？程十发好像也画过一些。想见过再择优入选。

诗刊预备发表我的一组诗共十首，其中有为你配画的五首，现尚缺《红娘》、《小放牛》、《乌龙院》三张图，盼便中寄下。有一位老友最近对我说，我的诗油气越来越重，可能是的。肃清污染以来我几乎没有写什么诗。不一一，即颂

著安

荒芜 84.3.17.

新华社河北分社稿纸 15×10=150

韩羽兄：

十六日示及图片十帧收到，谢谢。

《评雪辨踪》《上天台》等六幅我将陆续配诗。所约新诗人的诗也陆续寄来，约有二十首，但配套的不多。你认识的画家较多，不知能约请几位作画否？（国画、西画、版画都行）总之，希望在今年上半年交稿。老艾新作如寄来，当转上。

刘旦宅绘红楼人物，将请林锴设法弄一本来看看。你画的有几幅？程十发好像也画过一些。愚见还是择优入选。

《诗刊》预备发表我的一组诗共十首，其中有为你配画的五首，现尚缺《红娘》《小放牛》《乌龙院》三张图，盼便中寄下，有一位老友最近对我说，拙诗油气越来越重，可能是的。肃清污染以来，我几乎没有写什么诗。不一一，即颂

著安

荒芜

1984 年 3 月 17 日

札　记

荒芜先生热衷于编一本诗画合集的书，找我做帮手，信中所谈即此事。我也曾在一小文中谈及：“后来他（荒芜）到保定我家中住了几天，一起筹划这事。画稿多是照片、印刷品。诗，全是手稿。现在我依稀记得的有俞平伯、陈次园、吕剑、王以铸、林锴诸诗家，合在一起足有寸余厚。我把稿子交给了花山文艺出版社，后来一拖再拖，我又要了回来，还给荒芜先生，他去世后，这些诗稿也无了下落。”

这事本不值得再提起了，可信的结尾处“肃清污染以来我几乎没有写什么诗”，只此一句，像点燃了炮仗，噼里啪啦勾起了陈年往事。我和上海美术电影制片厂的导演詹同有约，合作动画片《济公传》，对人物造型也初步有了想法，且颇为得意，比如当铺的管账先生这个角色，一是借用戏曲的小丑脸谱，二是切合俗语之嘲讽会算计的人为“小算盘”，将小丑眼鼻之间的那块白粉改为似与不似的算盘之状。算盘珠的上下拨打，即为眼睛的一开一阖。詹同同声相应再出主意：“将来拍摄时，伴随着小丑眼睛（算盘珠）的眨动，配上清脆的算盘珠的响声，当更有声有色了。”跃跃欲试，只等一声令下。

是年秋，詹同来了河北，我俩赴沪前，顺便一起去邱县看看“青蛙”漫画组。车抵曲周，景色大异，蜿蜒起伏、铺天盖地一片火红（晾晒的辣椒），我问詹同：“比江南的‘三秋桂子，十里荷花’又如何？”他两眼瞪得溜圆，顾不得说话，八成是看呆了。恰此时不知哪个乘客的收音机冒出一句“肃清精神污染”，像《红楼梦》里的贾宝玉正在兴头上忽然听到李嬷嬷：“你可仔细今儿老爷在家，提防着问你的书！”一样，立马耷拉了脑袋，再也无心思看那辣椒了。

到了上海，意料中事，《济公传》不能拍了。美影厂领导商量的结果是：不能让韩羽徒劳往返，另起炉灶，重新编写配合“肃清精神污染”的剧本。就是后来的木偶片《石狮子》。作为作者的詹同和我，看了都是一脸苦笑。

“肃清精神污染”，把我那个人物造型给“肃清”了，为之一哭。

还有为之一笑的。在我所住旅馆附近的一条街上有家书店，我们曾到这家书店逛过，见书架上摆着十几本《十日谈》。《十日谈》是西方文艺经典，但在东方的一些人的眼中是洋《金瓶梅》。在“肃清精神污染”的声势中，且听詹同的话：“喂，老韩你知道不，今天我路过那家书店，《十日谈》只剩五六本了。”两天后，詹同又说了：“嘿，老韩，那《十日谈》一本都没有了，我问售书员这书还有么，他说没了，都给人买光了。”他笑，我也笑，却又不知该笑谁。

－韩羽画荒芜－

钟灵的信

钟　灵

（1921 — 2009）山东济南人。字毓秀，笔名金雨。中国美术家协会会员，中国书法家协会会员，中国杂技艺术家协会会员，中国电影家协会会员，中国书画家联谊会常务理事，中国东方书画社顾问，《中国食品报》艺术顾问。北京电影制片厂教授。齐白石艺术研究会常务理事。1938 年开始业余漫画创作，作品在胡风主编之《七月》、叶浅予主编之《抗战漫画》及中共机关报《新华日报》发表，并积极参加抗日救亡活动，被吸收参加中共地下党，旋被派往延安，在鲁迅艺术学院美术系学习。1947 年再度参军，参加延安保卫战，1948 年任陕甘宁边区政府林伯渠主席秘书。1949 年初随解放军进入北平，在中央机关负责美术设计和会场布置工作，是中国人民政协会徽、中华人民共和国国徽设计人之一。1950 年起与方成合作漫画，在《人民日报》及国内外报刊发表漫画近千幅，出版《方灵漫画选》（与方成合作）、《方成钟灵政治讽刺画选集》《幽默漫画》等。1953 年任中国美术家协会副秘书长，1956 年初拜国画大师齐白石为师，是齐门最后一名入室弟子。

钟灵（中）

羽兄如晤：惠寄兄自拟墓志，乃天下奇文，不揣冒昧，妄自加
修订，此不自量力者也！近雨田公索拙诗，立逼当场写
就，不许走动一步，实较曹丕为酷刻，然弟之才岂能
胜子建乎。勉为甚难，书赠五古加律句之"四不象"一首
居然为其称道，窃自笑曰："为吾所欺也！"抄奉如下：

南来及时雨，溉我北方田。洛阳但贵纸，首都且贵盘（注）
文武兼崑乱，才華羡君全！筆下飞鱼鳥，腕底走云山。
易为千斗醉，難得一夕谈。人生常相见，赠别亦欣然。
注：自雨田公画盘以来，首都磁盘销路甚旺，颇难购得合用者。

何时来京一游？公来也匆匆，去也匆匆，其见首不见
尾之神龙乎？ 長夏炎炎，願自珍重。

弟
灵顿首。
七月四日

附稿经兄审定再加修订后，望
抄赐一份定稿，俾收入弟之"本本"中。 又及

羽兄如晤：

惠寄兄自拟墓志，乃天下奇文，不揣冒昧，妄加修订，此不自量力者也！近雨田公索拙诗，立逼当场写就，不许走动一步，实较曹丕为酷刻，然弟之才岂能胜子建乎。勉为其难，书赠五古加律句之“四不像”一首，居然为其称道，窃自笑曰：“为吾所欺也！”抄奉如下：

南来及时雨，溉我北方田。洛阳但贵纸，首都且贵盘★。文武兼昆乱，才华羡君全。笔下飞鱼鸟，腕底走云山。
易为千斗醉，难得一夕谈。人生常相见，赠别亦欣然。

何时来京一游？公来也匆匆，去也匆匆，其见首不见尾之神龙乎？长夏炎炎，愿自珍重。

弟灵顿首

7月4日

附稿经兄审定再加修订后，望抄赐一份定稿，俾收入弟之“本本”中。又及。

★自雨田公画盘以来，首都瓷盘销路甚旺，颇难购得合用者。

韩注　1979

札　记

公，山东堂邑人也，与著名奴才武训有同乡之谊，辄乐为人道及，此家丑外扬者也。公幼年尝于课堂之上着高底戏靴，舞鞭起霸，课余则随引车卖浆者客串龙套，人不齿其鄙，而公不改其乐，此臭味相投不可救药者也。公喜涂鸦，学科班无缘，且乏耐心，其画堪登厕壁，其书稍胜蜗爬，偶尔为人称道，窃自笑曰：为吾所欺也。公不自量，妄自月旦艺术，不择场合，不审对象，信口雌黄，满嘴喷粪，为人所窃笑，为人所愚弄，而懵懂不觉，屡教不改，信哉朽木之不可雕也。公交友不分贵贱，以个人好恶去取，此不达世故人情者也。公貌寝，虽未敢顾影自怜，颇勇于对镜开心，以此我笑彼我也。公颇自私，偶亦慷慨，乃良心之所逼也。鸡毛蒜皮，蔚为大观。摘其《自嘲》“砚有积墨二分厚，心无灵犀一点通，惯以坏画充好画，聊将嘘声作赞声”以概之，盖公属羊，羊毛出在羊身上也。

这是钟灵兄为之润色的“墓志铭”，我谢“承兄谀墓”，笑语欢声，历历如昨，奄忽已年三十有六。仍记得在西单附近一画家家中小酌，有方成、钟灵二兄，有启功先生。趁酒兴，钟灵说：“我有一上联，到今没人能对出下联。”问其何句，答“元白可染关山月”。（启功字元白）三画家名字凑成一句，恰好到天造地设。钟灵更来兴致，将那“墓志铭”背诵。启功先生说他也有一“墓志铭”，众口齐声“愿闻愿闻”，甚悔当时没能笔录下来，尚依稀记得：“中学生，副教授”“瘫趋左，派曾右”“面微圆，皮欠厚”。

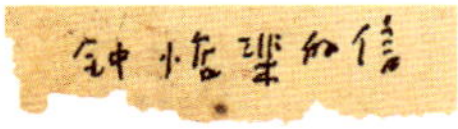

钟惦棐

（1919 — 1987）四川江津人。电影评论家。1937 年入延安抗日军政大学，1938 年转入鲁迅艺术文学院美术系，同年加入中国共产党。1939 年至 1942 年在鲁迅艺术文学院、华北联合大学任教。1943 年后在河北一带从事工作。新中国成立后在文化部艺术局、中共中央宣传部工作，主管电影，开始从事电影评论。1957 年发表反对电影创作中行政命令、横加干涉的文章《电影的锣鼓》，触及时弊，广受赞扬，却因此被错划为“右派”。1978 年平反，到中国社会科学院文学研究所任职，后调任中国电影艺术研究中心研究员，曾当选为中国电影家协会常务理事、书记处书记、中国电影评论学会会长。电影评论中注重探索电影艺术的特殊规律，善于从理论角度发现和回答现实问题。1981 年后提倡电影美学的研究，推动国产电影的创新。著有论文集《陆沉集》《起搏书》《电影策》《电影的锣鼓》。探讨电影和电影文学的艺术规律，有很多精辟独到的见解，受到文艺界的广泛推崇。主编有多种电影研究理论文集。

钟惦棐与夫人

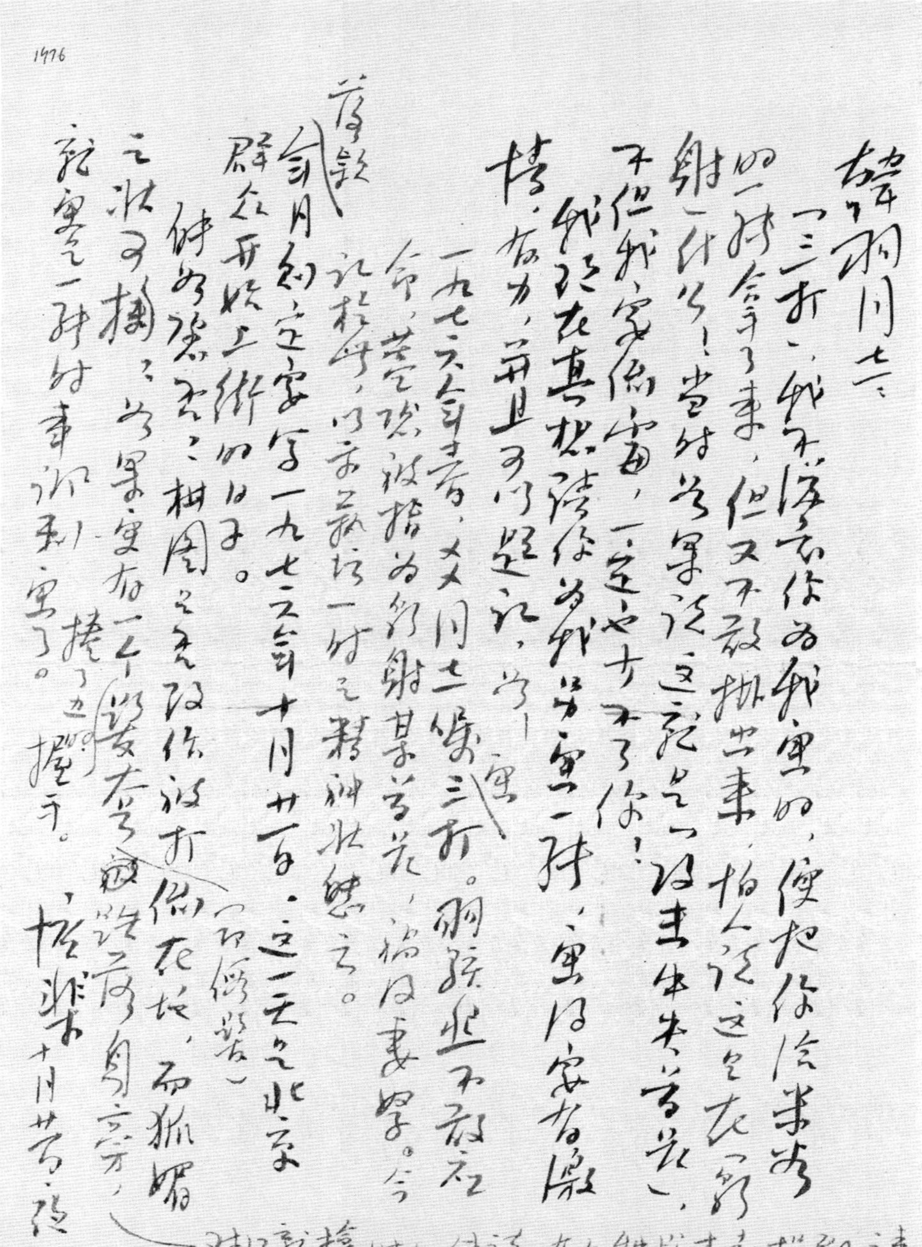

1976

韩羽同志：

"三打"，我不得不说你为我画的，便把你给我的四一幅拿了来，但又不敢挂出来，怕人说这是在"影射"什么！当时如果说这就是[illegible]，不但我，实际上，一定也少不了你！

我现在真想请你为我另画一幅，画得安详庄严，有力，而且可以题记，如：

一九七六年春，韩羽同志作"三打"。[illegible]不敢[illegible]，盖恐被指为影射某首长，招得要罪。今记于此，以示当时一种之精神状态云。

[illegible]月初定写于一九七六年十月廿日，这一天是北京群众开始上街的日子。

[illegible]，说你被打[illegible]，而狐媚之状可掬。如果画有一个[illegible]，就画它一幅好事，那就[illegible]了。

握手。

惦棐 十月廿[illegible]日夜

对[illegible]时的[illegible]，[illegible]

韩羽同志：

《三打》，我不满意你为我画的，便把你给米谷的一张拿了来，但又不敢挂出来，怕人说这是在“影射”什么！当时如果说这就是“攻击中央首长”，不但我要倒霉，一定也少不了你！

我现在真想请你为我另画一张，画得要有激情、有力，并且可以题记，如：“1976年春，××同志嘱画《三打》。羽骇然不敢应命，盖恐被指为影射某首长，祸及妻孥。今记于此，以示艺坛一时之精神状态云。”落款年月则定要写1976年10月21日，这一天是北京群众开始上街的日子。

能如愿否？构图是否改作被打倒在地，而狐媚之状可掬？如果更有一个卷了边的发套（即假发）跌落身旁，对江就擒时的传说，有几种版本都提到这事。就更是一张时事讽刺画了。

握手。

惦棐

10月21日夜

韩注 1976

札　记

新中国成立之初，我刚拿起画笔学步，钟惦棐已是《人民美术》（后改《美术》）的主编，是我心目中的文艺界前辈，彼此相识已在 1976 年的“文革”后期，机缘是由于一张画，就是信中提到的《三打》。

说起《三打》，倒另有话说，《三打》就是“孙悟空三打白骨精”。1974 年我从干校分配到河北工艺美术学校当教师，课时不多，闲得无聊，就胡乱画画儿。画漫画，动辄得咎，再也不敢去招惹它了，歌颂工农兵，丑化了可了不得，画古人，明摆着的，帝王将相才子佳人是“封资修”。想来想去想起了孙猴儿，毛主席就曾“今日欢呼孙大圣”，画孙悟空三打白骨精准没错。再说把孙猴儿画成什么样儿也不会给扣上“丑化”的帽子。于是画了一张，有人要去了，再画一张，又有人要去了，画了一张又一张，那孙猴儿也就蹦出了保定，蹦进了北京，蹦进了漫坛老前辈米谷家里。

米谷说：“你画的那张《三打》，钟惦棐拿走了，他喜欢，你给他再画一张吧。”就这一句话，我和钟公相识了，不但相识了，一度还成了《聊斋插图本》的合作者（他写序、编选，我画。后因他忙于电影工作而中辍）。

信的开头：“《三打》，我不满意你为我画的，便把你给米谷的一张拿了来。但又不敢挂出来，怕人说这是在影射什么，当时如果说这就是‘攻击中央首长’，不但我要倒霉，一定也少不了你！”

世上事，说不尽的阴错阳差，我画《三打》始于 1974 年，画上的白骨精是地道的《西游记》里的白骨精，谁能料想得到两年后的天安门广场上的“中央首长”竟和“白骨精”伙穿上了连裆裤（见《天安门诗抄》）。

我掰着手指头数了数，此信迄今已三十有七年，恍如隔世，当时的读后感肯定是讶然惑然惶惶然。画《三打》本系得之于毛主席诗意“今日欢呼孙大圣，只缘妖雾又重来”，实是“紧跟”，何以跟着跟着竟“攻击中央首长”起来了，毛主席亦“攻击中央首长”乎？

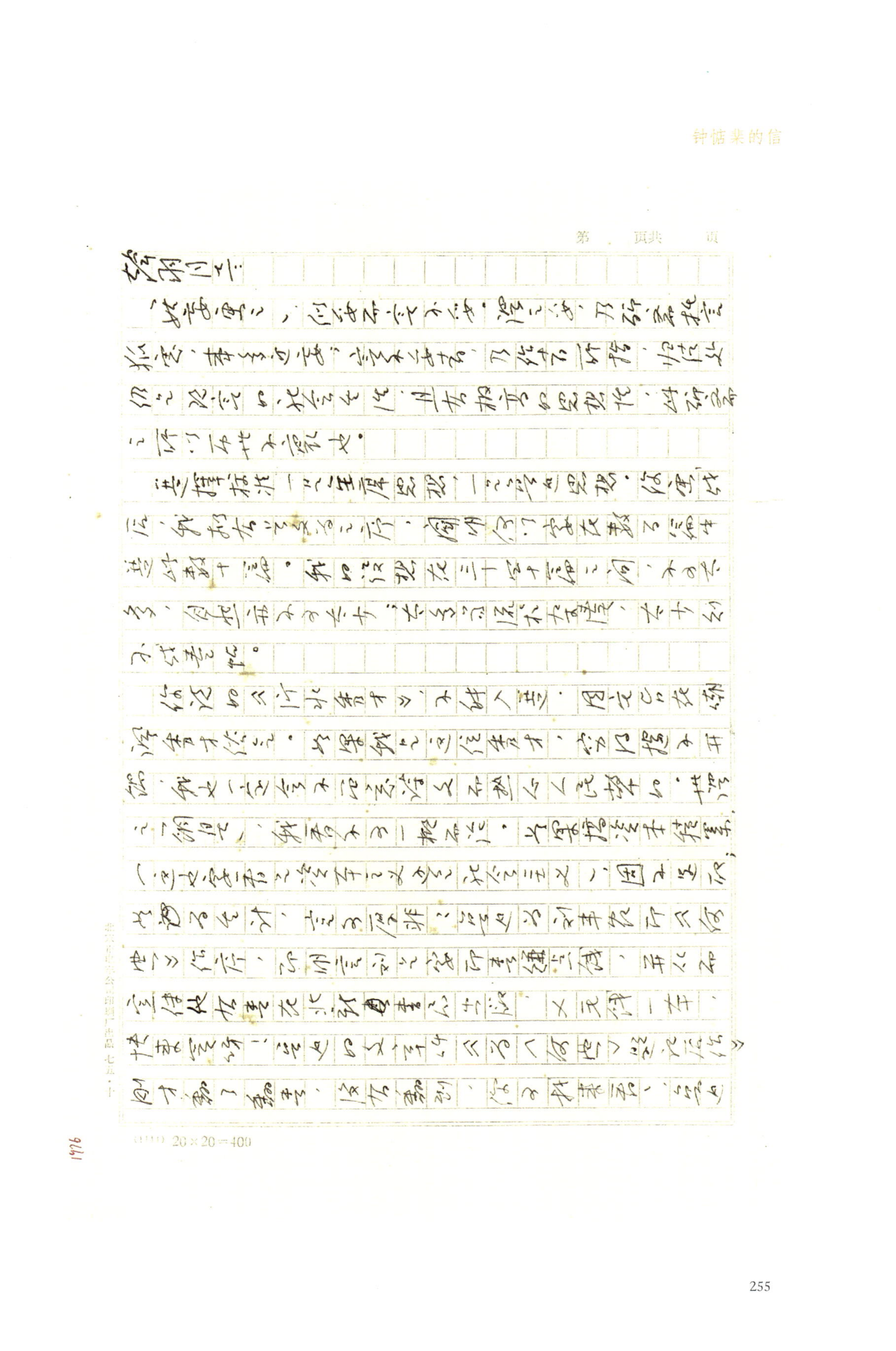

第　页共　页

[illegible]

(111) 20×20＝400

1976

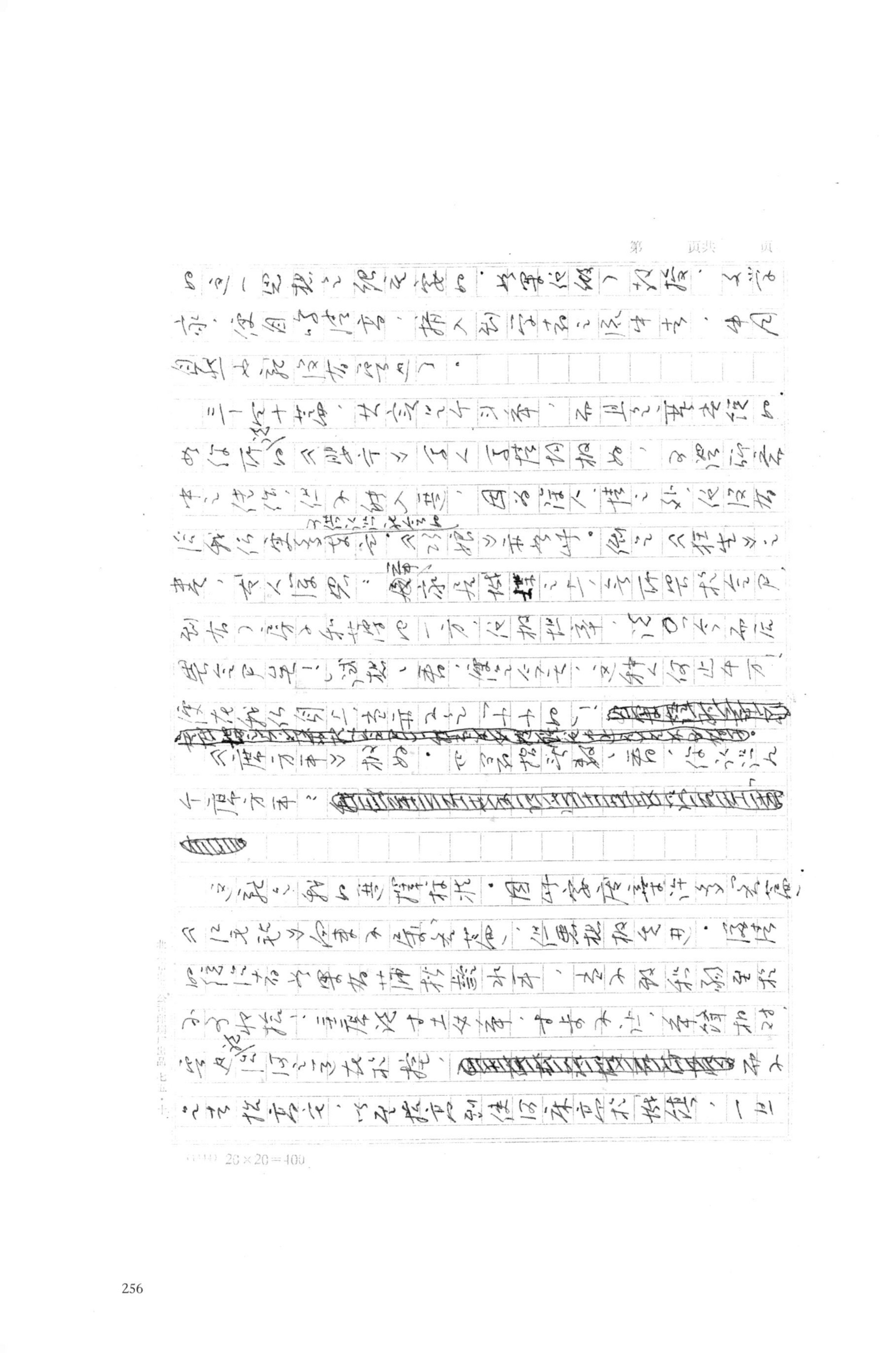

[illegible]

由校读，那些自身专於革除的人，应受良心之谴！
在人生氣粗之中，总是革命和革命的斗争之十分老
综的。而在这个斗争中，注之家庭底色然的是本来而子
是德。因为革命宣言者家私，又做过学生者的小
去婆，将者之一文化，后来又是死去监的定媳妇，
依受小小的重苦，总会革命的父亲之个专制，
以十位人做了主，正式的丈夫之武士郎，竟以舒的，
又深出自寡妇，没有什么色彩。别人却在命，
走人自己的未来，如偏不辞，说一衔了衔埋，该了
诗埋，倒在泊洪里就之损材！何其超脱！一个亲
書说记，雁像悱恻；一个没混搅三分，该想该
乎。斗争一起来，然此十几多之所才能。又博为些素
择国的根本不推这书，把它当成书为图解
实在之把这部书了。

依法择国的形式与内容择，国内客而言
我们？上之用意的，但也要注意一下看之完全之尝
本上一致的，这之为择的。当的说事，不必推考，
摘这种东西，从好的，之文创之组成来的。由出的
东西，创作者的我们时代的精神的。

摘录。

钟惦棐
一九七六年六月十二日

韩羽同志：

“姑妄画之”似妥而实不妥，谓之妥，乃聊斋托言狐鬼，事多近妄；实不妥者，乃作者所指，归结处仍是现实的社会生活，且有极高的思想性，此《聊斋》之所以历世不衰也。

选择标准一是主席思想，一是鲁迅思想。你画成后，我拟有长文为之序，阐明何以要在数百篇中选此数十篇。我的设想在三十到四十篇之间，不可太多，自然亦不可太少；太多易流于杂凑，太少则不成卷帖。

你说的《沂水秀才》，不能入选，因它旨在嘲讽秀才俗气。如果我是这位秀才，穷得揭不开锅，我也一定会不留意诗文而热心人民币的，世谓之“铜臭”，我看不可一概而论，如果搞资本积累（这也要看是资本主义还是社会主义），固不足取；如为生计，岂可厚非？鲁迅为刘半农印《何典》作序，即明言刘是要印书赚点钱，并从而宣传他有书在北新书局出版，×毛钱一本，快来买呀！鲁迅的文章叫《为〈何典〉题记后作》，刚才翻了翻书，没有翻到，你可找来看看。鲁迅的这一思想是很重要的。如果他做了教授、文学家，便自鸣清高，挤入到“学者”之流中去，中国自然也就没有鲁迅了。

三四十篇，其实是个斗争，而且是蛮尖锐的。如你所说的《婴宁》，写人写情均极好，可谓《聊斋》中之佳作，但不能入选，因为除人情之外，它没有给我们更多可供认识社会的东西。《巧娘》亦如此。

倒是《狂生》之类，发人深思：举家居城堞之上，无所畏于令尹，到有了房子和薄田一方，他极坦率，说：“今而后，畏令尹矣！”试想想看，便是今天，这种人何止千万！便在我们身上，当亦不是“小小的”！

《席方平》极好，把着指头数数看，你认识几个席方平？

这就是我的选择标准，因此要废弃许多“名篇”。《红毛毡》向来不属“名篇”，但思想极先进，满清的统治者如果有蒲松龄水平，当不致积弱至于不可收拾！主席说寸土必争，寸步不让，针锋相对。鲁迅说治河之道在于挖，而不是去抬高它，以至抬高到使河床高于城镇，一旦堤决，那些年年去抬举河床的人，反受没顶之灾！在《金瓶梅》中，潘金莲和李瓶儿的斗争是十分尖锐的。而在这个斗争中，注定要彻底失败的是李而不是潘。因为李瓶儿富有家私，又做过梁中书的小老婆，颇有点文化，后来又是花太监的儿媳妇，备受公公的垂青；潘金莲的父亲是个裁缝，从小给人做丫头，正式的丈夫是武大郎，卖炊饼的，可谓出身寒微，没有什么包袱。别人都算命，关心自己的未来，她偏不算，说“街死街埋，路死路埋，倒在阳沟里就是棺材”，何其超脱！一个知书识礼，缠绵悱恻；一个没理搅三分，敢想敢干。斗争一起来，败北者总是前者。可惜为此书插图的根本不懂得这部书，把它画成春意图解，实在是把这部书糟蹋了。

你说插图的形式可以多式多样，因内容而定，我原则上是同意的，但也要实践一下看看究竟是基本上一致好，还是多样好。总的说来，不必性急，搞这种东西，貌似游戏，实则是很严肃的。选出的东西虽是古董，倒是要更突出我们时代的精神的。

握手。

钟惦棐

1976 年 6 月 18 日

札　记

在《金瓶梅》中，潘金莲和李瓶儿的斗争是十分尖锐的。而在这个斗争中，注定要彻底失败的是李而不是潘。因为李瓶儿富有家私，又做过梁中书的小老婆，颇有点文化，后来又是花太监的儿媳妇，备受公公的垂青；潘金莲的父亲是个裁缝，从小给人做丫头，正式的丈夫是武大郎，卖炊饼的，可谓出身寒微，没有什么包袱。别人都算命，关心自己的未来，她偏不算，说“街死街埋，路死路埋，倒在阳沟里就是棺材”，何其超脱！一个知书识礼，缠绵悱恻，一个没理搅三分，敢想敢干。斗争一起来，败北者总是前者。可惜为此书插图的根本不懂得这部书，把它画成春意图解，实在是把这部书糟蹋了。

这是钟公惦棐写给我信中的一段话，议论可谓风生水起入骨三分。尤其“一个知书识礼，缠绵悱恻，一个没理搅三分，敢想敢干，斗争一起来，败北者总是前者。”片言居要，笔锋所及，何止限于李、潘。钟公辞世多年，这段点评湮没可惜，抄录下来，“家有佳酿，与人分享”意也。

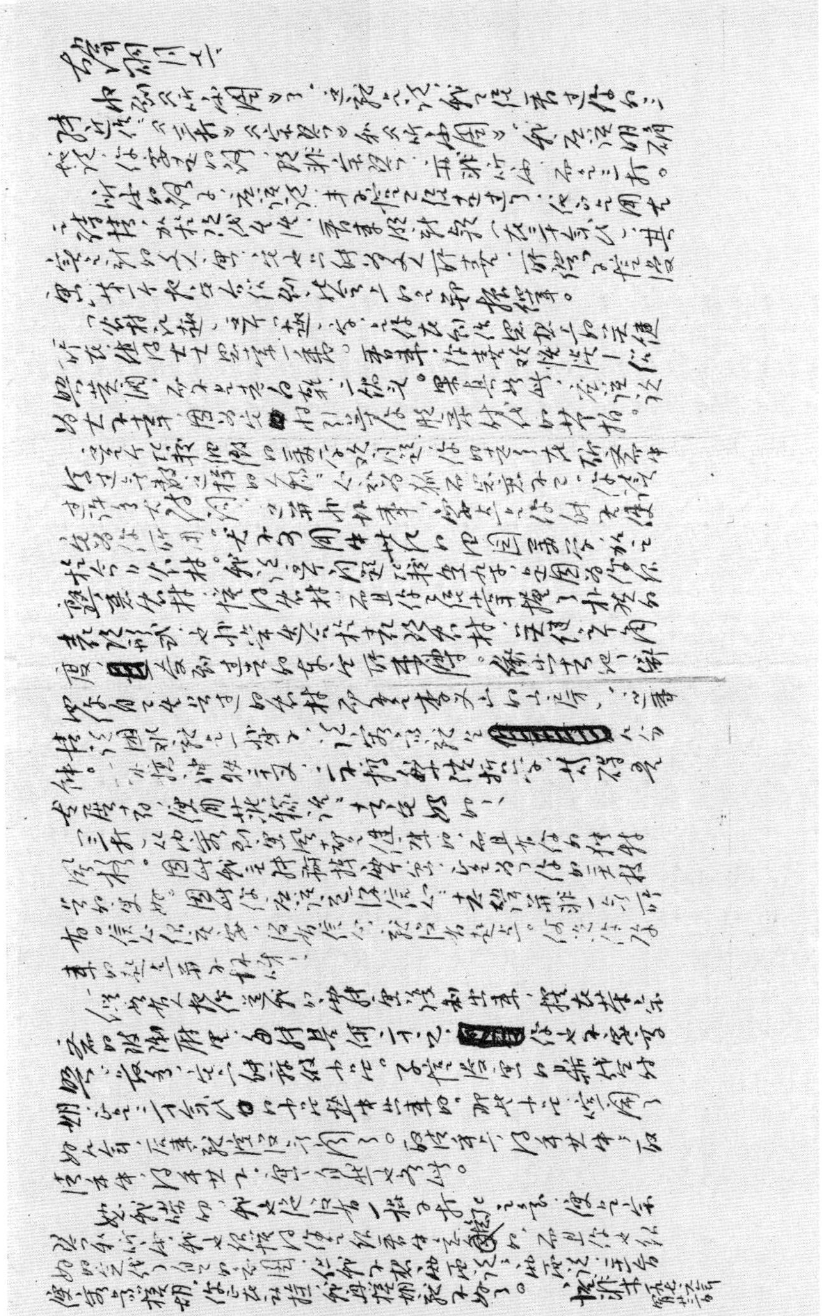

韩羽同志：

收到《听雨图》了，这就是说，我已经看过你的三张近作《三打》《宝琴》和《听雨图》。我应该明确地说，你要走的路，既非宝琴，亦非听雨，而是三打。

听雨的路子，应该说丰子恺已经走过了，他正是用古之诗情，加于现代生活，看来颇新颖（在30年代）。其实是新的文人画，它也只能为文人所喜，所谓“子恺漫画”，第一个把它介绍到社会上的是郑振铎。

“农村记趣”这个“趣”字，是你在创作思想上的关键所在，值得大大思索一番。看来，你喜欢恬淡——绍兴黄酒，而不是老白干，二锅头。果真如此，应该视为大不幸，因为它将引导你脱离时代的节拍。

这是个比较细致的美学观问题，你的老乡在《聊斋》中写过无数这样的人物：心知为狐而思恋不已。你读过许多古诗词，这并非坏事，要点是你能否使它为你所用。尤不可用中世纪的田园美学，加之于今日农村。我说这个问题比较复杂，是因为你很熟悉农村，懂得农村，而且你已经掌握了朴质的表现形式，也非常适合于表现农村，关键是个角度，受到过去的东西所束缚。冲出去吧！冲回你自己生长过的农村而不是李义山的“山房”。这事情说困难就是一辈子，说容易就是几分钟。一不搞神秘主义，二不搞繁琐哲学，苟碍吾发展者，使用庄稼话：去他妈的！

“三打”从内容到画风都是健康的，而且有你的独特风格。因此我主张掰掉两个杈，正是为了你的主枝长得更好。因此你应该充满信心：老韩并非一无所有。信心很重要，没有信心，就没有起点。何况你原来的起点并不坏呀！

假如有人把你送我的两张画复制出来，摆在荣宝斋的玻璃橱里，每张售价二十元，你也不要高兴，最多，它只能算作小品。子恺漫画的鼎盛时期，正是30年代的小品热中出来的。那些小品喧闹了好几年，后来就湮没无闻了。取法乎上，得乎其中，取法乎中，得乎其下，画画自然也如此。

恕我唠叨，我也绝没有一棍子打死之意，便是宝琴和听雨，我也很懂得你是很看中意境的，而且你也很好地完成了自己的意图，但我不想两面说，两面说，主旨便容易模糊，你正在动摇，我再模糊就不好了。

惦棐

1976年4月23日

札　记

我画了一个农村孩子，趴伏在看瓜棚子里，凝听雨声。声音没法画，“视形类声”在瓜棚四周画满了雨点。是童年回忆，画题《听雨图》，得之于李商隐“留得枯荷听雨声”，陆游“小楼一夜听春雨”。

钟公信中说：“听雨的路子，应该说丰子恺已经走过了。他正是用古之诗情，加于现代生活，看来颇新颖（在30年代）。其实是新的文人画，它也只能为文人所喜。”

在那个年代，最最不合时宜的莫过于“文人气”。躲得愈远愈好，恨不得和它一刀两断。果真断得了么，这不是，一不小心，画的标题露了馅了。钟公善谑：“这是个比较细致的美学观问题，你的老乡在《聊斋》中写过无数这样的人物：心知为狐而思恋不已。”

想起钟公另一信中的话：“诗又改了，‘征程二万人未老’作‘征程十万羞伏枥’，你以为如何？”本想将我拉出李义山的“山房”，一不小心，老先生也招惹上了曹孟德。

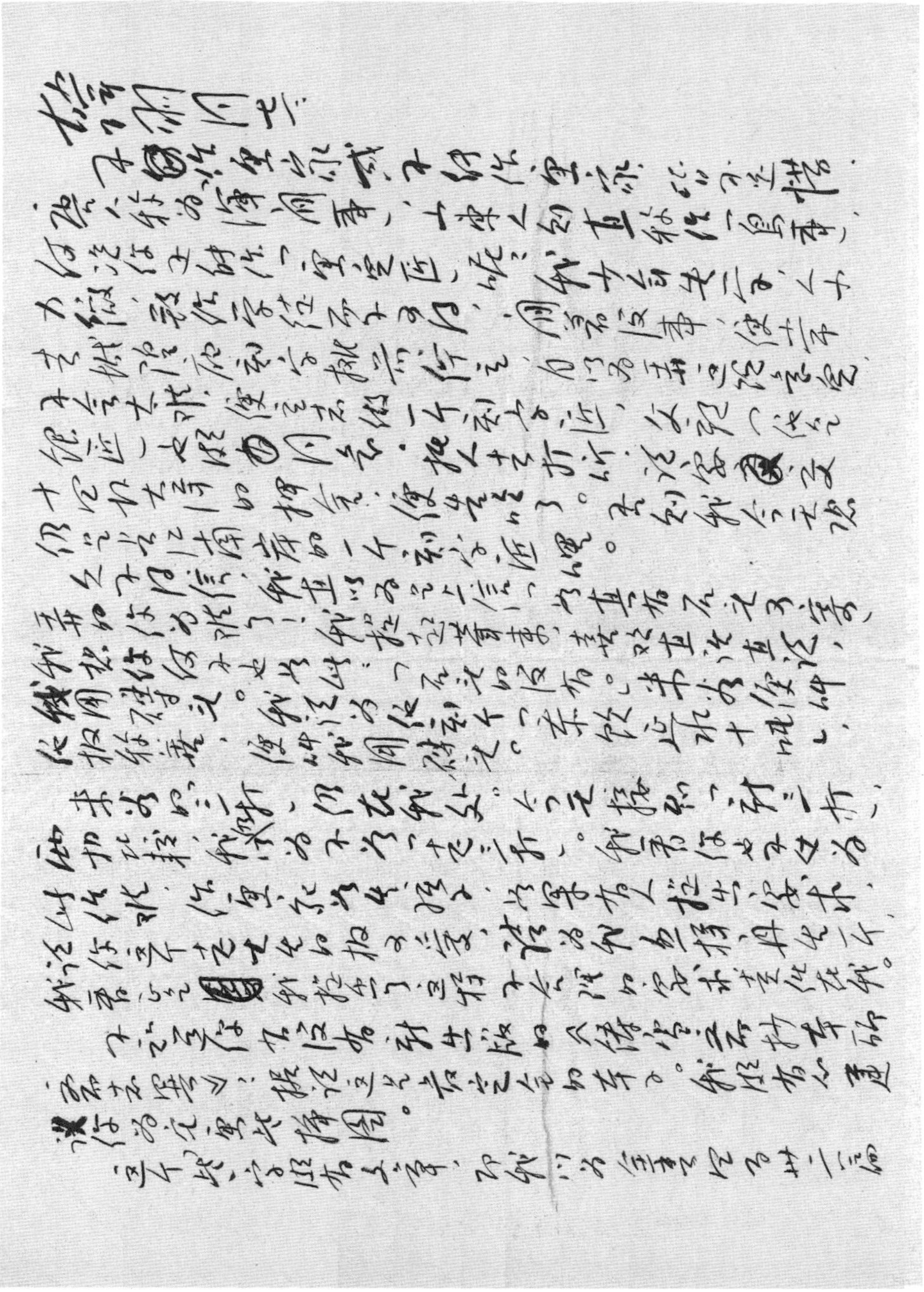

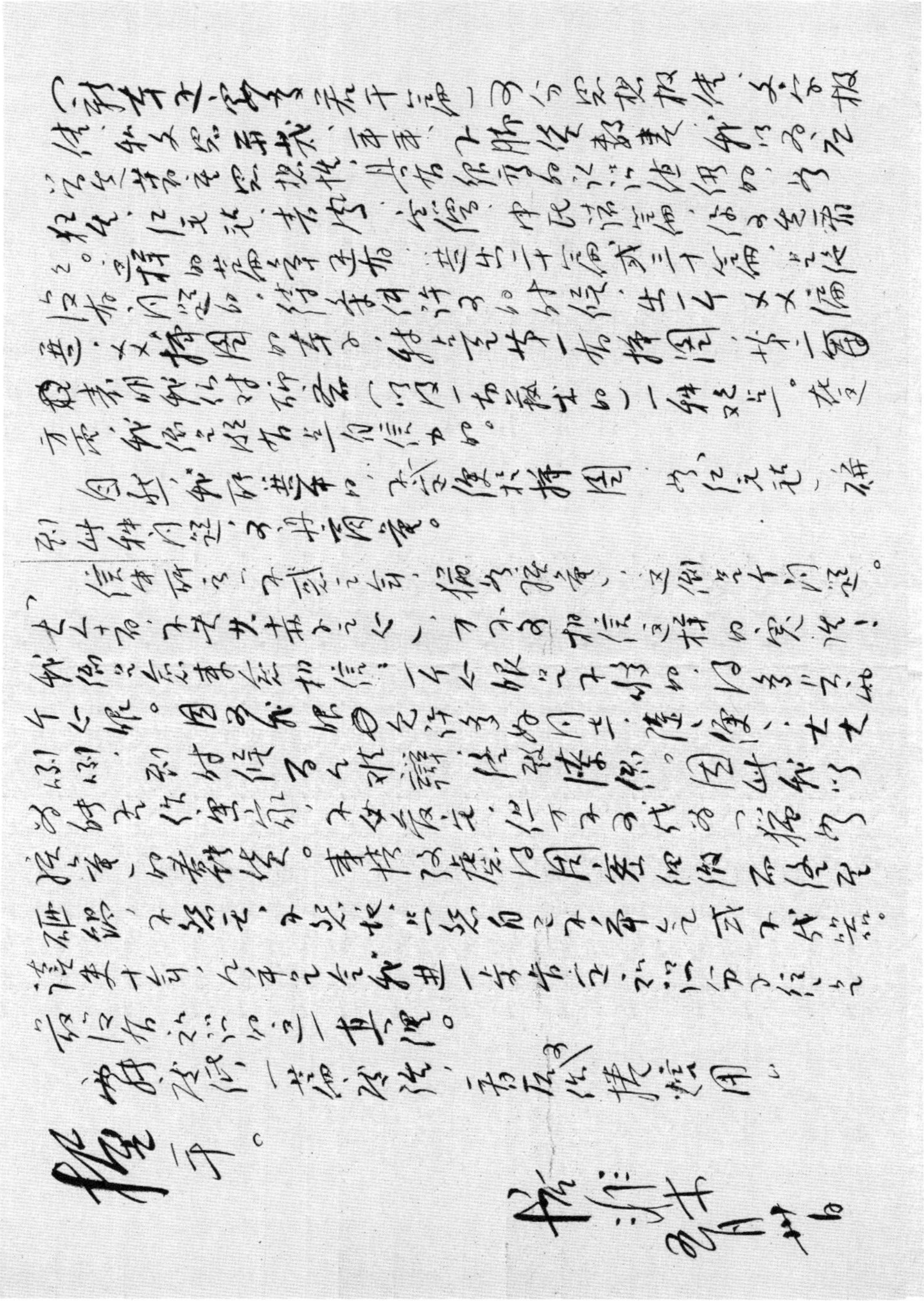

韩羽同志：

不作画家或不能作画家，皆不足惜。唐人称为“浑闲事”，山东人则直称作“鸟事”，何况你还能作“画儿匠”呢？我少年失学，人小力微，致作学徒而不可得，闲着没事，便常去城隍庙刻字摊前伫立，自以为弄这玩意儿不会太难，便立志做一个刻字匠，父亲（他是银匠）也颇同意。托人去打听，说要交十四块大洋的押金，便告吹了。否则，我今天恐仍是长江南岸的一个刻字匠哩。

久不得信，我直以为是上信“如真有石头可寄”弄得你为难了！我提起笔来，喜欢直话直说，我想你何不也如此：“石头的没有。”米谷便叫我用砖头。我说为他刻个“忝饮延水十吨”，他极称善，便叫我用砖头。

米谷的“三打”仍在我处。今天接到“新三打”，两相比较，我仍以为不如“老三打”。我看你也不必为此作难，作画宛如生孩子，如果有人提出要求，说你这个老大生得极可爱，请为我照样再生一个，我看正是我提出了这样不合理的要求，责任在我。

不知道你有没有新出版的《铸雪斋抄本聊斋志异》？据说这是最完全的本子。我颇有心建议你为它画些插图。

这个“些”字颇有文章，即我以为全书四百三十二篇（新本还要多若干篇），可分思想极佳、文字极佳和文思并茂、平平、下脚货数类。我以为应首先着重思想性，具有很高的认识价值的。如《狂生》《红毛毡》《青凤》《西僧》《申氏》诸篇，你可先看看，这样的篇章还有，选出二十篇或三十篇，是绝没有问题的，待条件许可的时候，出一个 ×× 编选 ×× 插图的本子，特点是第一有插图，第二表明我们对《聊斋》（以及一切艺术的）一种观点。在这方面，我倒是颇有点自信力的。

自然，我所选中的，不一定便于插图，如《红毛毡》，碰到此种问题，可再商量。

信中所云“不惑之年、犹如孩童”，这倒是个问题。“大人者，不失其赤子之心”，万不可相信这样的鬼话！我倒是愈来愈相信：一个心眼是不够的，得多长两个心眼。因为我眼见许多好同志随随便便、大大咧咧，到时候百口难辩，终致潦倒。因此，我以为能否做画家，不必管它，但万不可成为“犹如孩童”的蠢货。事情考虑得周密细致而终至砸锅，不怨天、不怨地，只怨自己不争气或不成器。读史十年，几乎是令我进一步肯定知识分子往往是最没有知识的这一真理。

两张废纸，一篇废话，看后可作卷烟用。

握手。

惦棐

5 月 30 日

韩注　1976

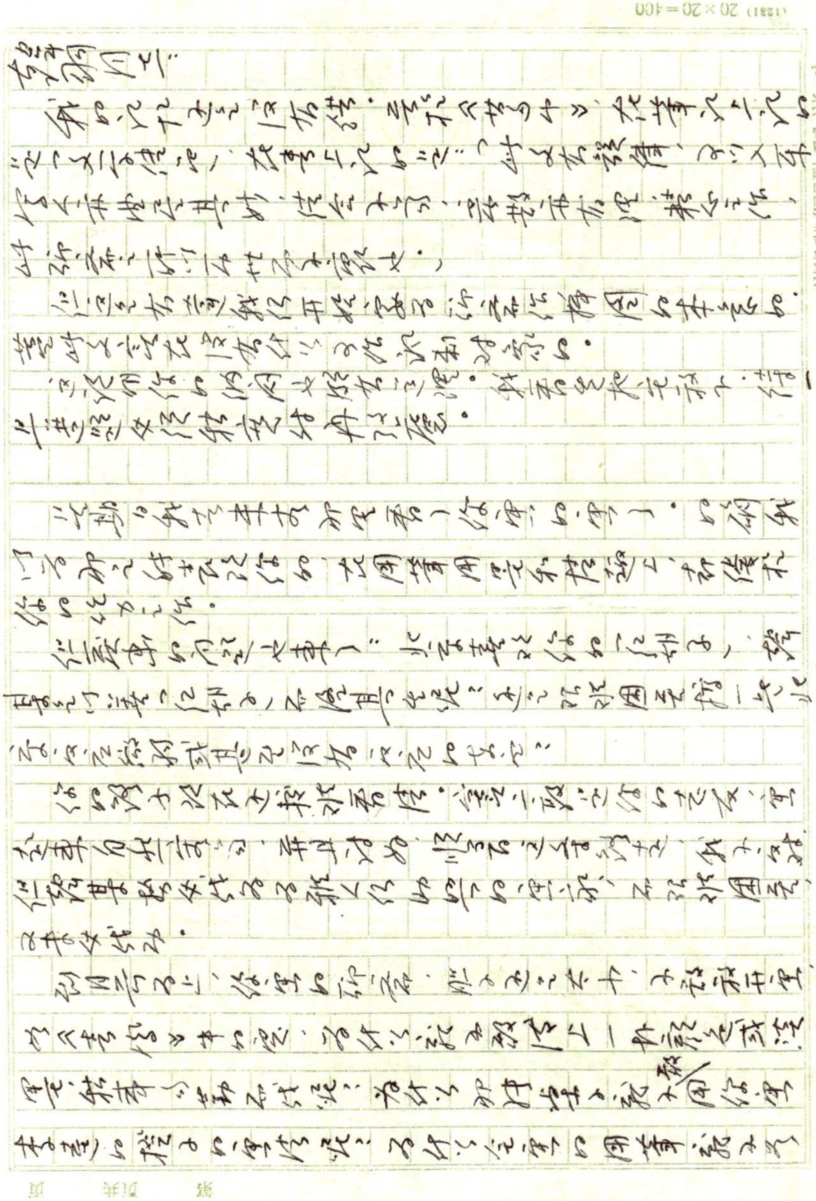

你寄《红楼梦》邮样及所白书之张大体如来书，我只嫌你的梅园同事报帖，你何不写。

[illegible]

[illegible]

[illegible]

[illegible]

[illegible]

握手。

[illegible]

韩羽同志：

我的记忆还是没有错，关于《葛巾》，在笔记上记的是“文学佳品”，在书上记的是：“此文有韵律，可以入乐，写人亦曲尽其妙，结合不易，离散亦有理，精心之作，此《聊斋》之所以历世而不衰也。”

但这是有违我们开始要为《聊斋》作插图的本意的，盖此文实在没有什么可作讽刺对象的。

这说明你的纳闷也颇有道理。我看先把它放下，待一旦选题必须稍变时再考虑。

星期日我去米谷那里看了你画的画了。的确我以为那是能表现你的，在用笔用墨和情趣上，都优于你的吃力之作。

但严肃的问题也来了：北京喜欢你的“红胡子”，韩某是以善“红胡子”而终其生呢？还是艰难困苦搞一些北京反应微弱或甚至没有反应的东西？

你的路子现在还较难看清。窦尔敦是你的老友，画起来自然容易，并且讨好，顺着这条路走，我不反对，但韩某势必成为为雅人们助兴的画家，而艰难困苦又未必成功。

到目前为止，你画的《聊斋》，胆子还是太小，不敢放开画。如《青凤》中的鬼，为什么就不敢泼上一块颜色或淡墨，稍事勾勒而成呢？为什么那张桌子就不敢用你画李逵的凳子的画法呢？

为什么全画的用笔就不如你画《虹霓关》那样流畅自如呢？大体说来，我总嫌你的插图用笔板滞，余味不多。

我同意米谷所说的两点：要大红大绿，更加发挥民间画派的作风，而且这点应订为法律，不得有违；要绝对避免落入关良的窠臼，如果落入，立即撕掉。落入一百次，撕掉一百张。

又，关于插图，你要去掉那个“插”字，一“插”就靠在文学身上了，就限制你的想象驰骋了，就不像一张可以独立欣赏的画了。

你说《促织》已产生社会效果，但我仍以为不足。一是构图较呆板，其实还可突出笼子，用透视把人画得小些；二是我不主张下跪，或将“跪”而不“下”，或硬是不下跪。

米谷极力反对你画《红楼》，我想了想，可以同意。因为《红楼》究竟是一部用现实主义手法写成的作品，“漫”的余地小，如画《聊斋》《西游》《封神》之类，不仅“漫”，而且可以大大和你原有的画风统一起来，收到“相得益彰”的效果。

信笔写来，其然乎，其不然乎？

握手。

钟惦棐

6月21日

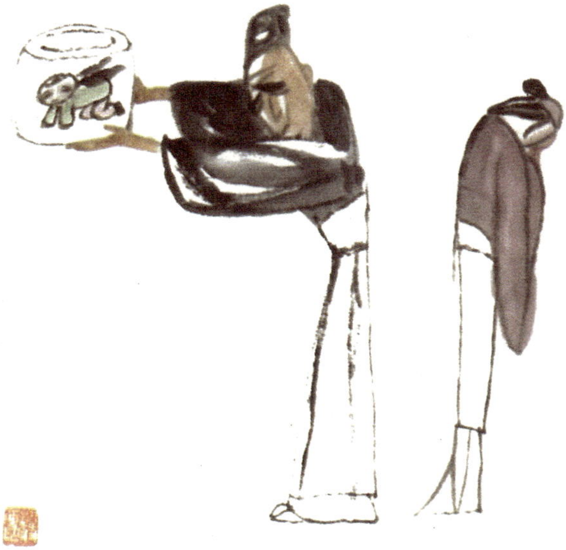

《促织》

－韩羽画－

札　记

自从打倒“四人帮”后，如他信中所说：“如果我刻不成（指印章），就说明我是把精力用在我所追求的目标上了，最好是为我高兴。”“相呴以湿，相濡以沫，不若相忘于江湖。”他又忙于电影理论研究去了。又听说他搬了家，数年间未通音讯，只在报刊上经常看到他的文章。有一天看电视（可能是《红楼梦》），在顾问名单中，他的名字圈上了黑框，我头上像响了声炸雷。

我怀着自责的心情，又绕道去了新文化街，再去看上一眼那走过无数遍的窄窄的小巷，那旧式小院，还有那小院里的葡萄架。就是在这葡萄架旁，惦棐同志曾感慨地对我说：“刚才有两个小孩儿进来一看这葡萄，大声赞叹：‘妈的，葡萄真棒！’这就是我们的孩子的语言！”我呆在门口，瞅着这葡萄架，黯然神伤，“栋宇存而弗毁兮，形神逝其焉如？”地非山阳，感同向秀。

我们的交往，是在“文化大革命”后期，缘于《聊斋志异》。他写信给我：“不知道你有没有新出版的《铸雪斋抄本聊斋志异》？据说这是最完全的本子。我颇有心建议你为它画些插图。这个‘些’字颇有文章，即我以为全书共四百三十二篇（新本还要多若干篇），可分思想极佳、文字极佳和文思并茂、平平、下脚货数类。我以为应首先着重思想性，具有很高的认识价值的。”“选出二十篇或三十篇，是绝没有问题的，待条件许可的时候，出一个 ×× 编选 ×× 插图的本子，特点是第一有插图，第二表明我们对《聊斋》（以及一切艺术的）一种观点。在这方面，我倒是颇有点自信力的。”“你画成后，我拟有长文为之序，阐明何以要在数百篇中选此数十篇。”

他的建议，使我"冯妇"跃跃。当时我已改行为教书匠，已与美术创作绝缘，但有时却又手痒难捺。我也深知，像我这类变形的画法是"左道旁门"，怎敢用来"丑化"工农兵？而画讽刺漫画又简直如捋虎须。《聊斋志异》上可托于仙，下可逃于鬼，倒有画笔回旋之余地。尤其欣欣然者，能和这位新中国成立初期的《人民美术》主编、心仪已久的前辈合作，一招一式，耳提面命，是一大好学习机会。至于什么"左派""右派"，我最崇敬的是有学问的那一派（因而我一直被目为"落后分子"）。至于"条件许可的时候，出一个 ×× 编选 ×× 插图的本子"，连想也没想过，这是明摆着的，不说别的，只就《电影的锣鼓》，这"条件许可"，"噫吁嚱！危乎高哉！蜀道之难难于上青天！"尤难于蜀道。

秋坟鬼唱，野圃狐吟，"事或奇于断发之乡"，"怪有过于飞头之国"。"解人不为法缚，不死句下。"惦棐同志信中写道："倒是《狂生》之类，发人深思：举家居城堞之上，无所畏于令尹，到有了房子和薄田一方，他极坦率，'今而后，畏令尹矣！'试想想看，便是今天，这种人何止千万！便在我们身上，当亦不是'小小的'！"

狂生的勇与怯的相互转化，揭示出了一个生活中的至理：存在决定意识。更有意思的是，基于这一认识，他拉来了潘金莲，提出"潘金莲斗争必胜论"。

我提到《沂水秀才》，他来信说：

"《狂生》《红毛毡》《青凤》《西僧》《申氏》诸篇，你可先看看。""《席方平》极好，把着指头数数看，你认识几个席方平？""你说的《沂水秀才》，不能入选，因它旨在嘲讽秀才俗气。如果我是这位秀才，穷得揭不开锅，我也一定会不留意诗文而热心人民币的。"

尚依稀记得当时所感：始是一怔，众口哓哓"斗私批修""狠斗私字一闪念"，独我"热心人民币"，何其不入时调！何其快口快心！又不得不承认这话说得实实在在。继之一惭：这不是反读《聊斋》？怎的我竟没想到去反读一下，被蒲松龄牵了鼻子走？从此倒要多长个心眼；读书要从不疑处读出疑来。

对插图的画法，他一直批评我胆子太小。

“如《青凤》中的鬼，为什么就不敢泼上一块颜色或淡墨，稍事勾勒而成呢？”

“你说《促织》已产生社会效果，但我仍以为不足。一是构图较呆板，其实还可突出笼子，用透视把人画得小些；二是我不主张下跪，或将‘跪’而不‘下’，或硬是不下跪。”

关于《姚安》，记忆犹新。说到《姚安》，想起“意识流”。姚安之所见，“女与髯丈夫狎亵榻上”；姚安之所闻，“淫溺之声，亵不可言”，“异史氏曰：‘人止知新鬼为厉，而不知故鬼之夺其魄也’”的似鬼似魅之形之声，不就是心理变态（夺其魄）的意识吗？“意识流”流之久矣。这是题外话。

惦棐同志问我：“姚安最不放心的是什么？”我说：“书上写着‘女欲归宁，则以两肘支袍，覆翼以出’，最不放心他老婆。”他说：“再具体一点。”我尚未及出口，他说：“不放心的不就是老婆的裤腰带吗？”一句土话，入骨三分。“你让画上的姚安用锁头把老婆的裤腰带给锁上如何？”如拨云见日，令人拍案。这荒唐行径，不正是姚安的内心写照；不正是淋漓痛快地对他的嘲讽与鞭挞；不正是不为文学细节所缚却又紧扣着文学的主旨；不正是大胆的夸张？！

夸张之敢与不敢，实则取决于认识的深度，这是个人学养问题，再往大处看，又岂无关乎个人以外之种种。如临深渊如履薄冰，战战兢兢犹恐之不及，又焉能蹁跹自如？

“《司文郎》我又认真读了一遍，认为你的理解比我准确。由于我初读时对盲僧用鼻子辨别文章的香臭这一点很欣赏，便忽略了全文的主旨，现在看来，这一篇是不能用的。”

个中消息，唯他知我知。他所忽略了的，也是我所“理解”的，即书中的一句话：“缺一司文郎，暂令聋僮署篆，文运所以颠倒。”实是“避席畏闻文字狱”也。

“信中所云‘不惑之年，犹如孩童’，这倒是个问题。‘大人者，不失其赤子之心’，万不可相信这样的鬼话！我倒是愈来愈相信：一个心眼是不够的，得多长两个心眼。因为我眼见许多好同志随随便便、大大咧咧，到时候百口难辩，终致潦倒。因此，我以为能否作画家，不必管它，但万不可成为‘犹如孩童’的蠢货。”

直似范滂“吾欲使汝为恶，则恶不可为。使汝为善，则我不为恶”之激愤语了。这使我想起我们的一次谈话，当我说起我的家乡是堂邑时，他说他去过堂邑，是去调查武训。一同去的还有江青（江青是组长）、袁水拍。之后又绕道至江青的老家，江青去祖坟上烧纸：他批评了她。他慨然说：“党员之间，批评与自我批评本是极正常的事。就这极正常的事竟冒犯了她。后来听说是她亲口对人说的：在1957年‘反右’中，是她‘发现’的《电影的锣鼓》。”

斗争之“无微不至”，深文周纳、无限上纲，使许多好同志终致潦倒了；也使人被逼得“聪明”起来，“一个心眼是不够的，得多长两个心眼”了。就因“多长了两个心眼”，“这一篇（《司文郎》）是不能用的”了。

对我的画，既有赞许处，也有不以为然处。他写信说：“总而言之，我打算对你的‘文人气’来一番抵制。”“我同意米谷所说的两点，要大红大绿，更加发挥民间画派的作风”。

一天晚饭后，惦棐同志说：“你猜我孩子说你像干什么的？”我问：“像干什么的？”“像个拉排子车的。”他笑，我也笑。“你这个拉排子车的……”他摇摇头，一字一顿地吟道：“风雅已堪鄙，何须更附庸？”忽地板起面孔说：“我还是要抵制你的‘文人气’，韩某如甘愿成为为雅人助兴的画家，我们绝交！”我忍俊不禁，觉得老前辈“较真儿”得煞是有趣。拳拳之心可见。

“诗又改了，‘征程二万人未老’作‘征程十万羞伏枥’，你以为如何？”“我还是想，我应该在思想领域为人民做点踏踏实实的工作。四十年的政治生涯，总经历了不少事情，把这些带进研究工作中，这种条件还不是许多人都具备的。因此十年读史，且积累了些心得笔记之类，如无一个初步成果，那就真是太可悲了。”

在那棍子乱打、帽子乱飞、万马齐喑的年代里，“为人民做点踏踏实实的工作”，正如一古人所云：区区者志，茫茫者天，如彼如斯，能耶否耶？

－韩羽画－

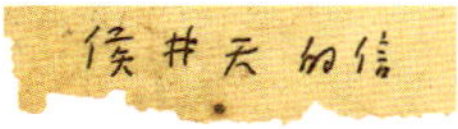

侯井天

（1924 — 2010）山东齐河人。原名侯绪岭，曾用名侯经三。曾任《山东党史资料》副主编。1940 年加入中国共产党，1985 年在山东省委党史资料征集研究委员会离休。

侯井天（左一）

韩羽同志：

5月9日信、聂绀弩致黄苗子信复印件一并奉悉。谢谢！

湖北省出版社（或武汉出版社）正在编辑《聂绀弩全集》，2003年"强冬"聂绀弩百年诞辰前出版发行。聂致黄此信，我当复印邮聂集编委，以便收入"书信卷"。

聂信"你挖我……诗不如也。"一段，我当印补入《[redacted]》（题《散宜生诗》的诗话）一诗注解文字中。聂此段文字似紧接收入你2002年5月9日给我的信："信有一句赞誉的……即'一片胡言'也。"尊见的信和聂致黄信，丰富了对聂诗的注解，太重要太宝贵了！"传札衿期……百年难挽矣！恨恨！"一段，收入《为苗子题傅青主书图》一诗注释中，以见聂对诗修改之精到。此点与对《临问》8句精为4句意同。

咱们省委老干部局出版的《老干部之家》月刊，每每向我提及、要我转约你给他们短文或画。我以为该满足他们，以光咱们自家省的刊物。

济南、石家庄虽属不甚太远，然无专程之望。去京又不过石。自注聂诗十数年以来，多次企望一朝一日侯、韩有一合影（或再给上舒芜先生就齐方瑞），因为韩与聂诗大有贡献。何时实现，请你来回主动。我的电话是0135、2034807。

你出便来济南吗？回去路经临清吗？或与我相约去京详谈。顺颂

夏安！

侯井天 2002.5.13夜

韩羽同志：

5月9日信，聂绀弩致黄苗子信复印件一并奉悉。谢谢！

湖北省出版社（或武汉出版社）正在编辑《聂绀弩文集》，2003年“除夕”，聂绀弩百年诞辰前后发行。聂致黄此信，我当复印邮聂集编委，以便收入“书信卷”。

聂信“你称我……请不如此”一段，我当即补入《关于〈散宜生诗〉的评论》一文注解文字中。聂此段文字后紧接收入你2002年5月9日给我的信：“信有一句颇费解……即‘一片胡言’也。”老兄的信和聂致黄信，丰富了对聂诗的注解，太重要太宝贵了！“傅札衿期……百牛难挽矣！恨恨！”一段，收入《为苗子题傅青主听书图》一诗注解中，以见聂对诗修改之精到。此点如对《怯问》八句精为四句意同。

咱们省委老干部局出版的《老干部之家》月刊，每每向我提及，要我转约你给他们短文或画。我以为该满足他们，以光咱们自家省的刊物。

济南、石家庄虽离不是太远，总无专程之望。去京又不过石。自注聂诗十数年以来，多次企望一朝一日侯、韩有一合影（或再约上舒芜兄之胞弟方瑞），因为韩与聂诗大有牵连。何时实现，请你采取主动。我的电话是0135—2034807。

你有便来济南吗？回过聊城、临清吗？或与我相约在京谋面。顺颂夏安！

侯井天

2002年5月13日夜

札　记

侯井天先生，山东齐河人，离聊城不远。本不相识，因其托我老友李运亨捎来一本《聂绀弩旧体诗全篇》（第一次印本）继而书信往还。虽然，并不了解他笺注聂诗的具体情况。直到读了舒芜先生的文章，方悟然讶然，感之慨之，这不就是“兴义学”的要饭花子武训？确切地说，这不就是“武训精神”？两个百折不挠一条道走到底的人，一昔一今，都出在我们鲁西，举一大白！

且看舒芜所写：“侯注（聂诗）的最突出的优点，是诗中所见一百三四十个今代人名的小传，除很少几个大名人的好查，此外绝大多数都是注者穷年累月，胼手胝足，面访函询，直接间接，至再至三，辗转牵连，跟踪追击，不怕关山阻隔，不怕代远年湮，不怕受冷遇，不怕碰钉子，辛苦调查来的，真像聂老自己说的‘破案’一般。程千帆教授给我的信说：‘井天之工作，实具墨子精神，观其后记所载辗转找人之二例（舒芜按：第三次印本已增为六例），毅力实为可佩。’”“第二个优点是搜集诗篇之完全，不仅大大超过《散宜生诗》，也已超过罗孚兄主持编注的《聂绀弩诗全编》（学林出版社 1992 年 12 月第 1 版）中的旧体诗部分。第三个优点是集评，差不多集中了全国报刊上评论聂诗的全部成果。还有一个特点是‘句解’，即每一句都做了串讲，注者于此下了很大功夫。”

适逢遍地积雪，井天先生来到舍下，听到乡音，顿起思乡情怀。分别时，为他雇出租车，不坐，定要乘公共汽车去火车站。没想到，是初次见面，也是最后一面。

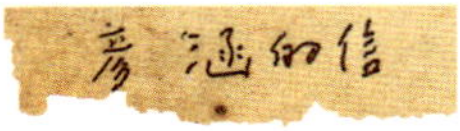

彦　涵

（1916 — 2011）江苏连云港人。中国版画家、中国画画家。1938 年于杭州艺术专科学校毕业后赴延安，继在华北抗日根据地从事部队美术工作，后于延安鲁迅艺术文学院和华北大学美术系任教。1951 年起任中央美术学院教授、版画系主任。历任天安门广场人民英雄纪念碑美术组副组长，北京艺术学院美术系教授，中央美术学院年画连环画系主任。曾当选第一、第四届全国文联委员，中国美术家协会常务理事、书记处书记，中国版画家协会副主席。于国内外多次举办个人作品展览，出版有《彦涵木刻选集》《彦涵版画集》《彦涵插图选集》《彦涵画辑》（中国画）等。

韩羽同志：

示悉。遵嘱奉上拙作「挂顶红」一幅，望予指正，且是拜年！也是抛砖引玉之意，尤其想欣赏大作一二，以供学习。顺致谢忱！并颂

近佳！

彦涵

六月五日

北京后海南沿北官房廿八号

韩羽同志：

示悉。遵嘱奉上拙作《柱顶红》一幅，至希指正是幸。也是抛砖引玉之意，尤望赐掷大作一二，以供学习，预致谢忱！并颂

近佳！

彦涵

5月6日

北京后海南沿北官房二十八号

韩注 1978

札　记

已是忘记了何时、何故给人画过一幅戏曲画，一个裱画店的学徒工拿来那画说：“韩叔叔，上边的题款我裁掉了，往上面写上我的名字吧。”我问：“怎么跑到你手里来了？”他说：“有人把这画给了我们的主任，主任瞅了瞅，顺手给了裱画师傅。裱画师傅瞅了瞅，又顺手给了老张。老张连瞅也没瞅，顺手就丢在了桌子上。第二天，那画儿从桌子上又飞到地上。八成是没人要了。我捡起一看，是你画的，这就算是我的了。”在这孩子面前自觉着一下子矮了半截。

事过后没几天，忽然接到彦涵先生的信。彦涵是我心仪已久的文艺界前辈，手捧信札，一下子又来了精气神，将在孩子面前矮去的那半截又找补回来了。现在回想，能无感慨，一惊一乍，宠辱皆惊。

那时虽年已“不惑”，实则大惑。就说画画儿吧，太把它当回事了，似乎是要靠它“安身立命”了，因而就较真儿了，眼里容不得一粒沙子，就是金屑也不行。现在对画画儿看得开些了，我越来越相信画画儿就是“玩”，当然要“玩世以恭”。我的话没分量，且请王国维帮忙，他曾说：“诗人（当也包括画人）视一切外物，皆游戏之材料也。然其游戏，则以热心为之，故诙谐与严重二性质，亦不可缺一也。”既然画画儿是“玩”，以之比照那孩子的话，那主任那裱画师傅那老张对画只瞅了瞅甚或不瞅，也就是说不愿和你“玩”，而你竟因之身子矮了半截，这岂不是自轻自贱。这能怪谁？只能怪自己。

彦涵先生的信，是雪里送炭。可惜当时想不到这个“玩”字，否则我会说：你们不愿和我“玩”，有人愿和我“玩”。

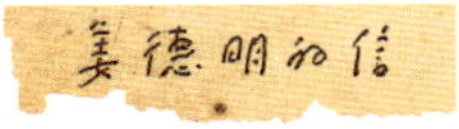

姜德明

（1929 — ）山东高唐人。笔名余时。散文家。在天津读大学期间，开始发表文学作品。大学二年级时，考入北京新闻学校。1951 年毕业后，分配在《人民日报》编辑部工作。1956 年开始在《人民日报》文艺部副刊。1979 年加入中国作协。1986 年任人民日报出版社社长。主要著作有关于鲁迅研究的随笔集《书叶集》，有关现代文学史的札记《书边草》，访问缅甸等四国的游记散文集《南亚风情》，散文集《寻找樱花》《清泉集》《相思一片》《雨声集》《绿窗集》《书味集》《书梦集》等。《相思一片》获新时期全国优秀散文（集）奖。

姜德明（右一）

1995

回信可寄报社转。我住报社宿舍30楼1单元201，搬了二年有余，电话是509.2444。方成画展将开幕，据称一切从简，无仪式。

人民日报社公用信笺

韩羽兄：

久未联系，时在念中，想一切如意，万事亨通。去秋随老伴赴美探亲，四月归来。近听小友言道，兄作文提及小弟，未知见于何刊何日刊出？盖时方旅美不详，弟闻之，只好写此函求教。如蒙赐一复印件更所切盼。

再，上海出版局倪墨炎主编之《书城》(双月刊)，拟请兄作画配文，或作文配画，托我代为致意。兄意如何？恐不必由我代转吧。那里之邮编是200020，地址是绍兴路5号。

又闻河北教育出版社重印鲁迅、西谛当年合编之《北平笺谱》500部，估计定价低不了，甚至有人说每部超过2000元，如此则不敢打听了。若每部千元左右，再走兄之后门，或可打个七折之类尚可考虑。此亦闲话，不必认真。买了也是存起来，不买之话，照常每天喝稀饭，吃油炸鬼也。

祝

好！

弟 姜德明

95.5.31.

我为阁下之作而专门装一册页，让方成为你画一肖像。他拖了两年仍未动手。今年无论如何让他完成；我好再找别人照做或仿作画。又及

韩羽兄：

久未联系，时在念中，想一切如意，万事亨通。

去秋陪老伴赴美探亲，四月份归来。近听小友言道，兄作文提及小弟，未知见于何刊何日刊出？盖对方亦语焉不详，弟闷闷，只好呈上此函求教。如蒙赐一复印件更所切盼。

再，上海出版局倪墨炎主编之《书城》（双月刊）拟请兄作画配文，或作文配画，托我代为致意。兄意如何？恐不必由我代转吧。那里的邮编是200020，地址是绍兴路5号。

又闻河北教育出版社重印鲁迅、西谛当年合编之《北平笺谱》五百部，估计定价低不了，甚至有人说每部超过两千元，如此则不敢打听了。若每部千元左右，再走兄的后门，或可打个七折之类尚可考虑。此亦闲话，不必认真。买了也是存起来，不买的话，照常每天喝稀饭，吃油炸鬼也。

祝

好！

弟德明

1995年5月31日

回信可寄报社转。我住报社宿舍30楼1单元201，搬了两年有余，电话是5092444。

方成画展将开幕，据称一切从简，无仪式。我为阁下的作品专门装一册页，让方成为你画一肖像。他放了两年仍未动手。今年无论如何让他完成，我好再找别人题跋或作诗作画。

又及

札　记

20 世纪 50 年代初，蒙《人民日报》编辑提携，发表了我的几幅漫画。因之壮了胆，每次去北京出差，总要去人民日报社编辑部待一会儿。一是漫画名家都集中在那里（那时《漫画》尚未从上海迁来北京）。得亲謦欬，以获教益。再是那儿有在外面难得一见的外国画报，正可满足猎奇之欲。

文艺组有个浓眉大眼的年轻人，岁数约略和我差不多。常到美术组串门。趿着拖鞋，端着茶杯，摇着芭蕉扇，倜傥潇洒。总向我打听下边的情况。他不耻下问，我有问必答。一边忙着翻看画报，一边想词儿。实在没了词儿，就瞎编。似乎对这瞎编他也爱听。两眼紧盯着我，呷一口茶水："是吗？啊哈！是吗？"我悄悄问苗地："他叫什么？"苗地说："姜德明。"

后来开始了"反右"，接着是"大跃进"。再之后是"反右倾""反修""四清"以及史无前例的"文化大革命"。像戏台上的锣鼓"紧急风"，紧得上气不接下气。再也没有心思去人民日报社（也不敢去）了。德明音息杳然。相忘于江湖。

"四人帮"完蛋之日，也是我烦恼开始之时。道是为何？十年"文化大革命"，人人自危，个个噤声，如待宰之豕，已是哀哉心死。"四人帮""纸船明烛照天烧"。灰烬余焰，触枯辄热，这一烧又将人的心气烧热了，又觉着有了奔头。然而烦恼也跟着来了。就说区区之我，首先是拿起画笔画画，拼命地画。说好听些，是霜蹄病腿，难为伏枥之骥，说难听些，是怕被淘汰。画出了画儿是为的给人看，更盼人叫一声好。要使人看，戏，离不了戏台，画，离不了展览和报刊。可展览和报刊可遇而不可求，谈何容易。挟着一卷卷画儿东奔西闯，像憋急了的鸡找不到个下蛋的地方，能不烦恼？

话，绕了一圈儿为的是下边这一句：正值此时此状，遇到了德明。他这时是《人民日报》文艺综合刊物《战地》的主编。他说在《战地》上给我发表。《战地》是何等刊物，《战地》在当时人们的心目中马首是瞻。作品在这刊物上发表，无异于冷猪头肉摆上了圣人的供桌。可我的画儿，国画家说是漫画，漫画家说是国画，左道旁门，何敢存此奢想。德明不负所言，冷猪头肉居然上了圣人供桌。且是彩页一大版。

我曾对人讲，本人从来与官场无缘。可在艺道中却小走鸿运，吉人天相。佑我之“天”，就是艺坛中之众多师友。靠了这点福气，我这一头高粱花子的土闹儿才得以挤进艺术行业中来。比如德明，正当我没了咒念的时候，鲍叔相恤，急我之急，助我一臂。

德明又令我忍俊不禁。有一次去他家串门，适不在，和嫂夫人聊天。说来说去说到天气，由天气炎热说到电扇。大嫂慨然而叹：“孩子新买来个电扇，安装上，打开后就走了。扇了一会儿，不转了。德明说：‘电扇坏了。’我们守着电扇扇了半夜扇子。孩子回家说：‘你们怎就不拨一下定时器？’”我哈哈大笑。继而想起《王孝慈与鲁迅》那篇文章。本是浮瓜断梗的零星资料，德明锲而不舍，按踪寻迹，终于证以王孝慈即《闻歌述忆》的作者鸣晦庐主人，据《闻歌述忆》，得知王不仅是古代版画收藏家，亦是戏迷。由于痴迷谭鑫培的京剧艺术而成了谭的朋友。自小喜爱泥制儿童玩具。“购置年以千计”，“弗吝也”，“每展纸描其容度至夜分无倦容”，“稍长则购石印画谱与名人相”。不借罄其积蓄，落得身后窘迫异常，家人不得不靠变卖藏书以谋葬事。

明崇祯刊本《十竹斋笺谱》留存世间仅一两部，难得的是王孝慈藏有一部，并慨然借与鲁迅、郑振铎重新翻印。今天的读者能得重睹这部《十竹斋笺谱》，王功不可没。

《鲁迅全集》的有关注释，仅仅说王孝慈是一位古籍收藏家。正如德明所说：“也是不知底细而为之，等于不注。”而《王孝慈与鲁迅》正好补原注之阙，德明之功不可没。

德明做学问，探其微直破其的，可对小小一电扇束手无策，此遇大敌勇，见小敌怯欤？

－韩羽画韩羽－

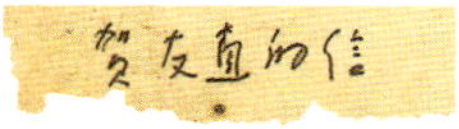

贺友直

（1922 — ）祖籍宁波北仑新碶西街，中国连环画家。 曾学习工商美术，后致力于连环画创作，曾任上海人民美术出版社编审。一度兼任中央美术学院教授。历任中国美术家协会连环画艺术委员会主任、中国连环画研究会副会长、美协上海分会副主席。

作者与贺友直（左）

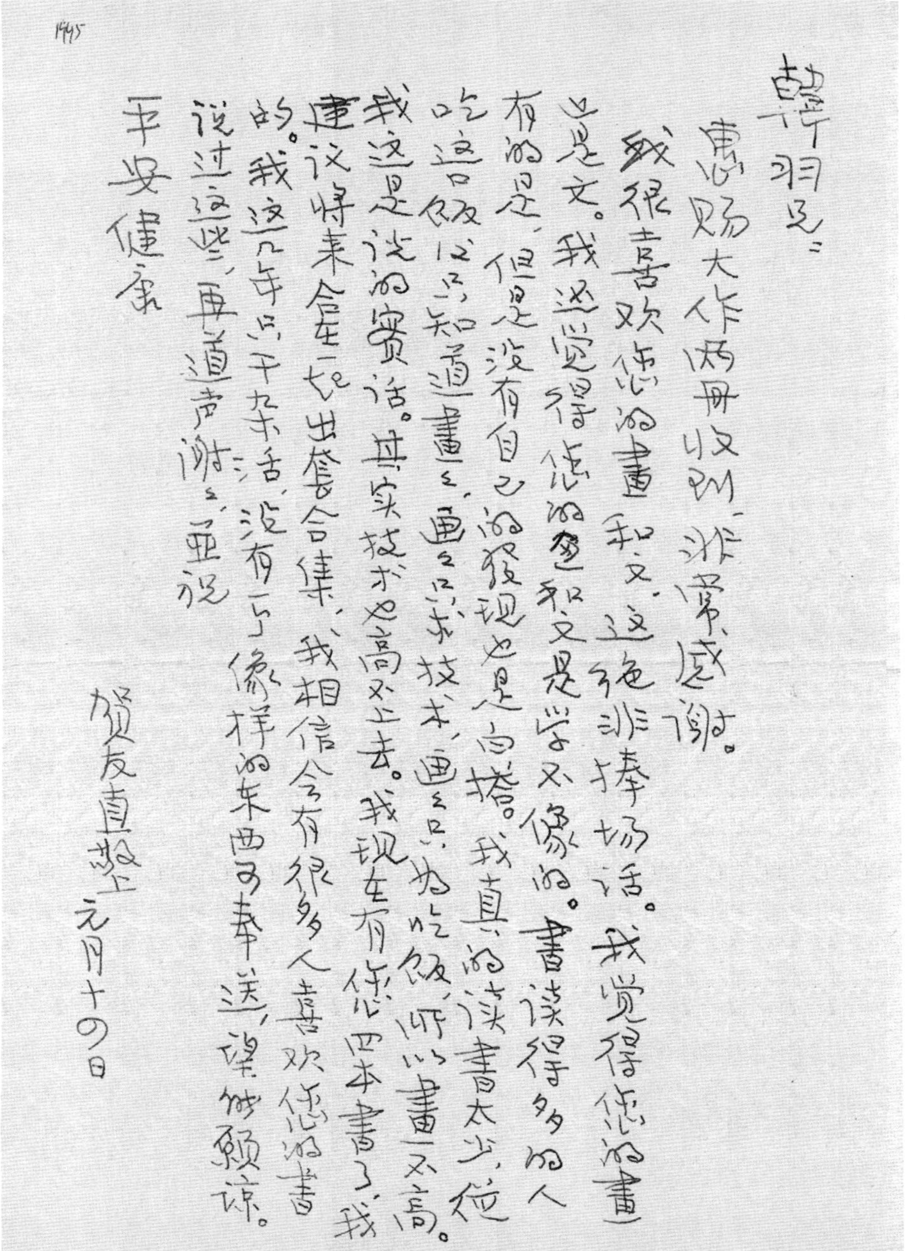

1995

韩羽兄：

惠赐大作两册收到，非常感谢。

我很喜欢您的画和文，这绝非捧场话。我觉得您的画是文。我总觉得您的画和文是学不像的。书读得多的人有的是，但是没有自己的发现也是白搭。我真的读书太少，但吃这饭以只知道画画，画画只求技术，画画只为吃饭，所以画画不高。我这是说的实话。其实技术也高不上去。我现在有您四本书了，我建议将来合在一起出套合集，我相信会有很多人喜欢您的书的。我这几年只干杂活，没有一点像样的东西可奉送，望能原谅。说过这些，再道声谢谢，并祝

平安健康

贺友直敬上

元月十四日

韩羽兄：

惠赐大作两册收到，非常感谢。

我很喜欢您的画和文，这绝非捧场话。我觉得您的画也是文。我还觉得您的画和文是学不像的。书读得多的人有的是，但是没有自己的发现也是白搭。我真的读书太少，从吃这口饭后只知道画画。画画只求技术，画画只为吃饭，所以画不高。我这是说的实话。其实技术也高不上去。我现在有您四本书了，我建议将来合在一起出套合集，我相信会有很多人喜欢您的书的。我这几年只干杂活，没有一个像样的东西可奉送，望能原谅。说过这些，再道声谢谢，并祝

平安健康

贺友直敬上

元月 14 日

韩注　1995

札　记

1985年在济南南郊宾馆开全国美代会，晚饭后遛弯儿，见贺老夫子腋下夹一酒瓶从一小铺里出来，擦肩而过时，他笑着指指酒瓶，悄声说："晚上喝一杯。"我好酒，他也好酒，故发此一语。

贺老夫子长了一双慧眼，更确切些说是"火眼金睛"。在艺道上，人们看到了的，他看到了；人们没看到的，他也看到了。举一例，不说远的，说近的，说我们拍摄的动画片《三个和尚》。影片中有一个情节是小和尚掏出尺子量抬水扁担。小和尚来这一手，作为作者的我们觉得有趣，观众看了爆出笑声，也是因为"有趣"，贺老夫子当然概莫能外。可是他不只看出"有趣"，还看出了是因了什么才"有趣"。

他说："用尺量扁担这个细节很有趣，很能刻画出人物的性格。这种举动出现在小和尚身上，是很符合小孩子的心理脾气的，他不肯吃亏，想占点便宜却又不会转弯抹角。现实生活中不会真有这样露骨而小气的举动，但类似这种小心眼的行为还是比较常见的，现在把心里想的东西变成看得见的举动，就更使人感到天真而可笑。"他还进而看到这个情节对艺术处理的启示意义："这个例子，有一点很值得重视，就是如何利用小道具以构成有相当深度的细节。这里，利用了这把尺，才能把小和尚心里的一把尺具体而形象化地表现出来。""现在这种用尺子量东西的常见动作里面却包含着不常见的内容，就是它所要表现的并非'丈量'，而变成是一个人的'气量'了。""作为一个连环画作者也好，动画片作者也好，都必须具备从常见现象中发挥不常见的内容，把各种常见的现象通过艺术的加法求出一个不常见的答案的能力。"

贺老夫子对小和尚的剖析，如庖丁解牛，剥肉剔骨，游刃有余。可他总说是个"画儿匠"，没学养。大财主，哭穷也。

《贺、韩寻梦图》

－贺友直画－

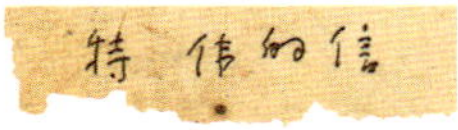

特　伟

（1915 — 2010）原籍广东中山。中国漫画家、美术电影艺术家。1935 年开始在报刊上发表反法西斯的国际时事漫画。抗日战争爆发后，参加抗日漫画宣传队，辗转南京、武汉、广州、香港、桂林、上饶、重庆等地，创作漫画，举办展览，并编辑《战斗画报》漫画版。1941 年赴香港，与张光宇、黄新波等组织新美术会，为《华商报》编辑《新美术周刊》。出版《特伟讽刺画集》和《风云集》。年底赴桂林，与黄新波、叶浅予、郁风、丁聪等举办《香港受难画展》。这期间，他深入工厂、煤矿搜集素材，从事绘画工作。1947 年，在香港参加人间画会，发表长篇漫画《大独裁者》，为此一时期最有影响的漫画作品之一。中华人民共和国成立后，主要从事美术电影的编导工作。

特伟（中）

上海美术电影制片厂

韩羽兄：

漫象收到，我很喜欢，别人也都称赞，太感谢你了！

《金猴》长片到去年底总算结束，审查也通过了。比起多集片自然更紧凑些，观众是否会喜欢，只能等待放映后才知道，我自己不作任何预测，当然心里还是有点数的。

许多积压下来的工作急待处理，才抽出时间为《漫画艺术》多化点心思。正如你所说的，"漫画艺术"的客观条件是好的，前途很有作为，就看我们的主观努力如何了。改革开创后，稿源是个关键问题，希望不断来稿。

你兄近况如何？很想知道，抽空给我们来信聊聊可好。

祝你诸事顺当！

特伟 1986.1.3日.

搞一个什么样的水墨动画剧本，这就可别忘了。

韩羽兄：

漫像收到，我很喜欢，别人也都称赞，太感谢你了！

《金猴》长片到去年底总算结束，审查也通过了。比起多集片自然更紧凑些，观众是否会喜欢，只能等待放映后才知道，我自己不作评价或预测，虽然心里还是有点数的。

许多积压下来的事务急待处理，才好腾出时间为《漫画世界》多花点心思。正如你所说的《漫画世界》的客观条件是好的，前途很有作为，就看我们的主观努力和决心了。改半月刊后，稿源是个关键问题，希望不断来稿。

我兄近况如何？很想知道，抽空给我们来信聊聊可好。

祝你诸事顺当！

特伟

1986年1月3日

搞一个什么样的水墨动画剧本，这事可别忘了。

札　记

怀念故人，观赏旧作，找出了上海美术电影制片厂的《动画集锦》光碟。

屏幕上游动着的小蝌蚪令人想起齐白石。白石老人以几个小蝌蚪成就了他的经典之作《蛙声十里出山泉》，“视形类声”，借蝌蚪画出了蛙声。动画片《小蝌蚪找妈妈》将齐白石画上的小蝌蚪给摆弄得游来游去活蹦乱跳，而且充满了孩子气，令人们想起了自己的童年。将中国的写意绘画变为活动的屏幕形象，在全世界动画品种中是独此一家。鲁迅曾说过第一次吃螃蟹的人是勇士的话，不妨依样说第一次吃螃蟹的人必当也是智者，这智者的名字在片头上：特伟、钱家骏。

说书人讲说“武松打虎”，一小孩说：“这算啥，假如我是武松，我也能打死老虎。”

果然，这个大言不惭的孩子，浑身武松打扮，出现在景阳冈酒店前。

酒保：“武二爷，您倒好。”

小孩：“你，你怎么认识我？”

酒保：“嘿，瞧您咋说的咧，就凭您这身打扮，我还能不认识您武松，武二爷。您先请坐，小人我给您打酒去。”

小孩：“我想……吃奶油冰棍。”

酒保：“奶油冰棍，没见过。”

小孩：“嘿，连奶油冰棍都没见过，上面是个奶油做的冰块，下面是一根棍。”

酒保摇了摇头。

小孩：“那，来一杯酸梅汤也行。”

听这孩子的几句出场白，就可想象到他到了景阳冈后将会闹出什么乐子来。何况那老虎还是被武松打死的老虎的崽子。

我边看边笑，边想起该片编导包蕾、詹同二位老友，他俩逝世已十数年了，以今证之，他们带来的笑声仍留人间，永留人间。

片名《独木桥》。

没想到这小小的独木桥上竟是世相百态，且看：

两熊猫各立桥头一端，两相观望，一熊猫的眼镜掉落地上，边摸眼镜边向对方示意：我眼神不好，走得慢，您先过，谦谦君子也。

一黑牛，一红牛，争先过桥。自恃力大，互相“顶牛”，顶来顶去，扑通一声，双双掉进河中。

刺猬过桥，爬到桥中间，对面来了老虎，无处躲避，缩成一团。老虎见状大怒，举起一掌猛劈下去，嗷的一声，痛彻心脾，一蹦老高。小鬼跌金刚，山中王当场出丑。

狼跨步上桥，大声嚎叫作威慑状，果然吓得兔子急忙让道，尝到了甜头；碰到了大象，故伎重演，象鼻子缠住狼脖子将其狠劲一甩……又吃了苦头，成也萧何，败也萧何。

一只老鼠被猫追赶，正想从桥上逃窜，一群绵羊从对面过来挡住去路，急中生智，将羊背当作桥板奔窜而过，那猫也不含糊，一个箭步跃上羊背继续追逐。羊背上的一场血腥追杀，那群羊似是无视无闻，照样安然前行，外物无扰于我，阿弥陀佛，修炼到一定火候了。

猴子过桥不慌不忙地迈着四方步往前走，迎面来了黑猩猩，您猜那猴子是怎么让道的？谁也不会料到，它身子一转，转到了桥板的底面，头朝下，脚朝上，照样不慌不忙地迈着四方步往前走。人们笑，笑这猴子匪夷所思，笑这猴子异想天开，边笑边又觉得虽然不合事理，却又不能说不合乎情理。也或许这猴子思不及此，是导演王树忱老兄撺掇它这么干的。

这边一小女孩，那边一担筐的老汉和男孩，走到桥中间，绕不过去了，女孩男孩急得伸舌瞪眼，怎么办？老汉倏地放下扁担，女孩坐进筐里，男孩也坐进筐里，老汉挑起扁担，身子转了半个圈儿，女孩男孩互换了位置，爬出筐来，拜拜，圆满解决。

又有两位就令人不敢恭维了，一穿高跟鞋提着鸡拎着一篮鸡蛋的女人，一扛着自行车的汉子，僵持在桥上，龇牙咧嘴，满口“噼里啪啦”像放炮仗（“噼里啪啦”犹如文字书中的××，以示不能用语言或文字再度重复的脏话）。“噼里啪啦”声中，那女人一跺脚，高跟鞋的鞋跟儿掉了下来。汉子幸灾乐祸，咧嘴大笑。女人更是冒火，一口唾沫狠狠吐到汉子脸上，汉子憋足了气，也狠狠地将唾沫吐了过去，用力过猛，竟将满口假牙一并吐出。女人也幸灾乐祸，汉子恼羞成怒，战争升级，边“噼里啪啦”边跺桥板。你用力，我更用力，那桥板怎扛得住如此使气斗狠，“咔嚓”，断成了两截儿，接着“扑通”一声，又接着水花四溅……一忽儿一只母鸡从水里蹿出扑上岸去，又一忽儿水里冒出团团黄色液体，成了真真的那句话：鸡飞蛋打。尤其有讽刺意味的是，奄奄一息的汉子浮出了水面，驮他出来的是一黑牛，继而奄奄一息的女人也浮出水面，驮她出来的是一红牛。似曾相识，哇哈，这不就是原先也因互不相让一同掉进河里的那黑牛、红牛。

《大闹天宫》中有一细节：孙悟空第一次被太白金星诱骗至天宫。太白金星说：“你在这儿等着，待我先去向玉帝启奏。”高耸入云的牌坊，金碧辉煌的殿阁，笔直宽阔的丹墀，一字排开的雄壮威武的金甲天神……花果山上的猴儿哪里见过这个，东瞅瞅，西望望，瞅着瞅着，好奇心大动，进而捅捅摸摸了。摸向了天神的金甲，心里纳闷：这是啥玩意儿？猴儿又顺着天神的腿往上摸了去。再说金甲天神列队在凌霄宝殿，本是庄严所在，观瞻所在，队形必须整齐划一，岂敢乱动，只能忍着那猴儿的放肆。却又愈忍愈怒，怒着怒着，倏地“哧哧”笑了起来。原来那猴儿的爪子伸向了他的胳臂窝，搔着了痒处。可奈何，“疼可忍，痒不可忍”。

猴儿的顽皮，与金甲天神忽怒忽笑身不由己的奴才嘴脸，看似轻轻一笔，实是以轻运重，试想这岂仅是金甲天神一个神人的尴尬？这一细节虽稍纵即逝，却令人叹为观止，这是导演充分发挥了“动画”的独特表达手段，以“动画”形式对《西游记》的再创造。

这个细节，使我想起一件往事，1979 年开全国第四届文代会，晚上看戏曲演出。我坐的是楼上座位，忽然有只手摩挲我的后脑勺，回头一看，两个一模一样的老者正嘻嘻地冲着我笑，其中一位说：“你这后脑勺长得不错。”我思摸这两位老者八成是万籁鸣、万古蟾了。后来相熟了，果然是他们二位。我想导演《大闹天宫》的万老如果见了那天神的金甲，也会伸手去摸摸的。

边看边笑，又想起了特伟厂长。陪同特伟看样片，我们是看热闹，是先睹为快。特伟看样片是职责，是把关。岂止是把关，就这《动画集锦》来说，有哪部片子从创意到完成能少得了他的关注、参与。中国动画数十年来筚路蓝缕终于有成，与世界动画艺术并驾齐驱以争短长，特伟与有功焉。

特伟早在20世纪30年代即饮誉画坛，是漫画界老前辈。漫画、动画，本同一血缘，更确切地说是双胞胎。知己知彼，操刀善割，游刃有余。更兼其在50年代就思想开放，广邀天下各路神仙，借他山之石共襄“动画”盛举。四门大敞，八面来风，宜乎动画兴隆景象云蒸霞蔚。比如《大闹天宫》，厂内有动画元老万籁鸣执导，厂外有绘画大腕张光宇、张正宇为动画人物造型。解牛高手，斫轮大匠，胜券在握，不待蓍龟了。

特伟，广东人，温文谦恭而喜美食。詹同告诉我，“文化大革命”中被打成“走资派”。“造反派”抄其家，将所抄之书，顺手从床上拽下床单兜起，刚到楼梯口，那床单“哧”的一声裂成了两半。不抄家还不知道，一抄家方得知老先生为了“口福”，连买替换床单的钱也挪用了。

《大闹天宫》人物造型

－张光宇 张正宇画－

－韩羽画特伟－

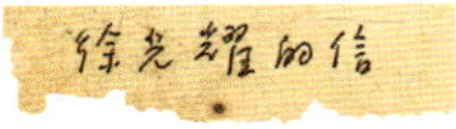

徐光耀

（1925 — ）河北雄县人。笔名越风。小说家。1938 年参加八路军，同年加入中国共产党。1945 年起做了随军记者和军报编辑。1947 年在解放区的华北联合大学文学系插班学习八个月。1950 年入中央文学研究所学习。1953 年初毕业，同年加入中国作协。1953 年至 1956 年曾带军职以作家身份回故乡搞初级农业合作化。1958 年被错划为“右派”。在挨整期间，写成中篇小说《小兵张嘎》和同名电影文学剧本，小说曾被译成英、印地、豪萨、德、泰、阿拉伯、朝、塞尔维亚等文字，小说与电影分获第二次全国少年儿童文艺创作一等奖。1959 年后，在保定市文联工作。1981 年调河北省文联，1983 年至 1986 年任党组书记。是中国文联第四、第五届委员，中国作协第三、第四届理事。出版的著作还有长篇小说《平原烈火》，短篇小说集《树明和莺花》《望日莲》和小说集《徐光耀小说选》等。作品崇尚生活本身的质朴美，人物形象鲜明生动。《平原烈火》被译成日、捷克、英、蒙等文字。

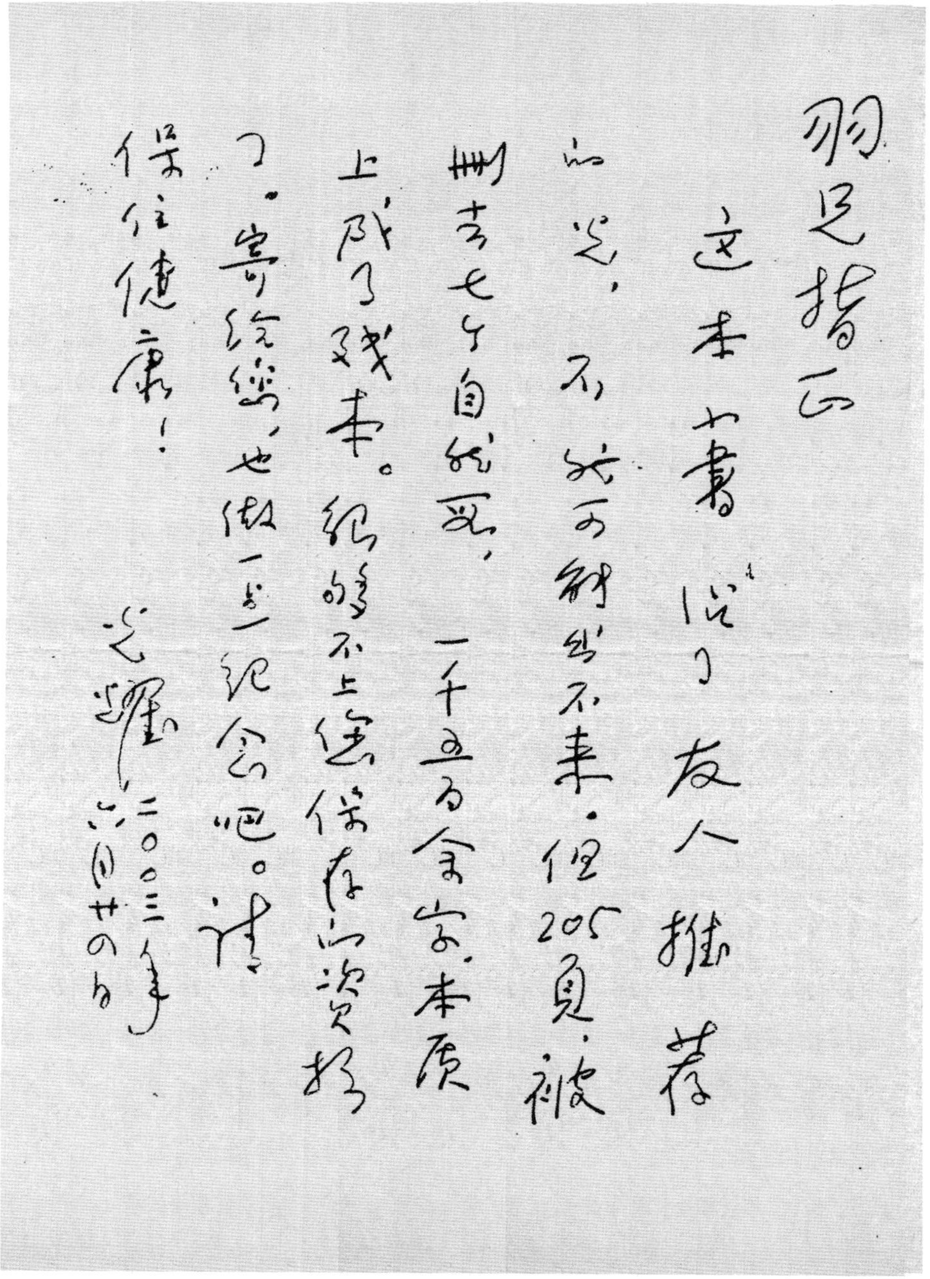

羽見指正

这本小書經了友人推荐而买，不然可能斜然不来。但205页，被删去七个自然段，一千五百余字，本质上成了残本。绝对够不上被保存的资格了。寄给您，也做一点纪念吧。请保住健康！

光耀 二〇〇三年六月廿四日

羽兄指正

这本小书沾了友人推荐的光，不然可能出不来。但205页被删去七个自然段，一千五百余字，本质上成了残本。很够不上您保存的资格了。寄给您，也做一点纪念吧。请

保住健康！

光耀

2003年6月24日

札　记

欲说还休，欲休还说。

光耀兄每出新书，总想着寄我一本，并在扉页上写点随感之类的话。有一本《忘不死的河》，在这本书的扉页上老徐写了一段话，读后方始明白了什么叫“秀才遇见兵”。

前些天，遛公园，坐在长椅上打盹，觉着旁边有人坐了下来，睁眼一瞧，是老徐。彼此彼此，都垂垂老矣。闲话数语，望着他踽踽远去的身影，心中黯然。突然往事浮上心头，想起了他书中扉页上的那段话。同病相怜，作为写文的人，我深知，最腻烦的是文章被人任意阉割。那段话是这样的：“羽兄指正，这本小书沾了友人推荐的光，不然可能出不来。但 205 页被删去七个自然段，一千五百余字。本质上成了残本，很够不上您保存的资格。寄给您，也做一点纪念吧。”无可奈何之状，充满字里行间。

这使我想起《金瓶梅》。《金瓶梅》多有删节本，但出版人均做明白交代，对作者、读者负责。而《忘不死的河》所删去的却是“活不见人，死不见尸”。

再者，《金瓶梅》所删去的是因为“诲淫”，那《忘不死的河》删去了的又是因为什么？

《忘不死的河》的书名的副题是《鲁迅文学奖散文获奖者丛书》。书中收录了作者数十篇散文。作者获鲁迅文学奖的作品是《昨夜西风凋碧树》，而删去的恰是《昨夜西风凋碧树》中的“七个自然段，一千五百余字”。作者也曾送过我一本载有同一作品的书，是北京十月文艺出版社出版的《昨夜西风凋碧树》。一比照，终于看到了那被删去的一千五百余字原来是某位同志“批判徐光耀”的发言。这发言就连被批判者都说“联系当时的背景，今天重温这个发言，无论从哪个角度说，它都是严肃认真的、深刻的、严正的，也是最革命的。就内容、就态度、就逻辑方法、就其哲学高度和整体意义看，都折射着那个特定时代的特有风貌，很值得后世子孙受用和借鉴”。于是再重复提出上述的那个问题：《金瓶梅》删去了的是因为“诲淫”；《忘不死的河》删去了的“一千五百余字”到底又是因为什么？纵使删者没有像《金瓶梅》一书那样给读者以明白交代，但尚有完整本的《昨夜西风凋碧树》并存于世。两相对照，草蛇灰线，蛛丝马迹，足发人之好奇心耳。行笔至此，想起一句古人的话：“勇于改字”（意指擅自删改别人文章者），“勇”字在这儿可不是个光彩字眼。

–韩羽画徐光耀–

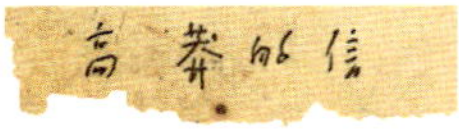

高　莽

（1926 —　）黑龙江哈尔滨人。笔名乌兰汗。翻译家。读过中学。1945 年底参加哈尔滨中苏友协的工作。1947 年翻译苏联剧本《保尔·柯察金》，在哈尔滨等地上演。1949 年调到沈阳，在东北中苏友协工作，所译冈察尔《永不掉队》影响很大。1954 年调北京中苏友协总会，先后在联络部及《友好报》工作，曾多次随中国作家、美术家赴苏联、东欧访问或参加会议。1962 年任《世界文学》编辑。1964 年转入中国科学院（今中国社会科学院）外国文学研究所。现任《世界文学》总编辑、编审，中国作协、中国美协会员，中国译协理事。主要译作有：卡达耶夫《团队之子》，葛利古里斯《粘土与瓷器》《冈察尔短篇小说集》，达吉阿尼《星星之火》，契尔柯夫《胜利时》，乌尔贡《太阳出来了》，卡哈尔《丝绣花巾》，《弗兰科诗文集》（合译），柯涅楚克《翅膀》，马耶可夫斯基《臭虫》《澡堂》，阿菲诺根诺夫《亲骨肉》，《唐克诗选》（合译），《米耶达诗选》（合译），《马蒂诗选》（合译），格列勃涅夫等《卡尔·马克思青年时代》、《苏联当代诗选》（合译）。还译有舍甫琴科、阿赫玛托娃、帕斯杰尔纳克等的作品，分别收在各种集子里。所译绝大多数是苏联作品，出版于五六十年代。近年主要从事编辑工作，业余从事绘画。苏联作家协会因其多年从事文学翻译活动，授予奖状。

作者与高莽（左）

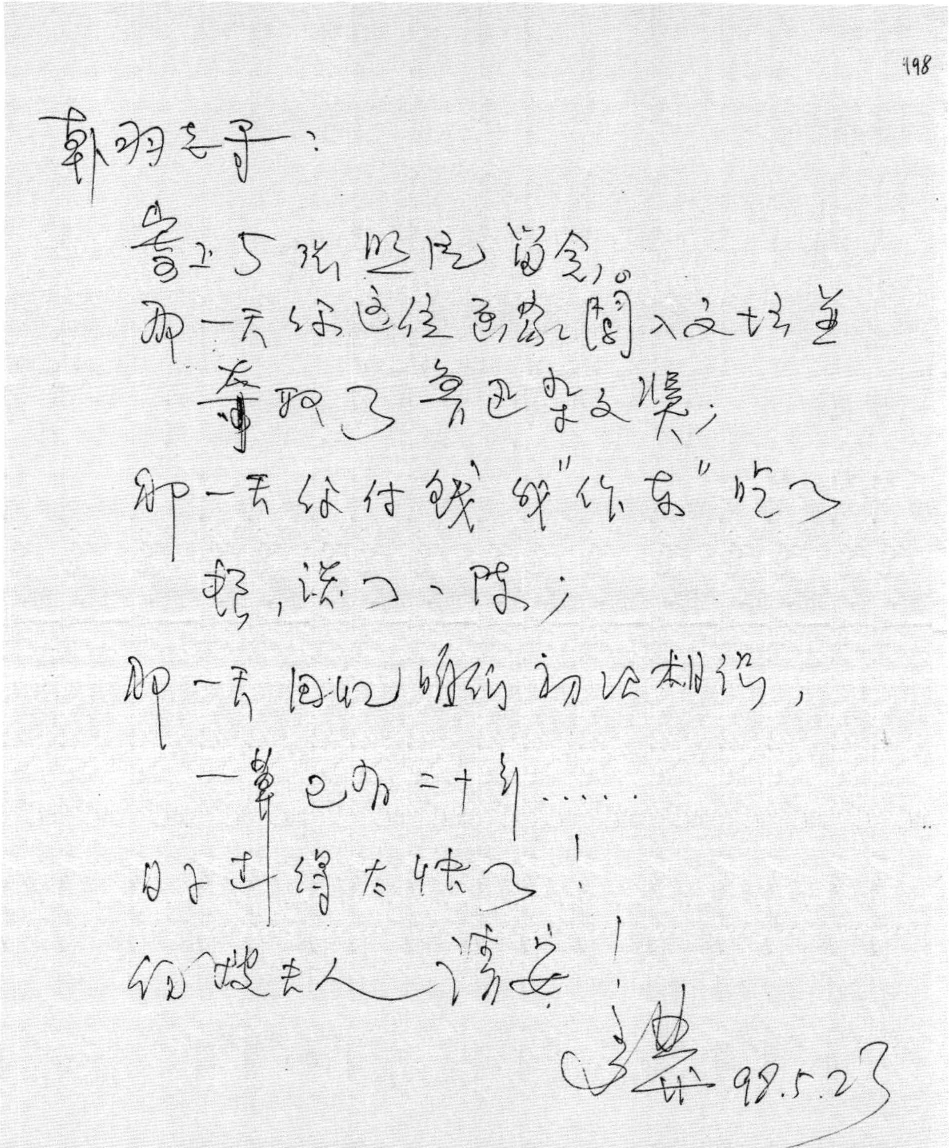

498

郭羽老哥：

寄上5张照片留念。

那一天你这位画家闯入文坛并

夺取了鲁迅文学奖；

那一天你付钱给"作家"修了

桥，添了一个阶；

那一天同我们俩初次相识，

一晃已有二十年……

日子过得太快了！

向嫂夫人请安！

高莽 98.5.23

韩羽老哥：

寄上五张照片，留念。

那一天，你这位画家闯入文坛，并夺取了鲁迅杂文奖；

那一天，你付钱，我“做东”，吃了顿，谈了一阵；

那一天，回忆咱们初次相识，一算已有二十年……

日子过得太快了！

向嫂夫人请安！

高莽

1998年5月23

札　记

1985 年在山东济南召开全国美代会。休息时结队游园。趵突泉旁有一小楼，上层状类戏台。内有或坐或立吹拉弹唱的古代仕女泥塑。大小和真人相仿佛，且是真的丝绸衣装。风一刮，簌簌作响。我悄声对高莽说："假人穿上真衣服，还真有点吓人。"他嘻嘻而笑。我问："要是晚上，你一个人敢来吗？我是不敢。"他仍嘻嘻而笑。

我俩唠嗑，大都是这类废话。可谁又有多少正经话好说？废话而又饶有兴致，以"话不投机半句多"反证之，投脾气也。

"你在草台班里登过台，是吗？讲讲京戏。"恰投我所好，信口开河，哇啦哇啦起来。可一瞅他那笑容可掬的面孔，猛然想，这多才多艺的老哥、《世界文学》的主编，说他不会唱两口京戏，我信；若说戏剧艺术中的道道儿……对了，《保尔·柯察金》一剧不就是他译的！一下子泄了底气，真后悔不该忘乎所以哇啦哇啦了。可他仍笑眯眯地一动不动地瞅着我。他在想什么呢？是不是觉着我的山东腔挺逗？

从他的一篇散文中，瞅见了我的尊容："中等身材，相当壮实，穿着一身藏青色的干部服，一双黑皮鞋。我不知道皮鞋是否合他的脚，但似乎有一点点儿别扭。他的胳膊往往弯曲着，手指间夹着一根香烟。我还见他手提一个小布包，上面绣着几个英文字，错了两个字母。"明察秋毫。我几乎笑岔了气，不知是笑他风趣得不动声色，还是笑我自己。

说起英文，惭愧。刚上中学即失学。上过几堂英语课，别的没学会，先学会了骂人：I am your father,you are my son. 小布包是外贸的一个同志送给我的。那英文字我瞅过，瞅也白瞅，不认得，当画儿看了。由此想起华君武的一幅漫画：一位上衣写着"KISS ME"的女同胞，正在狠扇一位男同胞的耳光。题为"懂洋文和不懂洋文之弊"。华老善雅谑，一个“弊”字，涉笔成趣，妙在隔靴，恰又搔到痒处。高莽没说我那小布包上的英文是什么意思，如果也是“KISS ME”之类，天哪！可就现了眼了。

高莽是翻译家、作家、画家，这为人熟知。其实他还是漫画家，而且是新中国成立以后第一个画出内部讽刺画的漫画家，正如鲁迅所说的“第一次吃螃蟹的人”。

虽然有个“鸿门宴”，可中国人表示交情还是落实到“吃”上。决心请他吃一顿。到了菜馆里，我把菜谱一递，他点了几样，却顾不得吃，尽忙着给我画像了。事后，老伴说：“高先生点的净是便宜菜。”嘿，老哥怕我手头拮据替我俭省哩。

行笔至此，忽然疑惑起我的记性来了。《保尔·柯察金》是他译的吗？我拨通电话问他，可他的第一句话是：“你还活着哩，嘻嘻嘻嘻。”

一句“你还活着哩”，使我的记性又好起来，想起了他的颇令人解颐的一段话：“有一位手相家告诉我：‘你的寿命线已经断了。’第二位看过我的手相之后，说的情况与第一位完全相同。我把他们的结论告诉了第三位。他十分认真地看了良久，斩钉截铁地说：‘他们是假冒懂手相，他们说得都不对。你的手纹很明确，你可以活到五十五岁。’那一年，我已六十出头了。”

－高莽画韩羽－

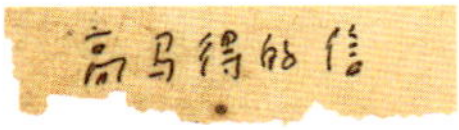
高马得的信

高马得

（1917 — 2007）江苏南京人。历任江苏省国画院专业画家，国家一级美术师，中国美术家协会会员，美协江苏分会理事，江苏快活林漫画学会名誉会长。获 1993 年中国美协漫艺会颁发的“金猴奖”荣誉奖。新中国成立前任《重庆商报》漫画专栏主编，南京《新国民画报》 主编。抗战结束后在南京报上画过连载漫画，参加过争民主反内战漫画展及延安、重庆木刻漫画联展。新中国成立后历任上海《漫画》月刊编委、《大公报》漫画专栏主编、江苏《新华日报》美术编辑。由于报社美术编辑工作需要，1957 年开始钻研戏曲速写，继之发展创作水墨戏曲人物。作品参加全国漫画展、全国美展和社会主义国家造型艺术展览。

作者与高马得（右）

韩羽兄：信收到。赶上「五一」节前节后无人办公，迟复为歉。找到毛君，他说江苏画刊去编年画了，关于大作，他说会利用的，请放心。只漫画世界之向我要山歌插画，「光画插图」，我想这是很花气力堆砌的原因吧。我这类画，是另外一路，我没学过画，谭左贵册，接受了民间美术的熏陶，从漫画入手，没有学过那套框框，从小用毛笔写字，于是不知不觉便形成这类画，与现在画学校出身，统一的模式相比，反而别树一帜了。只漫画世界之所用，

江蘇画刊

是复印后又描了一次，版子小，失去了原来趣味。

暑假中，我拟去辽宁，鞍山，大连展览，主要目的是想逃避南京史料之事。也许能去石家庄看你，没准儿，到时再说吧。

上次我有信请你把傅抱石下山寄书写画在宣纸上赠我留个纪念，来信未见提起，也许这封信没有收到吧。

今再提提说说，试试看。

不尽，顺颂

近佳！

五、五、

韩羽兄：

信收到。赶上五一，节前节后无人办公，迟复为歉。找到毛君，他现离开画刊去编年画了，关于大作，他说会刊用的，请放心。《漫画世界》向我要山歌插画，“老画重提”，我想这是经老兄推荐的原因吧。我这类画，是另外一路，我没学过画，蹲在贵州，接受了民间美术的熏陶，从漫画入手，没有学校那套框框，从小用毛笔写字，于是不知不觉便形成这类画，与现在学校出身，统一的模式相比，反而别树一帜了。《漫画世界》所用是复印又描了一次，版子小，失去了原来粗犷味。

暑假中，我拟去辽宁、鞍山、大连展览，主要目的是想逃避南京火炉之苦。也许能去石家庄看你，没准儿，到时再说吧。

上次我有信请你把僧尼下山客串图画在宣纸上赠我，留个纪念，来信未见提起，也许这封信没有收到吧。今再说说，讨讨看，不尽。顺问

近佳！

马得

5月5日

韩注　1988

札 记

方成说高马得夫妇“像一对小猫儿那么亲热，咪咪咪咪”。记得在深圳宾馆里，我们画画儿开心取乐，轮到马得了，先是大嫂裁纸，调墨，蘸墨，然后把笔递给马得，马得接笔作画，需要蘸墨了，把笔递给大嫂，大嫂再蘸墨递给马得……哇哈！赛似红袖添香也。

和马得兄嫂、方成老哥同游杭州，一日，去徐启雄家作竟日之谈。谈着谈着，高大嫂谈及“碟仙”，大伙来了兴致，欲以验证一看究竟。至晚，争先恐后参拜如仪，各问休咎。启雄伉俪一惊一乍，方成老哥倾心拜服，我则疑信参半。独马得坐于一隅充耳不闻，我伸出拇指赞他“子不语：怪、力、乱、神”，岂料老兄口吐二字：“我怕！”

中国画研究院为叶浅予先生举办创作回顾展。包立民热心从外地邀来廖冰兄、高马得夫妇，我也忝列其间。晚上没事，叶老回家中，其千金明明打开画室，搞起笔会来。廖公老将出马，率先挥毫，画了一将军把一小卒打翻在地，题道：“小卒莫自卑，大将休神气，下回再登台，难保不调位。”高大嫂属虎，要我画虎，苦辞不允，勉为其难，也效颦题句：“山中老虎嗷嗷叫，听了把人吓一跳。今儿画虎难死我，全怪南京高大嫂。”第二天，叶老问：“谁去我的画室了？”

信中有“上次我有信请你把《僧尼下山客串图》画在宣纸上赠我”一语，想起来了，此画刊登在《文艺报》上，画中尼姑是马得，和尚是在下，文字说明是“马得盛赞南昆，言及《下山》之风趣，嘱吾画之。吾想两个戏迷何妨客串一番，当更能过得戏瘾。马得善描女性，当亦善扮尼姑，丑和尚则非我莫属”。

由“盛赞南昆”又想及南瓜粥。马得兄备南瓜粥、腐乳、酱菜款待。斗室灯下，相对围坐，“双手捧碗，缩颈而啜之”，此趣曾为板桥所道及。

－詹同画高马得、韩羽－

－韩羽画韩羽与高马得－

郭振华的信

郭振华

（1931 — ）山西人。书籍装帧专家。毕业于中央美术学院。曾任人民出版社美术编辑组组长。编有《中国文艺作品插图选集》。插图作品有《我的第一个上级》等。

生活·讀書·新知 三联书店

北京朝内大街一六六号

香港分店：中环域多利皇后街九号

编号：　字第　号第　页

日期：　年　月　日

字得不俗，不高、

耒耜兄：

弟已返回北京。又在北于日前大书房。发在《新观察》上的文章，使弟十分不安，——一个短文，开出这么两千字。人家会改写几句话。这儿不少人说好。也有的说不够出然。总而言之，求我兄原谅。

期刊的事：想出老傅云差团结，借他们的影响。或写一些现成的印刷资料付刊前，以后他们开会时，会下来——也便已来画多次，论种，讨论，参加会议上定。主要作向见，多有意见放，有高手写，多给韩羽去一来！直的办，送那目录，弟却送了人，又不能寄一些信和给弟了，了，

这里有几位想讨这回去，（人倒是好人）以后再送。　又：尊兄留弟处一些画，很好，

生活·讀書·新知 三联书店
北京朝内大街一六六号
香港分店：中环域多利皇后街九号

编号：　　字第　　号第　　页
日期：　　　年　　月　　日

不因我是专家，又以反思。或有的作家
已遭友的处理。
拜读《中国之字》一文，特说：
「中国之瑰国天地宽」，其中第五人物
是英、德、非。（也是在新纪元开始年的成绩。）
河北人是 是辛明的名教了。是
他的部下！人家说他「王子、国民完好」。
我是是一位有主见的人。属
实！

振华 敬上

韩羽兄：

弟已返回北京。又在忙于日常杂务。发在《新观察》上的文章，使弟十分不安，——一个夜车，开出这么两千字。人家只改去几句话。这里不少人说好。也有的说“不够幽默”。总而言之，写得不深、不高，求我兄原谅。

湖南的事，想等老潘出差回来，借他拍的彩片。或寄一些现成的印刷资料给湖南，以便他们开会时定下来——他们已来函要资料，说社务会议上定。主要倾向是“要百花齐放，百家争鸣，要给韩羽出一本！”怎么办？连兄那目录弟都送了人，可否寄一些资料给弟？

这里有几位想讨兄的画（人倒是好人），以后再说。

又：前兄留弟处一些画，很好，下回我兄来京，可以取回，或有的作为赠友的处理。

弟为《中国画》写一文，畅谈“国画插图天地宽”，其中重点人物是叶、潘、韩。（也是在敦煌开夜车的成绩。）

河北人美吴守明同志来了，是您的部下，人家说您“不干，回保定了”。我兄是一位有主见的人，候

复！

振华 匆上

韩注 1984

札　记

每遇郭振华，我话多，他话少，总是笑眯眯地盯着我。偶尔插话，也是慢吞吞的，冷不丁一句隽语，以少少许，胜我多多许。

我写字画画，人说是“野狐禅”，到底怎么“野”，我也弄不清，好在有个“禅”字，聊以自慰。但终究不是科班，胡涂乱抹，心里没底。忽而气壮如牛，忽而胆小如鼠。这一切他大概都看到眼里了，于是慢吞吞发话了，绕来绕去了，你猜怎么的，竟将我给绕成了“胆欲大而心欲细”，弄得我似乎也真的有点相信了，于是破涕为笑。

信中有“湖南的事”一语，这是“为他人做嫁衣”，“他人”者，在下也。振华是新中国成立后中央美术学院首届毕业生，书籍装帧专家，资深编辑，在出版界广交游，而我处偏僻外省，有类“拘墟”，遇有出版机会，每每尽心相助，厚施而薄望，手捧旧札，感于中，发乎外，脱口而呼：真够哥儿们！

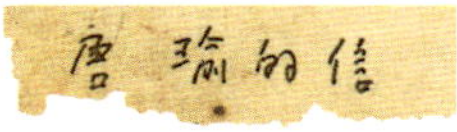

唐 瑜

（1912 — 2010）广东潮阳人。别名阿郎。中国早期报人，左联作家，二流堂堂主。1927 年秋参加八一南昌起义的部队进军汕头时，读到郭沫若发表在《岭东民国日报》的《红军进入了汕头市》一文，深受教育鼓舞。同年冬离开家乡，走向社会。1929 年从缅甸仰光回到上海，经潘汉年安排去西门书店工作。1930 年 4 月，潘汉年带领他去牛庄路浙宁大楼中国左翼作家联盟的秘密办公处工作，在那里“料理杂务”。同年 5 月 30 日参加五卅示威游行，不幸被捕，坐牢半年，经营救出狱后，继续为革命工作，他的住处是党的秘密联络点，为党传递秘密文件。1932 年一・二八事变后，左联重要成员沈端先、钱杏邨、郑伯奇根据党的指示打入电影界，领导开展左翼电影运动。从此在他们领导下从事电影评论和电影副刊编辑工作。现与妻子定居北京昌平区。

作者与唐瑜（左）

韩羽兄：

我昨日返京。

香港文汇报最近新出一彩色四开画报《华萃》，每星期随报附送。

文汇托我向你组稿，我提出一个方案：是否可以请你每期画一京剧的人或事，借古讽喻今，写一二百字配上，我这样乱点菜，你以为如何？

如你同意，近日是否可先寄二三个给我？

我现迁住虎坊路甲15号四单元502号，（光明日报侧对面）。

盼赐复

唐瑜 7.24

北京市电车公司印刷厂出品 84.4 （1478）

韩羽兄：

我昨日返京。

香港《文汇报》最近新出一彩色四开画报《华萃》，每星期四随报附送。

《文汇》托我向你组稿，我提出一个方案：是否可以请你每期画一京剧的人或事，借古誉、喻、讽今，写一二百字配上，我这样乱点菜，你以为如何？

如你同意，近日是否可先寄二三“个”给我？

我现迁住虎坊路甲15号4单元502号（《光明日报》侧对面）

盼赐复

弟唐瑜

7月24日

韩注 1991

札　记

和米谷前辈去看望叶浅予老人，一进门，见房中另有一老人。那老人冲米谷点了点头，再无一语。后来米谷告诉我，他叫唐瑜，在“三反”“五反”运动中被打成“老虎”（贪污分子）。后经查对账目，别的“老虎”从国库里掏钞票往自己腰包里装，可他是从自己腰包里掏钞票往国库里装（为公家购买的幻灯器材大多都是用的他自己的钱）。

方成、钟灵二位老哥晚上带我去串门，这家有个大院子，院中人影幢幢，或坐或立，三三两两，说说笑笑，还有桌案酒菜之物。方、钟逢人便打招呼，我则两眼乌黑，一个也不认得。钟灵对我说：“你知道这是谁家吗，是唐瑜家。”嘿，又是那位老先生，这回连个人影儿也没见到。钟又说：“他就是‘二流堂’堂主。”

再次去他家，临去前笑英大嫂嘱咐我“不要让米谷吃酒”，原来又是相聚小酌。丁聪、龚之方二老已先到了，还有初次相识的赵沨先生。既是吃酒，我也叨陪末座。闲话间，唐老先生冲我笑了笑，指指嘴：“我是无耻（齿）之徒。”嘿，老先生蛮风趣哩。

好长时间没再见面，忽然接到他的信，原来他去香港了，仍在惦记关照我这后生，帮我在香港发表作品。信中谆谆叮嘱“画京剧的人或事，借古讽今”。至今尚记得曾画了一幅虞姬，为了借古讽今，还附了一小诗：“楚帐中宵剑器舞，斗酒和泪垓下歌。末路英雄应自慰，虞兮远胜吕雉多。”

这个“二流堂”，到底算个啥名堂？在“文化大革命”中竟惹得“四人帮”如临大敌大肆挞伐。“二流堂”成员郁风先生说：“‘二流堂’不比忠义堂，梁山泊好汉们是自以为荣、信誓旦旦、自愿结盟的实体。‘二流堂’却只是一个偶然的玩笑，竟然演变成煞有介事的被假定的实体，甚至轰动一时，谈虎色变。可谁也说不清哪年哪月成立，究竟有多少成员。

不管怎样吧，它毕竟也是个‘堂’呀！至少，比高俅的白虎堂正派，比贾似道的半闲堂干净（那里有鬼），比袁世凯的居仁堂仁义。它不卖膏药，不同于同仁堂，它不搞甲骨文，也不同于郭鼎堂（郭鼎堂即最早给‘二流堂’命名的郭沫若）。”

堂主一言以蔽之：“本来无一物，何处落尘埃。”

说到“二流堂”堂主本人，邵燕祥转述夏衍的话：“像唐瑜这样的好人，今后再也找不到了！”

黄永厚的信

黄永厚

（1928 — ）湖南省凤凰县人，土家族。当过文艺兵，教过书（从小学到大学），后为专职画家。

作者与黄永厚（左）

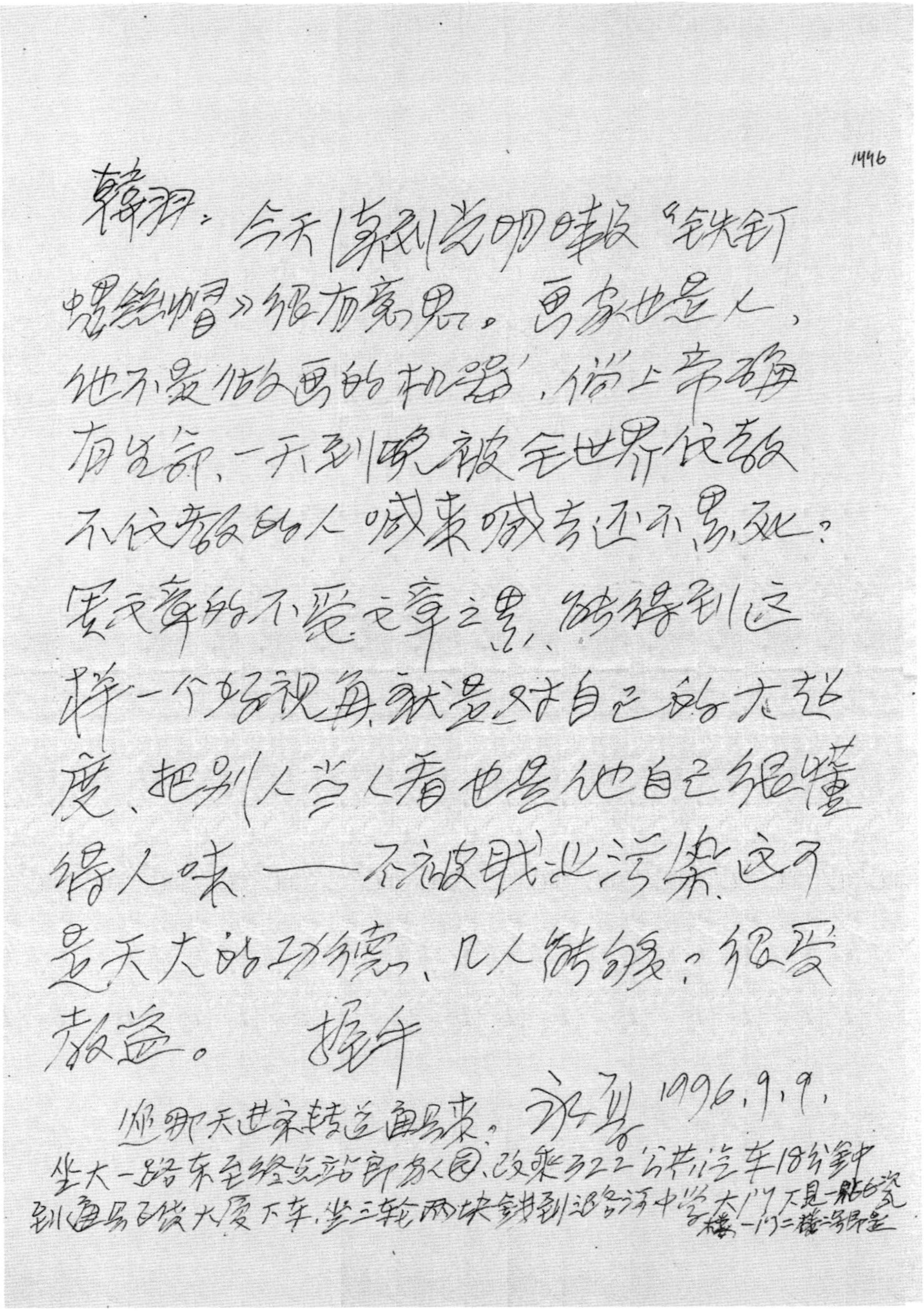

1996

韩羽：今天读到光明日报《铁钉螺丝帽》很有意思。画家也是人，他不是做画的机器，倘上帝确有生命，一天到晚被全世界信教不信教的人喊来喊去还不累死？写文章的不忘文章之累，能得到这样一个好视角，就是对自己的态度，把别人当人看也是他自己很懂得人味——不被职业污染，这可是天大的功德，几人能够？很受教益。握手

盼哪天进京转道直来。永厚 1996.9.9.

坐大一路东至终点站郎家园，改乘322公共汽车18分钟到通县百货大厦下车，坐三轮两块钱到潞河中学大门，大是一般白瓷楼，一门二楼[illegible]

韩羽：

今天读到《光明日报》《铁钉螺丝帽》很有意思。画家也是人，他不是做画的机器，倘上帝确有生命，一天到晚被全世界信教、不信教的人喊来喊去，还不累死？写文章的不受文章之累，能得到这样一个好视角，就是对自己的大超度。把别人当人看也是他自己很懂得人味——不被职业污染，这可是天大的功德，几人能够？很受教益。握手

永厚

1996年9月9日

您哪天进京转道通县来？坐大一路东至终点站郎家园，改乘322公共汽车，十八分钟到通县百货大厦下车，坐三轮两块钱到潞河中学大门下，见一贴白瓷楼，一门二楼二号即是。

札 记

去永厚家串门，永厚告以陈年老茶、新出缸酒相待。我问：“此客套话欤？抑实话实说欤？”哈哈一笑。我正出书苦于无有书名，这一笑，书名有了：“陈茶新酒集”。意谓纵使茶陈酒新，终是茶酒，聊胜于无，何况将“陈”“新”颠倒个过儿，不即上上品乎。

永厚搬迁通州，驱车往访（借朋友车摆阔），电话中相约在某十字街口碰头。见面后，距家还有一段路程，邀他上车，坚拒，定要徒步前导，作“识途老马”。我们放慢车速，他则健步如飞，欲与车轮争高低，亦一乐也。

偶尔通电话，电话中永厚的湘西乡音，十有五六我听不懂，聋子打岔，不懂装懂，听他那认真且激昂慷慨的声腔，亦一乐也。

永厚之文之画，每逢必读，读后必笑，笑后必有所悟。他曾画“郑康成家的婢子”，题为“婢，诗意地栖居在泥淖”。白石老人也画过“郑康成家的婢子”，题诗：“曲栏杆外有笑声，风过衣香细细生，旧梦有情偏记得，自称侬是郑康成。”皆出自《世说新语》。且看《世说新语》：“郑玄家奴婢皆读书。尝使一婢，不称旨，将挞之，方自陈说，玄怒，使人曳着泥中。须臾，复又一婢来，问曰：‘胡为乎泥中？’答曰：‘薄言往诉，逢彼之怒。’”（问答皆《诗经》语）。白石老人看到的“郑家婢子”是满腹才学。永厚从“郑家婢子”的满腹才学里看到了蒙昧。

这封信又要我去通州，我自作多情起来，莫非他也想我哩。

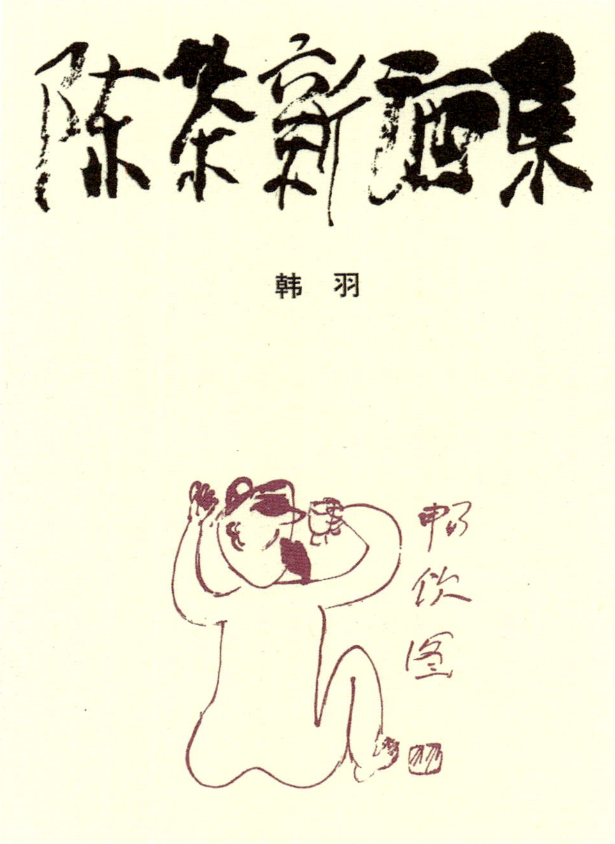

《陈茶新酒集》封面

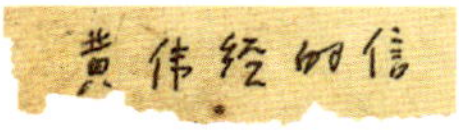

黄伟经

（1932— ）广东梅县人。曾用笔名于杨、于宇。编辑家、翻译家。生于农民家庭，中学毕业后开始散文特写的创作，1953年任《南方日报》记者，同年进北京俄语学院学习，1957年毕业，到广州《羊城晚报》工作，历任国际版编辑、记者组长、新闻采访部副主任等职。“文革”中被迫搁笔。1979年起任花城出版社散文编辑室主任至今。1981年至1983年主编《花城译作》，1980年起任《随笔》主编。1983年加入中国作协。20世纪50年代末开始发表译作，有《一条金钥匙》《52号地区》《深入虎穴》。80年代用俄文翻译了俄国屠格涅夫的散文诗集《爱之路》、小说《猎人手记》《罗亭》《贵族之家》《父与子》《前夜》《初恋》，有的译本甚受欢迎。所主编的《随笔》，很有特色，深受散文界和广大知识分子好评。作为责任编辑编发了不少散文集，尤以《钱锺书论学文选》受到学术界重视。在各地报刊发表过一些散文。

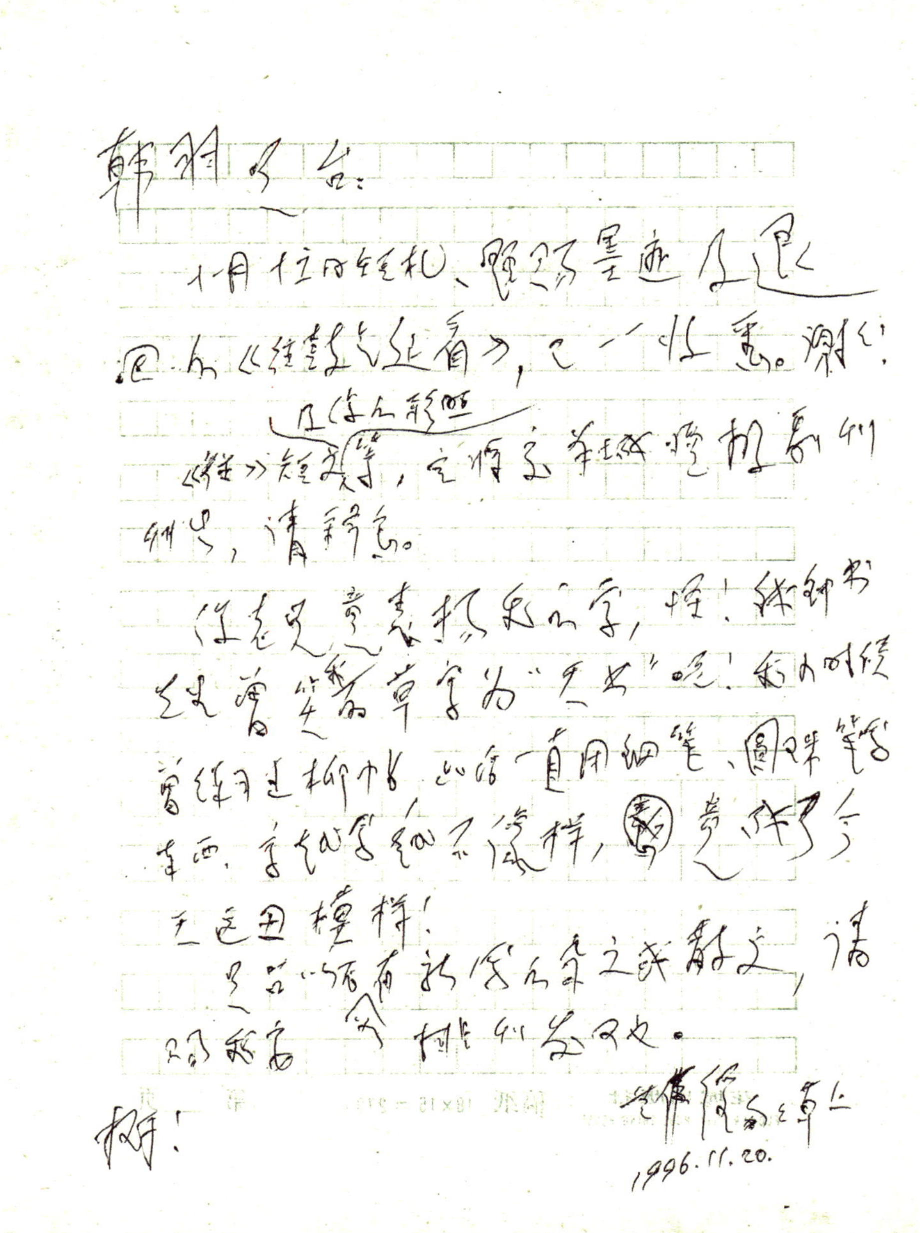

韩羽兄台：

十月十五日手札、赠送墨迹及退回的《[illegible]》，已一一收悉。谢谢！

《随》短文等以及你的彩照，它将在年底或明年初刊出，请释念。

你竟说竟素描我的字，怪！钱钟书先生曾笑称我的草字为"天书"呢！我小时候曾练习过柳体，以后一直用细笔、圆珠笔等书写，字越写越不像样，真是坏了字的模样！

又：若以后有新作之杂文或散文，请赐我，会排发的。

撰好！

黄伟经敬上

1996.11.20.

韩羽兄台：

11月13日短札，题赐墨迹及退回的《往鼓气处看》已一一收悉，谢谢。

《往》短文及你的彩照等，定将交《羊城晚报》副刊刊出，请释念。

你老兄竟表扬我的字，怪！钱锺书先生曾笑我的草字为“天书”呢！我小时候曾练习过柳帖，此后一直用细笔、圆珠笔写东西，字越写越不像样，竟成了今天这丑模样！

兄台以后如有新写的杂文或散文，请赐我安排刊发可也。

握手！

黄伟经　匆匆草上

1996年11月20日

札　记

伟经兄信札中的字对我颇有吸引力，玩之不倦。我告诉了他，没想到他回答了一个字：“怪！”又说：“钱锺书先生曾笑我的草字为‘天书’。”他的表白是“字越写越不像样，竟成了今天这丑模样。”那个“怪”字，当是说我，因为钱先生笑之为“天书”，我却视之为“天趣”。

无独有偶，三十多年前我在河北工艺美术学校当教师，收发室的收发员是个半文盲的老大妈。每当来了挂号信或邮包时，就把接收人的名字写在小黑板上，那黑板上的字对我也颇有吸引力，每经过大门口，总对那黑板瞅来瞅去。收发老大妈问我：“韩老师，你总往黑板上瞅，瞅什么哩？”我说：“瞅你写的字哩。”边说边竖了竖大拇指。老大妈说：“你们当老师的到底是文化人，骂人不带脏字。”我是真心真意地赞佩她，她是真心真意地认为我是取笑她。

这很好笑，却又说不清楚之所以然。不解，强解之，老子曰：“天下皆知美之为美，斯恶已。”且仿效其话：“无心追求美之为美，斯美已。”继而又废然而叹：隔靴搔痒。

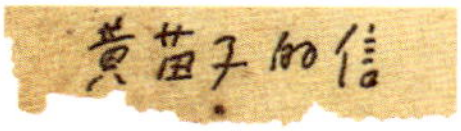

黄苗子

（1913 — 2012）广东中山人，曾在广州美专习画。20 世纪 30 年代任职于当时的上海市政府，喜爱漫画，1936 年被推选为全国漫画展览会筹备委员。其间作品有《狐假虎威》《国内古董》《新傀儡图》《哲学家四题》《特伟漫像》等，论著有《我的漫画理论》《读漫画》《漫画的表现方法》《廖冰兄的漫画展》等。新中国成立后曾任人民美术出版社编辑，全国政协文史资料委员会委员，全国文联委员，中国美术家协会理事，北京书学研究会理事等职务。著作有《古美术杂记》《黄苗子散文》《货郎集》《种瓜得豆》《画坛诗友录》《苗老汉聊天》等。

作者与黄苗子（左）

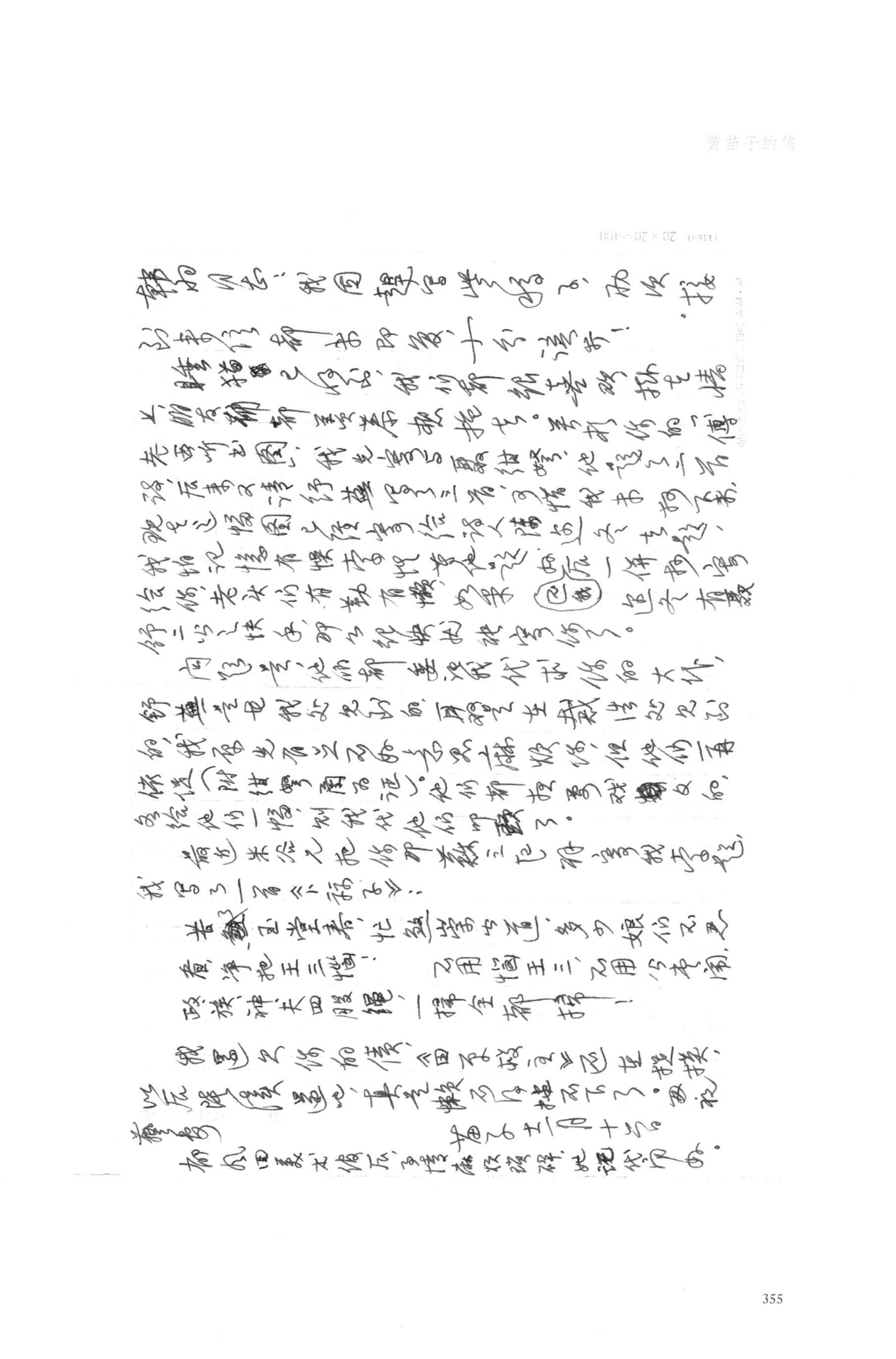

[illegible]

韩羽同志：

我因赶写些稿子，两次接到来信都未即复，十分该打！

《睡猫》已收到，我们都很喜欢，挂在墙上，朋友们都羡慕想抢去。关于你的《傅老西听书图》，我先寄与聂绀弩，他题了二首诗，后来又请舒芜写了三首，可惜我未抄下来。现在这幅图已经寄给诗人陈迩冬去题，我怕记忆有误，索性等他题好还我后一并抄寄给你。老头们有勤有懒，如果迩冬有聂、舒二公之快手，那么很快就能寄你了。

问题是他们都委托我代求你的大作，舒芜是在我处见到的，聂是在戴浩处见到的，我原先有点不好意思麻烦你，但他们一再催促（附绀弩函为证）。他们都想要戏文的，各给他们一幅，则我代他们叩头了。

最近米谷兄把你那《苏三起解》寄我索题，我写了一首《卜算子》：

苦了玉堂春，忙煞崇公道，多少娘们不忍看，净把王三恼！

不用恼王三，不用公堂闹，政、族、神、夫四股绳，一扫全都扫！

我还欠你的债，《田单救主》还在捉摸，以后陆续还吧，真是懒不得拖不下了。匆祝艺安

苗子

12月16日

郁风回美术馆后，事情麻烦琐碎，她托代问好。

韩注　1977

札　记

揪出“四人帮”后，我在教课之余，画了些戏曲画。文坛前辈们看了戏曲画，也来了兴致，在画上题诗题词。伯乐一顾，驽马也知奋蹄，画兴更大了。

最早题跋的是黄苗子先生，题《窦尔敦》：“山东好汉窦尔敦，绿脸红须吓煞人。探山天霸送出门，讲慈仁，一半儿英雄一半儿蠢。”（调寄一半儿）。我从来都把窦尔敦看作英雄，苗子先生却从“英雄”里看出了“蠢”，一语点拨，如醍醐灌顶，从此每当审视戏台上人物或戏台下人物，总不忘记从正面看了再从反面看看。

读《题〈断桥相会图〉》：“无情无义无肝胆，要他何用将他斩，一做二不休，休教刀下留！乞怜还乞恕，跟着妖婆去。岂是两情投，无非怕砍头。”“妖婆”明指白娘子，实又不是白娘子，是谁？尽人皆能意会的。可是跟着妖婆去的许仙又指的是谁？逗人思摸。猜测半晌，影影绰绰，疑似之间，恍然有得。欣然拍案，举一大白，加一小注：“按图实难索骥，解人自能妙悟。”

偶于报端见《韩羽画戏·漫题一绝》：“看戏何曾解戏文，眼花只见人打人，打到难分难解处，可曾真见是非分。”看戏的黄公说的虽是家常话，实是大彻大悟，勘破玄黄。尤其“眼花只见人打人”一语，令人玩味不尽。

《后唐宋体诗话》的作者王尚文先生说：“黄苗子诗不可学，因其艺术基因不能移植也。其艺术之高超难学，正在若即若离、似是似非、指桑指槐之间，热血喷涌、激情燃烧而有所节制，虽有所节制而又能言其所欲言。”深有感于是言。

时光荏苒，转瞬又是三十多年，黄苗子、聂绀弩、吴祖光、荒芜、陈迩冬、舒芜等为拙画题诗诸公相继谢世，我也成了八十多岁的老头儿，每思及，惘然怅然。曾诌得顺口溜数行：

小画一张张，
诗句一行行，
形而下加形而上。
本是纸上傀儡，
却能言人之所未言，
想人之所未想。
嬉笑怒骂，
皆成文章。
谁为点石成金，
文坛宿将。

你在唐來
我在漢，糊
裡糊塗刀對
鐧，憑空怎的
打一場，都為
肚皮掙碗飯。
戲場自古
多虛幻，樣
板而今不樣
板，當年文
苑竊紅旗，
今日鐵窗囚
女犯。
調寄玉樓
春 一九七七年
題韓羽畫關
公戰秦琼圖
苗子

《关公战秦琼》

－黄苗子题－

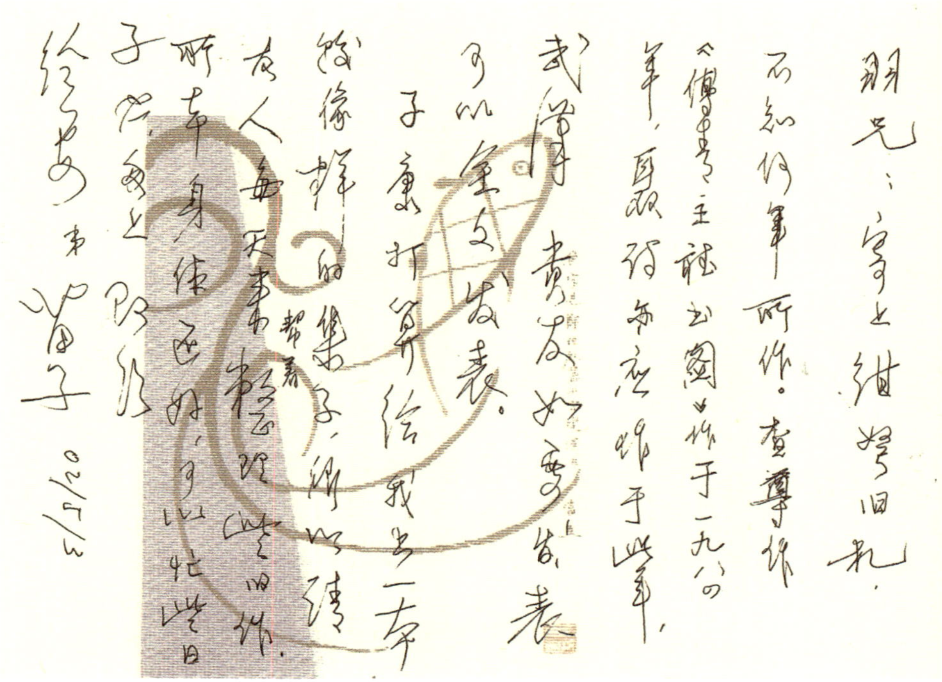

羽光：寄上绀弩旧札，
不知何年所作。查聂作
《传奇书主题出国》作于一九八○
年，聂跋语每应作于此年，
或得贵友如要发表
可以全文发表。
子康打算给我出一本
较像样的集子，须以请
友人每天来帮着整理些旧作。
所幸身体还好，可以忙些日
子。你要之[illegible]
给你寄来
苗子　02/5/6

羽兄：

寄上绀弩旧札，不知何年所作。查尊作《傅青主听书图》作于1984年，聂诗亦应作于此年。武汉贵友如要发表，可以全文发表。

子康打算给我出一本较像样的集子，所以请友人每天来帮着整理些旧作，所幸身体还好，可以忙些日子也，匆上，即颂

绘安

弟苗子

2002年5月3日

（信中1984年应为1977年。——编者注）

札　记

信中所提“绀弩旧札”是1977年10月10日聂绀弩写给黄苗子的，多年之后，黄公整理旧物偶然翻拣出来，因此信与我有关，黄公把信的复印件寄给了我。恰恰此时湖北省的一家出版社正准备出版《聂绀弩全集》，周翼南兄来信征集有关聂公的诗文信札。济南的侯井天先生为《聂绀弩旧体诗全编》也曾来函，这封信正好提供给他们，然而……

且看信的开头：“苗公，信收到。你称我为诗伯，伯者霸也。现在国际反霸甚烈，我若被认为霸，虽只是诗霸，也可能导向处境不利。此外也和实际不合，我诗一片适风乔绳愈言，未足云诗，况于霸乎？”

“一片适风乔绳愈言”，是什么意思？懵然不解。适好友金韬来串门，提起此事，他一看信也皱起眉头，我鼓动他：“你脑子灵，回去思摸思摸。”几天以后，他兴奋地打来电话说：“解开了。‘我诗一片适风乔绳愈言’的‘适’，指胡适，‘风’指胡风，‘乔’指胡乔木，‘绳’指胡绳，‘愈’指胡愈之，都姓胡，这句话就是‘我诗一片胡言’。”

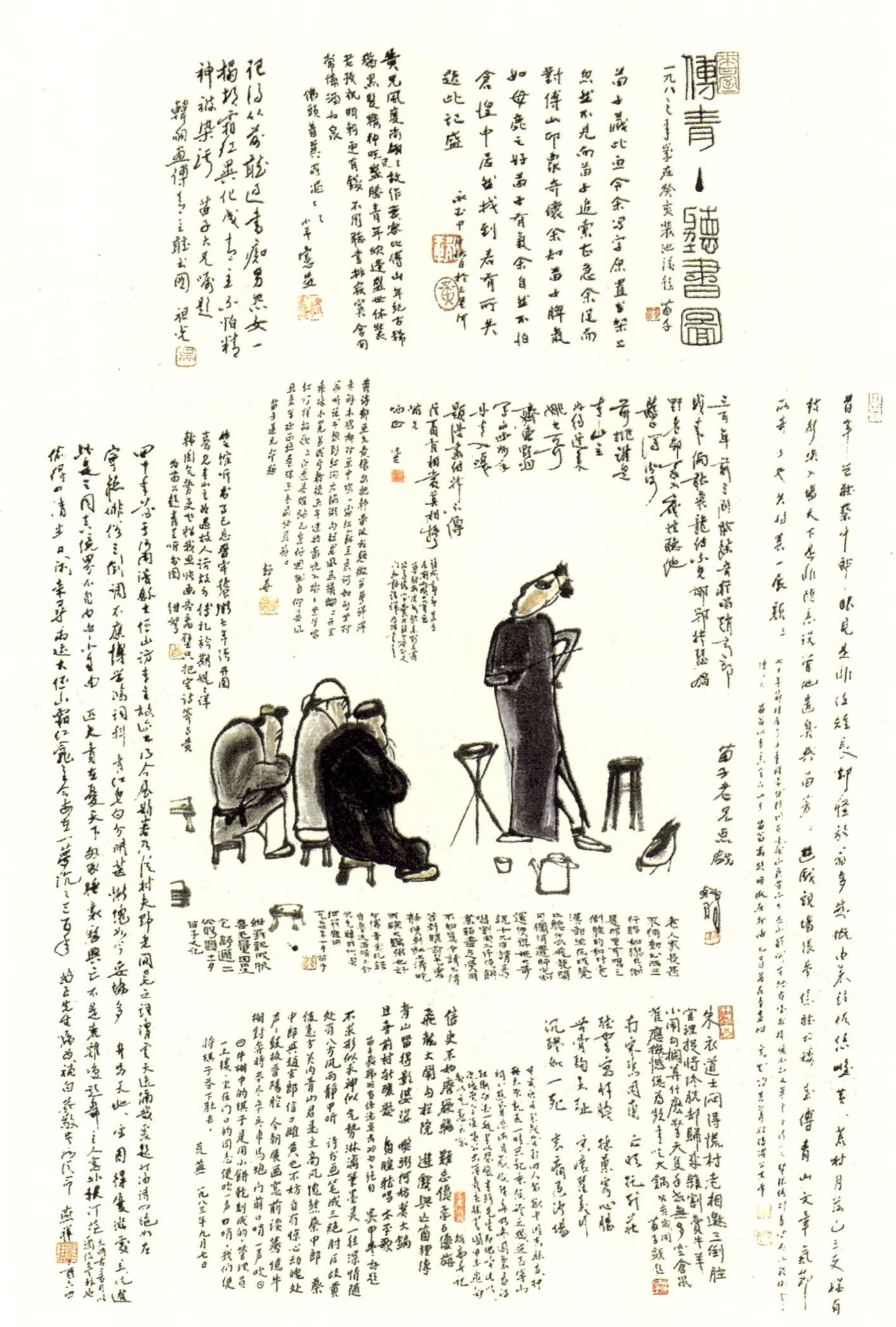

《傅青主听书图》

— 韩羽画 —

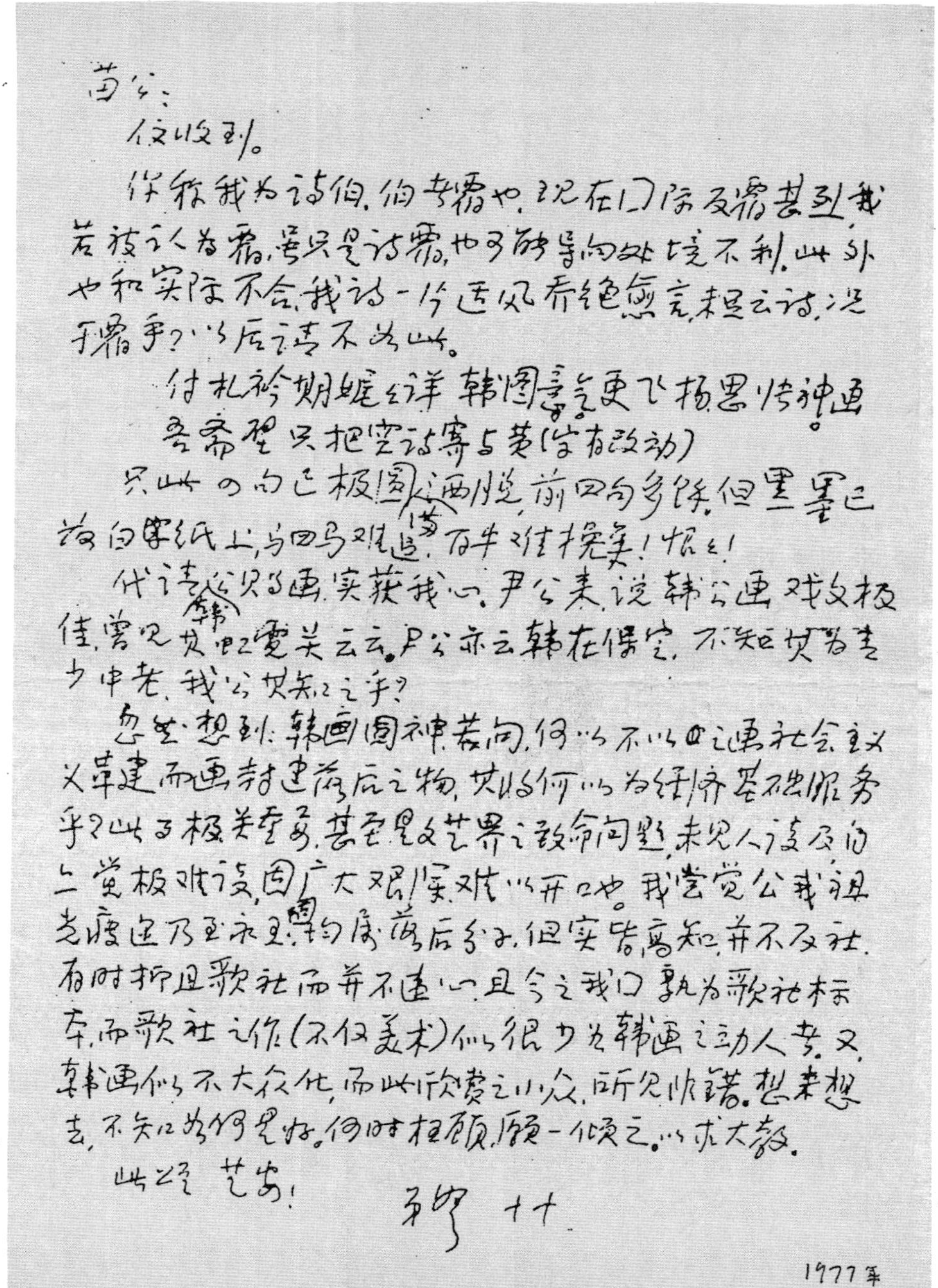

苗公：

仅收到。

你称我为诗伯，伯者霸也，现在门前反霸甚烈，我若被认为霸，虽只是诗霸，也可能导向处境不利。此外也和实际不合，我诗一片透风香绝无之粗豆诗，况于霸乎？以后请不如此。

付札衿期婉幻详 韩图寄气更飞扬思传神画
吾斋望只把空诗寄与黄（字有改动）

只此四句已极圆通洒脱，前四句多馀。但黑墨已落白宣纸上，与四马难追，百年难挽矣！恨恨！

代诗公只写画，实获我心。尹公来，说韩公画戏文极佳，尝见其韩虹霓关云云。尹公亦云韩在保定，不知其为青少中老，我公其知之乎？

忽然想到：韩画固神采向，何以不以之画社会主义革建而画封建落后之物，其将何以为经济基础服务乎？此为极关重要，甚至是文艺界之致命问题，未见人谈及，自己觉极难谈，因广大观众难以开口也。我尝觉公我祖先虔诚乃至永远均属落后分子，但实皆高知，并不反社，有时抑且歌社而并不违心。且今之我们孰为歌社标本，而歌社之作（不仅美术）似很少为韩画之动人者。又韩画似不大众化，而此欣赏之小众，所见亦错。想来想去，不知如何是好。何时拟颇愿一倾之，以求大教。

此致 艺安！

弩 十十.

1977年

苗公：

信收到。

你称我为诗伯，伯者霸也。现在国际反霸甚烈，我若被认为霸，虽只是诗霸，也可能导向处境不利。此外也和实际不合，我诗一片适风乔绳愈言，未足云诗，况于霸乎？以后请不如此。

傅札衿期娓娓详，
韩图意气更飞扬。
思张神画吾斋壁，
只把空诗寄与黄（字有改动）。

只此四句已极圆满洒脱，前四句多余，但黑墨已落白纸上，驷马难追，百牛难挽矣！恨恨！

代请韩公赐画，实获我心。尹公来，说韩公画戏文极佳，曾见其《虹霓关》云云。尹公亦云韩在保定，不知其为青、少、中、老，我公其知之乎？

忽然想到，韩画固神，若问：何以不以之画社会主义革建，而画封建落后之物，其将何以为经济基础服务乎？此事极关重要，甚至是文艺界之致命问题。未见人谈及，自亦觉极难谈，因广大艰深，难以开口也。我尝觉公、我、祖光、瘦、迩乃至永玉，固均属落后分子，但实皆高知，并不反社，有的抑且歌社而并不违心，且今之我国孰为歌社标本，而歌社之作（不仅美术）似很少如韩画之动人者。又，韩画似不大众化，而此欣赏之小众，所见非错。想来想去，不知如何是好。何时枉顾，愿一倾之，以求大教。

此颂

艺安！

弟弩

1977年10月10日

（信中之祖光、永玉为吴祖光、黄永玉；尹公、瘦为尹瘦石；迩、韩为陈迩冬、韩羽。——编者注）

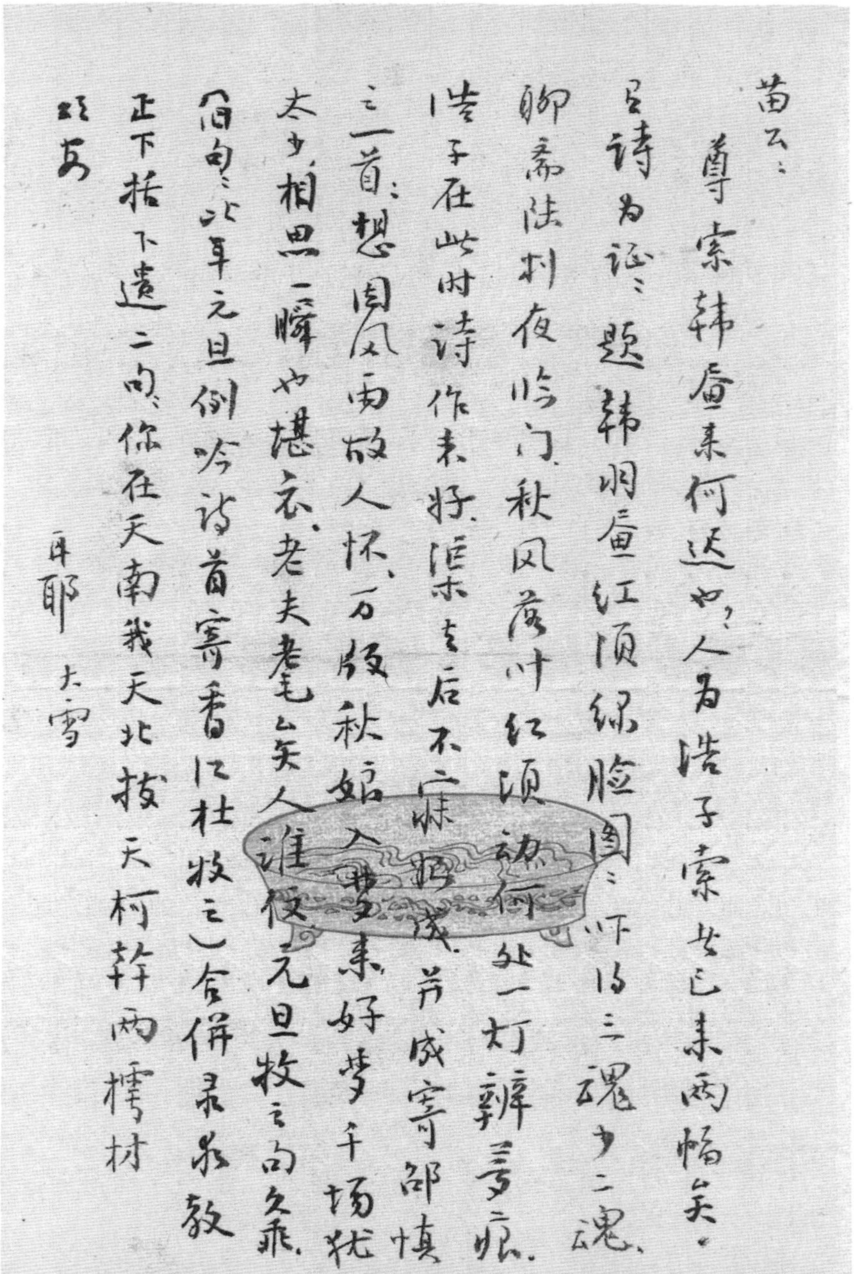

苗子：

尊索韩画来何送也，人为浩子索去已来两幅矣。只诗为证：题韩明画红顶绿脸图，"怀伤三魂少二魂，聊斋法判夜临门。秋风落叶红顶动，何处一灯辨旧痕。"浩子在此时诗作未好，渠去后不来，斯诗成寄邵慎之一首：想同风雨故人怀，万般秋绪入梦来。好梦千场犹太少，相思一瞬也堪哀。老夫耄矣人谁使，元旦牧之句久乖。（旧句："北年元旦倒吟诗，首寄香江杜牧之。"）今并录求教正下括下遗二句，你在天南我天北，按天柯莽两樗材

此致

耳耶 大雪

苗公：

尊索韩画来何迟也？人为浩子索者已来两幅矣。有诗为证：题韩羽画红须绿脸图：“吓得三魂少二魂，聊斋陆判夜临门。秋风落叶红须动，何处一灯辨梦痕。”浩子在此时诗作未好，渠去后，不寐始成。并寄邵慎之一首：“定因风雨故人怀，万版秋娘入梦来。好梦千场犹恨少，相思一寸也该灰。老夫耄矣人谁信，微子去之迹近哀”（旧句：“比年元旦例吟诗，首寄香江杜牧之”）合并录求教正下括下遗二句：“君在天南我天北，拔天柯干两樗材”。

颂安

耳耶 大雪

注：寄邵慎之（高旅）诗句，依照《散宜生诗》抄录。

札　记

因搬家，发现一束尘封多年的信札，中有聂绀弩写给黄苗子的信，是苗公转寄给我的。信中谓“人为浩子索者已来两幅矣，有诗为证：题韩羽画红须绿脸图：‘吓得三魂少二魂，聊斋陆判夜临门。秋风落叶红须动，何处一灯辨梦痕。’”我曾为浩子（戴浩）画过“窦尔敦”，此诗为应浩子之求而作。

我也存有一幅聂公为之题诗的“窦尔敦”，一五古，一七绝。其七绝为“吓得三魂少二魂，聊斋陆判夜敲门。君魂自有红须发，万缕飘萧画二敦。”

就信中“浩子在此时诗作未好，渠去后，不寐始成”看，为浩子题画在前，为我题画在后。本为一诗，而前后词句有异，前辈复为推敲，意在勉励后学也。戋戋小画，何幸得巨眼之顾。

此信写于 1977 年，距今已三十有五载，聂黄二公，均归道山，默对手迹，如闻笛山阳。

《窦尔敦》

－聂绀弩题，韩羽画－

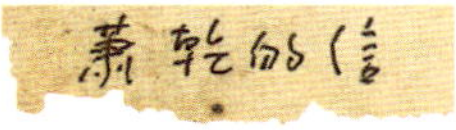

萧　乾

（1909 — 1999）黑龙江兴安岭人（今属内蒙古），蒙古族。生于北京。原名萧秉乾。作家、编辑家、翻译家。自幼半工半读，当过学徒、中学教员。20 世纪 30 年代初在燕京大学新闻系学习时开始发表小说。1935 年大学毕业后在天津、上海、香港主编《大公报》文艺副刊。在此期间出版了大学毕业论文《书评研究》、散文集《小树叶》和短篇小说集《篱下集》《栗子》《落日》《灰烬》《创作四试》，尤以长篇小说《梦之谷》（1938）著名。1939 年到英国，先后任伦敦大学东方学院讲师、剑桥大学英文系研究生、《大公报》驻英国特派员兼记者。其间出版英文著作《苦难时代的蚀刻》等五种。1946 年回国，在《大公报》负责国际问题评论，并任复旦大学教授。其间出版散文集《珍珠米》、报告文学集《人生采访》。1948 年到香港《大公报》工作，次年参加该报社起义。新中国成立后历任英文版《人民中国》副主编、《译文》编辑部副主任、《文艺报》副主编。1957 年被错划为“右派”。1961 年调人民文学出版社任编辑。“四人帮”垮台后任全国政协委员。1988 年任中央文史馆馆长。新中国成立初出版的报告特写集《土地回老家》记录土改运动，曾被译成法、日、德多种文字。新中国成立后主要译作有捷克斯洛伐克哈谢克的长篇小说《好兵帅克》、英国菲尔丁的长篇小说《大伟人江奈生 · 魏尔德传》、英国兰姆的《莎士比亚故事集》、挪威易卜生的剧本《培尔 · 金特》、美国辛克莱的长篇小说《屠场》。1980 年后出版了《萧乾选集》四卷、《萧乾散文特写选》《萧乾短篇小说选》，散文集《一本褪色的相册》《海外行踪》《搬家史》《没带地图的旅人》《北京城杂忆》（获新时期全国优秀散文集荣誉奖），专著《菲尔丁——英国现实主义小说奠基人》。香港也出版了《萧乾选集》，其著译在国内外都广有影响。1988 年应邀赴英国拍摄重访英国的电视片。

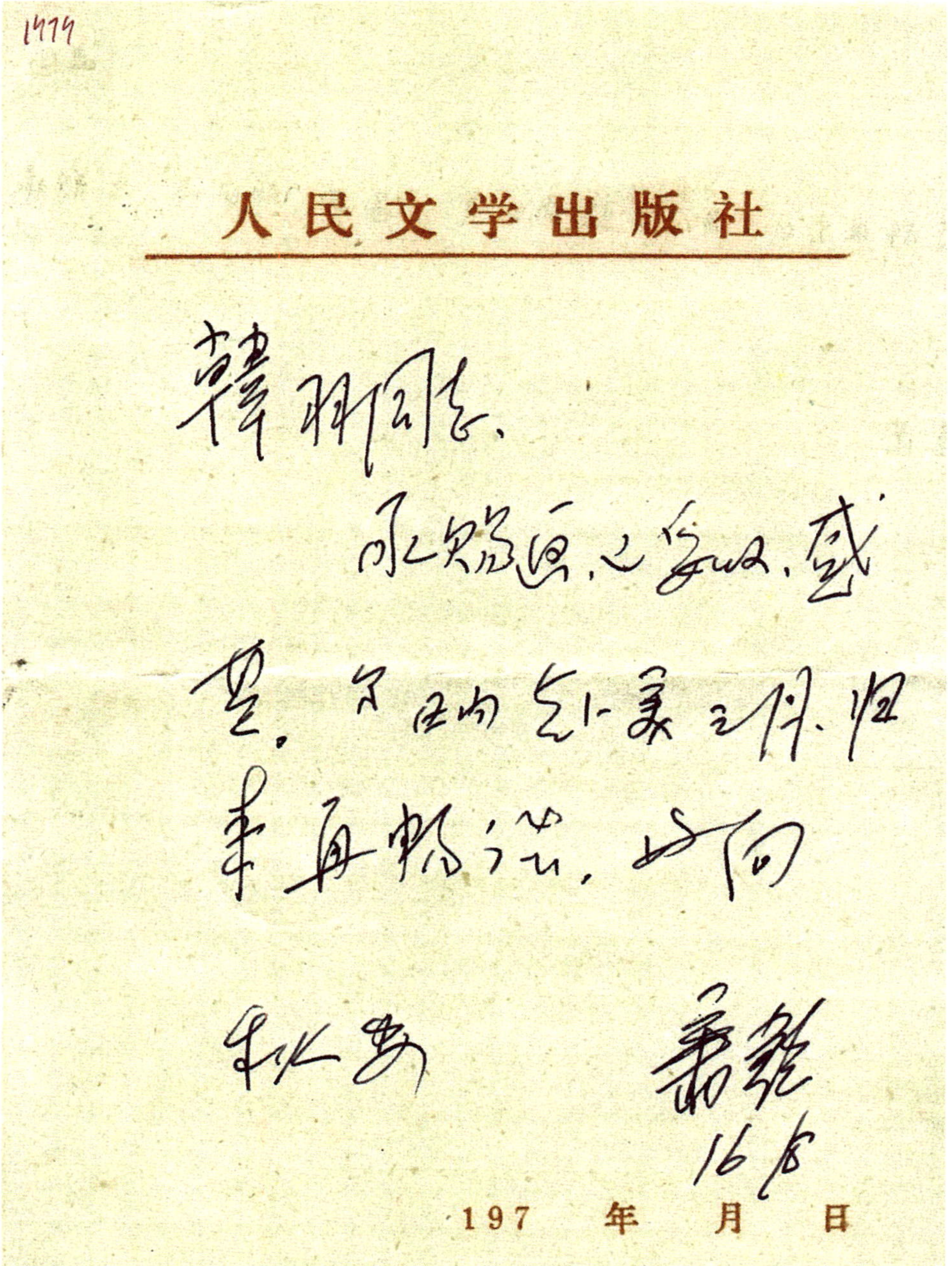
1979

人民文学出版社

韩羽同志：

承赠尊画之复印件，感甚。今日内去美三个月，归来再畅谈。此问

秋安

萧乾

16日

197 年 月 日

韩羽同志：

承赐画，已妥收，感甚。弟日内赴美三月，归来再畅谈，匆问

秋安

萧乾

8月16日

韩注 1979

札　记

数年前，与萧老有一面之识，是在荒芜兄处。萧老对我说来并不陌生，我在十几岁时就读过他的《人生采访》，其中对纽伦堡监狱里的戈林的描述，至今犹有印象。他相约到他的不知是第几次搬迁的家里吃饭。从碗橱里拿出来的碟子都带有油垢，我们各自捡了一个，用指甲刮开来，萧老刮得从容不迫，似习以为常。

最近读叶浅予先生的《读萧乾〈搬家史〉》感触良多，使我又想起了带油垢的碟子。因为总模模糊糊地觉得这习以为常了的油垢碟子与《搬家史》之间有着似说清又说不清的蛛丝马迹。

－韩羽画萧乾－

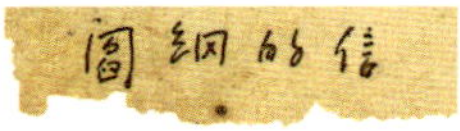

阎　纲

（1932 —　）陕西省礼泉县人。原名阎振纲。文学评论家、编辑家。1956 年毕业于兰州大学中文系，随后在《文艺报》工作。1977 年加入中国作协。20 世纪 70 年代末期以后，曾任《文艺报》编辑、评论员，《小说选刊》编委，《评论先进》主编，河北省文联副主席，《中国文化报》副总编辑，《中国热点文学》主编（并列）。1989 年任文化部艺术研究院研究员。曾与冯牧、刘锡诚共同主编“中国当代文学评论丛书”两辑。文学评论的成果甚多。著有《悲壮的〈红岩〉》《小说创作谈》《〈创业史〉与小说艺术》《小说论集》《文坛徜徉录》（上、下）、《文学八年》《阎纲短评集》等。评论大部分涉及当代小说创作，特别注重对新人新作的评析。行文具有胆识、激情与文采，富于社会学评论的敏锐与洞察力。曾充分肯定了一批反思历史的文学作品，引人注目。与人合编了多本当代小说选集。筹办与主持《评论选刊》出力殊多。获中国作协首届文学期刊编辑荣誉奖。

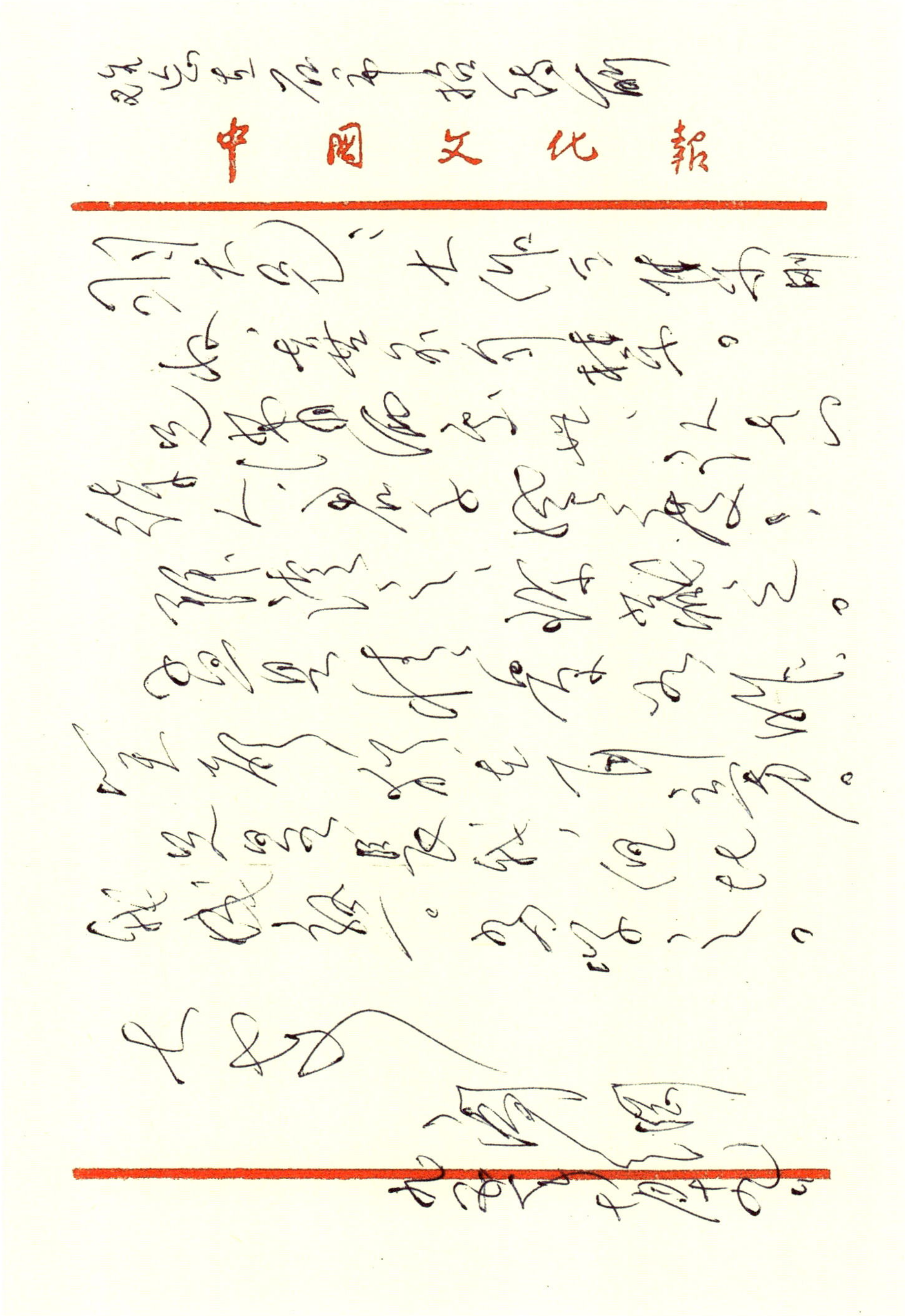
中国文化报

羽大兄：

大作三集刚收，喜不自禁。

兄潇洒处世，认真待人，君子风度！拜读之，珍藏之。

盂县情景如昨，笑声犹在耳旁。

兄略长我，但比我成熟。当学之。

大安

阎纲

1995 年 10 月 19 日

难忘在石市招待所。

札 记

“孟县情景如昨，笑声犹在耳旁”一语，使我想起百花文艺出版社举办的“韩愈杯”散文赛。承蒙嘉许，去孟县既领奖赏又观光览胜，焉能不笑。

看罢龙门石窟，又去盘谷。这盘谷就是韩愈“送李愿归盘谷”的盘谷，也是我小时候背不熟该文屡屡挨训的那个盘谷。且去瞧瞧这盘谷到底是个啥样儿。阎纲、燕祥二兄同行，一路笑语欢声，颇不寂寞。

远处出现了山峦房舍丛树，人们说那就是盘谷了。前面没了车路，天不作美，又淅淅沥沥下起雨来。有的说：“走着去，岂能功亏一篑。”有的说：“雨再下大起来，年轻人无所谓，老弱病残怎么办？”大伙打着伞傻站着犹豫来犹豫去，终于废然而叹，知难而退，钻进车里，调转车头。阎纲善谑，谓之为“望盘谷”。我且暗自宽解：不去后悔；去了也未必不后悔，无所谓得失。以王子猷“乘兴而行，兴尽而返，何必见戴”视之，不亦雅乎。

阎纲兄记得清清楚楚，来时车祸三起，返时四起车祸。

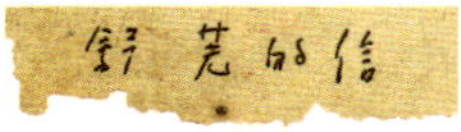

舒　芜

（1922 — 2009）安徽桐城人。原名方管，学名方珪德，字重禹；笔名简易之、金文渐、范先渊等。现代作家。曾在家乡主编《桐报》副刊《十月》，并在《广西日报》副刊《南方》发表散文。1940 年至 1949 年间，先后在湖北、四川、广西等地从事教育工作。做过小学、中学语文教师及国立女子师范学院国文系、江苏学院中文系副教授，南宁师范学院教授。七月派理论家。1945 年在《希望》创刊号发表《论主观》一文，系统提出“主观论”哲学观，成为文艺界持续数年关于现实主义问题论战（与胡风派论战）的重要焦点。1947 年出版杂文集《挂剑集》（为《七月文丛》之一，上海海燕书店出版）。新中国成立后，任广西壮族自治区文联研究部部长，南宁市文联副主席，南宁市人民政府委员会委员、南宁中学校长。1950 年调至北京，任人民文学出版社古典文学编辑室编辑，编辑室副主任、编审。1979 年起任《中国社会科学》编委、编审。“文化大革命”后著作甚丰，已出版的有：论文集《说梦录》《从秋水兼葭到春蚕蜡炬》《周作人概观》；杂文集《挂剑新集》《毋忘草》《我也正在想》；散文集《空白》《书与现实》《串味读书》；诗集《倾盖集》（为九人的旧体诗词合集，内有舒芜的《天问楼诗词》）编辑校注《李白诗选》《康有为诗文选》《中国近代文论选》等。

中国社会科学
北京 100720 鼓楼西大街甲158号

SOCIAL SCIENCES IN CHINA
Journal of the Chinese Academy of Social Sciences
Jia 158, Gulouxidajie, Beijing 100720, PRC

韩羽兄：

承 惠赐大著《陈茶新酒集》，敬谨拜领，枕上读之，不觉遂过午夜，虽未竟功，已觉妙绪纷披，如《林黛玉人尽可夫》，其画其文，均令人叫绝也。佩服佩服。

近来画兴何如？颇欲再乞 赐绘，为寒斋光。又，小女方竹，久仰 大笔，亦欲得一幅。不敢奉干，惟偶然所及，随兴为之，幸甚幸甚。

又前承 惠《闲话闲画集》，仍未 奉函申谢，祈恕疏失之咎。

匆此布达，顺颂

文绥。

舒芜
1992.4.30

韩羽兄：

承惠赐大著《陈茶新酒集》，敬谨拜领。枕上读之，不觉遂过午夜，虽未竟功，已觉妙绪纷披。如《林黛玉人尽可夫》，其画其文，均令人叫绝也，佩服、佩服。

近来意兴何如？颇欲再乞宝绘，为寒斋光。又小女方竹，久仰大笔，亦欲得一幅。不敢奉干，惟偶然所及，随兴为之，幸甚幸甚。

又前承惠《闲话闲画集》，似未专函申谢，祈恕疏失之咎。

耑此布达，顺颂

文绥。

舒芜

1992 年 4 月 30 日

札　记

画画儿既要画生活中已有的“本来如此”，也要画生活中没有的“应该如此”。这样画，画来过瘾读来过瘾。有一幅《西厢图》，我画“龙”在先，舒芜先生“点睛”在后，诚顾长康之所谓“传神写照正在阿堵中”也。曾为文以记之：

戏曲中之红娘，轻捷活泼，机敏狡黠，美目盼兮，巧笑倩兮。相比之下，莺莺反而成了陪衬。喧宾夺主，使人不无遗憾之感。岂不闻金圣叹论《西厢》语：“止为写得一个人，一个人者，双文（莺莺）是也”么！

读《西厢记》却又是一番心情，看莺莺忸怩作态，一贯作假样儿，使人既慨然于她叛逆封建礼教肩负之因袭重担，却又不免替她着急：勇敢些，再勇敢些！

友人嘱画《西厢记》，照本宣科画了一幅张生跳粉墙图。舒芜氏雅兴，题诗于其上：

月色溶溶印一方，
李题韩绘赞《西厢》。
何年情史翻新页，
画个莺莺跳粉墙。

好个“莺莺跳粉墙”，言我之所未言、莺莺之所未敢、张生之所未料、红娘之所未想。

仿舒芜诗意画《莺莺跳粉墙》

— 韩羽画 —

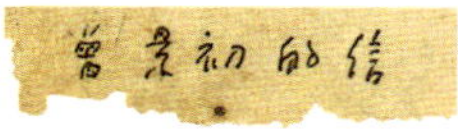

曾景初

（1918 — 2001）湖南双峰人，又名曾中，笔名秦肃、荆楚、特西、伍邑东。擅长版画。中国美术家协会、中国版画家协会会员。新中国成立前曾在长沙的《湖南日报》《国民日报》《新潮日报》等报任美术编辑，新中国成立后曾任《铁路画报》、华北人民出版社、天津人民美术出版社美术编辑。他从事木刻创作数十年，经常参加全国性展览，出版有《怎样刻木刻》一书。近年来主要从事理论研究，一些评论文章在《美术》《美术耕耘》等报刊发表。主要作品有《沸腾的矿山》《场上》《检查》《四等车上》等。曾获鲁迅版画奖。出版有《曾景初木刻集》《木刻与剪纸》《木刻版画技法》《曾景初版画选》等。

我现在真糊涂了，昨发你一信只将复印稿捆在信封内，而忘记把信装进去，真是大去之期不远矣。现将信附内，请收。23日补记

韩羽：

好长时间没联系了。你的书一本一本的印出来，真了不起。《韩羽小品》早已收到，并拜读了不少。尤其是小孩们最爱看。我这几年来，为病魔所缠，仅今年已就连患：心梗、脑梗、胃癌、骨刺增生，常住医院，癌已动手术（割去一个睾丸），现天天吃药，痛苦极了。不过病情已基本稳定。

同王朝闻先生通了几次信，现已在《中国诗书画》发表，兹寄上一份复印稿，王老常惦念着你的来信，随时都要提出来，这篇也不例外，故复印一份寄你作个纪念。这组信，时间拖得很长，还是前年初开始的，后因我办了两次展览、又患重病，故拖至现在。还有件事要告知一下，我除了捐赠给美术馆一批画，现又将另一批（也是200多幅）捐赠给炎黄艺术馆，大概还要两三个月后才能展出，届时请你来指教。

还有件事要麻烦你一下，郭振华已两年多不见面了，前些时我去他家拜访他，据说已搬家了，但没有人知道他地址，扑了个空。你过去经常与他往来，你过去与他联系很密切，现知道他地址否？请告知，或提供线索也好。麻烦你了。祝

笔健、安吉。

景初 10.21.

20×15=300　　天津人民美术出版社稿纸

韩羽：

好长时间没联系了。你的书一本一本地印出来，真了不起。《韩羽小品》早已收到，并拜读了不少。尤其是小孩们最爱看。我这几年来，为病魔所缠，自前年起就连患心梗、脑梗、肾癌、骨刺增生，常住医院。癌已动手术（割去一个睾丸）现天天吃药，痛苦极了。不过病情已基本稳定。

同王朝闻先生通了几次信。现已在《中国诗书画》发表，兹寄上一份复印稿。王老常惦记着你的“韩信”，随时都要提出来。这篇也不例外，故复印一份寄你，作个纪念。这组信，时间拉得很长，还是前年初开始的，后因我办了两次展览，又患重病，故拖至现在。还有件事亦告知一下，我除了捐赠给美术馆一批画外，现又将另一批（也是两百多幅）捐赠给炎黄艺术馆，大概还要两三个月后才能展出。届时请你来指教。

还有件事要麻烦你一下，郭振华已两年多不见面了，前些时我去他家拜访他，据说已搬家了，但没有谁知道他地址，扑了个空。你过去经常与他往来，你过去与他联系很密切，现知道他地址否？请告知，或提点线索也可，麻烦你了，祝
笔健、安吉。

景初

10 月 21 日

我现在真糊涂了，昨发你一信，只将复印稿搁在信封内，而忘记把信装进去，真是大去之期不远矣，现将信附内，请收。

23 日补记

韩注　1994

札　记

曾景初，版画家，木讷寡言。20 世纪 50 年代我们相识于天津。他在天津人民美术出版社工作，偶尔听到他的趣闻，比如，家中只有一张桌子，他在桌子这头刻版画，夫人在桌子那头剁菜，对着耍刀，听后莞尔，继而慨然。再如，是郭振华讲的：老曾下放劳动锻炼，吃不饱，自带花生油一瓶，每天喝一口，说是增加营养。

景初应了一句话：衰年变法。不是变版画之法，是破门而出，由具象而抽象，探幽析微，冲着《中国诗画》用起功来。言必有据，思无虚骛，谓其某些论点发前此未发之覆，当非浮夸之语。仅摘抄我的读后感，窥其一斑：

虽然人们口头上经常提到“诗情画意”，如果问一句什么是诗情，什么是画意？如何才会有诗情、有画意？又如何才能诗中有画意、画中有诗情？恐怕就一时难以说得清楚，难以知其然更知其所以然了。

自古迄今，专门谈诗的诗论诗话甚多，专门谈画的画论画史甚多，可谓汗牛充栋浩如烟海，且众说纷纭莫衷一是。相比之下，既谈诗又谈画，谈两者之关系及相互结合之规律者就少得多了。

国际文化出版公司出版的画家曾景初著的《中国诗画》一书，以十余万言的篇章，专就诗与画的结合问题进行了阐述，以我见闻之孤陋，就这个问题系统地探讨的专著，尚属首见。

关于《中国诗画》的实质，很难做出确切的定义。大体上说，首要是重在立意，或是意境。就如何创造意境问题，作者广征博引采撷众家，集刘勰、钟嵘、司空图直至沈德潜、袁枚以及近代王国维、郭沫若、朱光潜等多方著述，归纳了三点：意切而深，境实而远，辞丽而婉。这三点有如织布的经线，或谓之纲。在每条经线上又交织着纬线，或谓之目。如作者就“意切而深”的“意”字，提出包括有志、情、理、趣、兴（意志、情意、意理、意趣、意兴），要求志正而高、情真而至、理达而隐、趣浓而肃、兴丰而奇。就“境实而远”的“境”字，提出包括有象，要求象显而灵。就“辞丽而婉”的“辞”字，提出包括有言、韵、味，要求言精而文、韵谐而长、味醇而净。

有经有纬，有主有宾，条理分明，清晰醒目，“诗情画意”就是由这些经线纬线织成的。这幅“经纬图”（姑且称之为经纬图吧）不只是作者对前人论著的综述，因其是“择其善者而从之，其不足者充之，不适者去之”，其间就有着作者的抉择标准与个人创见。我很赞成本书序言作者华夏的“把‘象显而灵’列为表现意境的原则要求之一，这就是本书在前人基础上推出新意的一个例子”的评语。

诗和画是两种截然不同的艺术。画是静止的，是具象的视觉艺术，它只能囿于空间的一个瞬间。而诗则相反，是流动的，不是具象的，是靠语言文字表达的听觉艺术。

虽然诗和画，一是作用于视觉、一是作用于听觉的不同艺术，然而这两者在一定条件下却又能各自异化。这就是说，绘画可以突破静止状态，在时空上延伸。而抽象的诗歌语言却又可产生逼真的可视、可触、可嗅的感觉，最终达到异体同化。也就是苏轼赞誉王维的“味摩诘之诗，诗中有画，观摩诘之画，画中有诗”了。诗与画之所以能够相互融合相互转化，就客观因素来讲，就是人的“通感”。就是“视觉、听觉、触觉、嗅觉、味觉往往可以彼此打通或交通，眼、耳、舌、鼻、身各个官能的领域可以不分界限。颜色似乎会有温度，声音似乎会有形象，冷暖似乎会有重量，气味似乎会有锋芒”（钱锺书语）。这就是“感觉挪移”，或“听声类形”，或“视物类声”。这就为“诗中有画，画中有诗”的可能性提供了客观基础。

如果将人的“通感”喻为面粉的话，则还需要酵母使其发酵。就是说要靠一定条件的触发，人的各部感官才能相互“通”的，这一定的条件就是来自诗画本身。

比如诗，作者认为“象显而灵”“言精而文”，须注意到字活色明，声响音谐。如“春风又绿江南岸”的“绿”字算是活字，也很有色彩。但它之所以活得很突出，还要依靠一个“又”字。有了这个“又”字，它就活得有旺盛的生命力了，它就可以由空间伸展到时间，给人以更多的想象和更多的玩味，更多的感慨。至于色明，有物象本身的色彩，也有环境气氛上的色彩，也有心理情绪上的色彩。“春风又绿江南岸”，一方面表达出一种自然物象的色彩，同时也映现出诗人心理上的色彩，而且这绿色不是欢乐的明色，它是带有一种幽暗的感情色彩，而且也是鲜明的。作者在这里用了“字活色明”阐述了王国维的“境界”说。着重指出色彩不只自然物象的色彩，还有心理情绪色彩。只有字活色明，才能将这两种色彩同时表达出来，才能象显而灵，从而调动人的“通感”。这不是诗中有了画意?！

比如画，作者举出齐白石的画《蛙声十里出山泉》。这画系依查初白的诗句而作。“十里”“蛙声”本为绘画所难以表达。但因“理达而隐”“象显而灵”，从事外立象、意外振奇着眼，由蝌蚪而蛙，由蛙而声。使画中的具象突破了时空局限，使境界活起来，从而调动起人的“通感”，“视物类声”（蛙声）了。这不是画中有了诗情?！

从以上二例可看出《中国诗画》一书所揭示出的从诗到画、从画到诗的交通脉络以及两者间的异体同化的规律。

面对信札与《中国诗画》，不胜人琴之感。

谢 添

（1914 — 2004）广东番禺人，生于天津。原名谢洪坤，曾用名谢俊。著名演员、导演。早年就读于天津英文商务专修中学。1933 年在天津和上海从事业余话剧表演。1936 年任明星影片公司演员，参演《马路天使》。1939 年在成都任西北电影制片厂演员。抗战胜利后任中央电影企业股份有限公司三厂演员。1949 年任北京电影制片厂演员。1955 年入北京电影学校学习，1958 年起兼任电影导演。1959 年他曾主演电影《林家铺子》等多部影片，也经常饰演反面人物。1980 年，在第三届“百花奖”评选中，谢添因《甜蜜的事业》而荣获“最佳导演”奖。1981 年，在第四届“百花奖”评选中，他导演的《七品芝麻官》荣获“最佳戏曲片”奖。1982 年，谢添成功将老舍的名著《茶馆》搬上了银幕，获“第三届中国电影金鸡奖特别奖”和文化部 1982 年“优秀影片特别奖”。1989 年导演的电视连续剧《那五》获中国电影制片厂“优秀电视剧一等奖”。

谢添

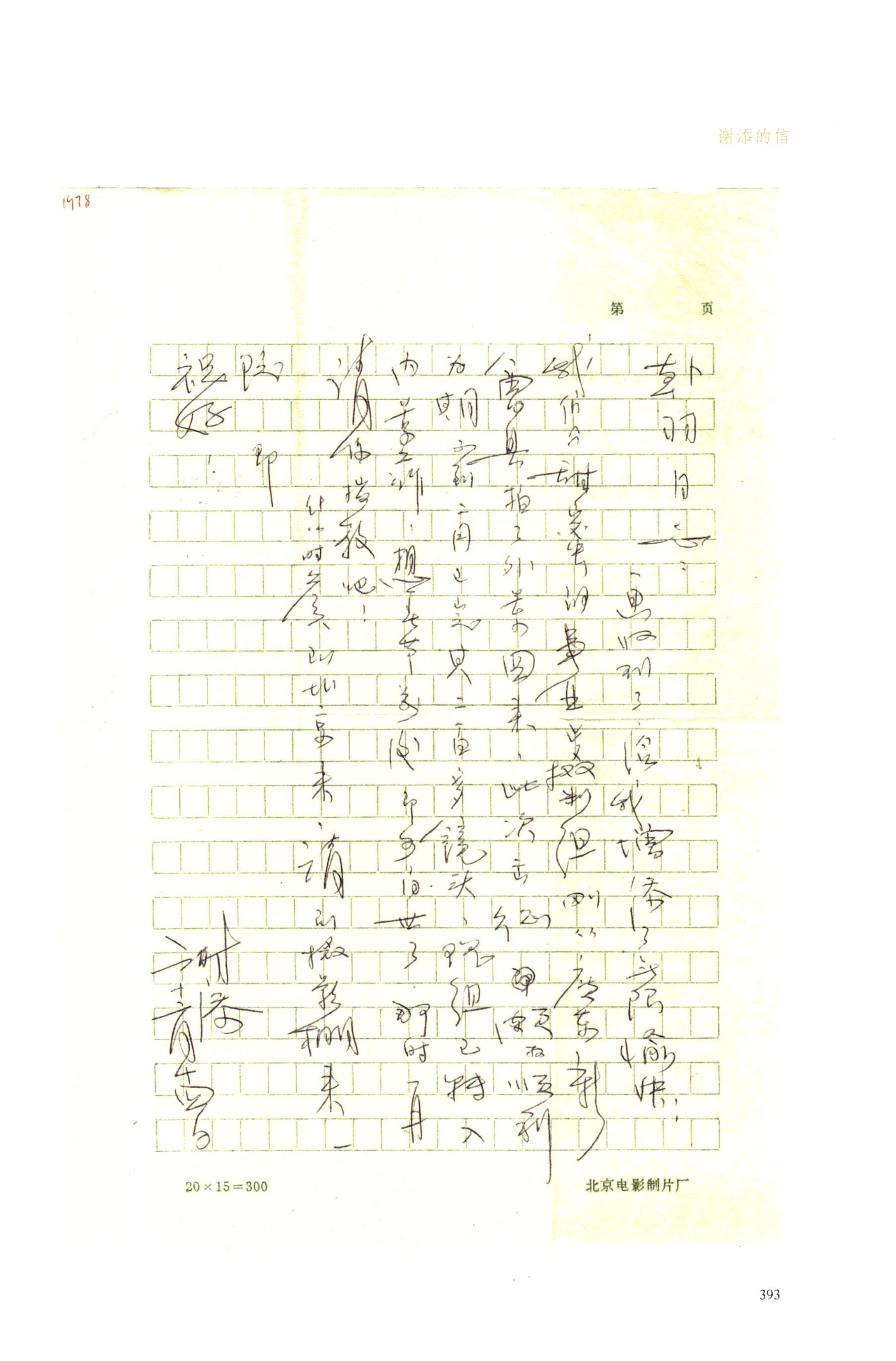

1978

第　　页

黄明同志：

[illegible]

我们合[illegible]

[illegible]

为明[illegible]已转入

内景工作，[illegible]

请你指教吧！[illegible]请[illegible]来一下！

[illegible]

祝好！

谢添

[illegible]

20×15=300　　北京电影制片厂

韩羽同志：

画收到了，给我增添了无限愉快。我们《甜蜜的事业》摄制组刚从广东新会县拍了外景回来，此次出征颇为顺利，为期不到二月已完其二百多镜头。现组已转入内景工作，想春节前后即可问世了，那时再请你指教吧。

什么时候到北京来，请到摄影棚来一玩，即

祝好！

谢添

12 月 14 日

韩注　1978

札 记

读信札，前尘种种齐集心头，又想起和方成老哥偶去北影，适值谢添在老北京街口（影片布景）操练杂牌兵。“林家铺子”掌柜不经营小百货，经营起“茶馆”来了。曾有小文以记当时：“《茶馆》最后一场，为王掌柜、常四爷、秦二爷相对唏嘘，慨叹各自遭遇，有王掌柜哀人而复自哀一段说辞。谢兄述及对此之设想：置王掌柜于前景，常、秦于中景处。当王掌柜叙及秦二爷时，身子向左歪斜，遮住常四爷。叙及常四爷时，身子向右歪斜，遮住秦二爷，哀叹自己时，身向后仰侧面向观众。”后看《茶馆》至此处，果然画面跌宕有致、人物呼应分明、情绪因之更为波澜起伏。依山点石，借海扬波，好个随影换步也。只此一例，足见谢兄胸中丘壑。

听一传说，令人绝倒，改革开放之初，曾进口外国影片供影界人士内部观摩。有人求谢添“弄一张票，看裸体”，谢寄一信封以答，彼打开信封一看，洗澡票。

谢添兄能左手执笔倒着写字，我曾求书“林家铺子”。

— 韩羽画谢添 —

谢春彦的信

谢春彦

（1941 — ）祖籍山东东营大王镇。画家，美术评论家。上海中国画院画师。主要从事中国画、漫画、文学作品插图以及诗歌创作和美术评论。画风独特，有浓郁的文学气息和幽默情趣，被评论界誉为“新文人画”的代表人物之一。作品曾入选全国及上海市各级美展并获奖。1980 年以来，曾多次应邀在美国、新加坡、日本、德国等国家举办个人画展和讲学。亦多次策划筹办国内、国际的展览和学术活动。2002 年被美国旧金山市政府授予有特殊成就的艺术家称号。出版作品有：《童年小记》《十年杂忆》《中国画入门》《春彦点评录》《谢春彦画集》《春彦三卷》《王诗谢画》等数十种。

作者与谢春彦（左）

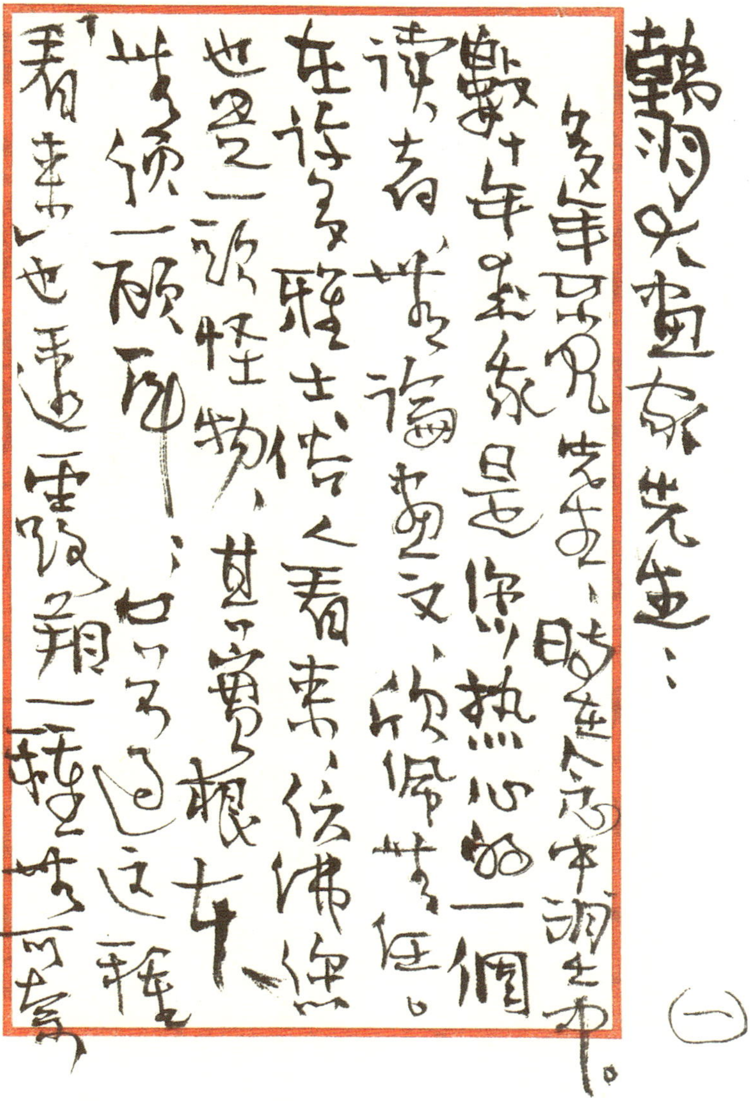
韓羽大畫家先生：

多年未見先生，時在念中[illegible]。數十年來永是您熱心的一個讀者，無論畫之文，欽佩無任。在許多雅士俗人看來，彷彿您也是一頭怪物，甚至覺得根本無須一顧呢；如[illegible]這種看來也[illegible]一雲[illegible]翔一種無[illegible]

（一）

榮寶齋

何故？故都也甚高興了。中國的老九
向有關懷民生的傳統，新聞先出
頗，黃之外，尚重佛陀先生之說明
但願自己就是之一個螺絲帽，七方雖
的機器上少不了的，而要的是化的老九
很多都陸續出洋去了，花求其所
多少了，搞出世界見多多少多了的明
哉。但却再有一份諧趣，高哭

大生兄：

据说你与马得先生来宁，合在小住，我在闻安尚幼，写了几年美院毕业，已在上海文艺出版社做编辑美术了。顺告诉你了。

使出画画太难，只有十大的画了，很长之手卷，书画了，我仍不是语写画大为好，只是相先生一九生体力好，可以为之，因较大画一技术的万女女会兄，先之不同，或者可以有识的，发现很了了，请原谅我之胡说。顺七日拟著一册，很多文字不齐谨上，只是事，如不易看，近日请你指

告诉我您的近况！

即颂

夏安

黄三安

二〇〇四年七月十五日晨

荣宝斋

韩羽大画家先生：

多年不见先生，时在念中望中。数十年来我是您热心的一个读者，无论画、文，欣佩无任。在许多雅士、俗人看来，仿佛您也是一头怪物，其实根本无须一顾耳，只不过这种“看来”也透露着一种无可奈何，故我也甚高兴。中国的老九，向有关怀民生的旧习，我看先生颇重于此，更佩服先生。端的您自己就是一个螺丝帽，老百姓的机器上少不了！画界如此的老九很多都升做土洋老财，艺术无有多少了，技术也未见多少高明哉。您却再有一份谐趣，高矣！

先生画不画尺寸大的画？很长之手卷画不画？我倒不是认为画大为好，只是想先生现在体力好，可以为之；且较大画技术的要求会有些不同，或者可以有新的发现呢？——请原谅我之胡说。顺奉拙著一册，很多文字不严谨，只是表示想着您，也请您指教。告诉我您的近况！即颂

夏祺

春彦

二〇〇〇年七月十五晨

人生匆匆，想当年您与马得先生来寒舍小饮，我家闺女尚幼，而今，去年美院毕业，已在上海文艺出版社做编辑了，顺告韩老伯伯。

札　记

在春彦的话语中，常常提到傅山，只不知他看中了傅山哪一点：气节、学问、书法、医道？我倒觉得傅山是个有趣的老头儿。看他“和村老汉都坐在板凳上，听什么飞龙闹勾栏。”“姚大哥说，十九日请看唱，割肉二斤，烧饼煮茄，尽足受用，不知真个请不请，若至眼前无动静，便到红土沟吃两碗大锅粥也好。”苗子先生也觉到傅山是个有趣的老头儿，否则他不会将书札抄录下来嘱我作画。而我将山西老西画成了山东老汉，亦一乐也。

春彦也有趣，尚不相识时，曾见他一漫画，是画的他的童年，当是“信史”。中有一幅：一头牛正在拉粪，一孩子蹲在一旁盯着牛粪。文字说明是：“牛肉松很好吃，只不知是怎么做的，终于明白了，原来是从牛屁股里拉出来的。”说得还真不大离谱，试将干牛粪坨子打碎，谁能辨得清是牛粪还是牛肉松？只不知那孩子是否进一步“格物致知”，他如尝上一口，那就是鲁迅说的“勇士”了。

话扯远了，正应了春彦写给我的一句诗：没得说的有得说。

春彦作画，游走于漫画、国画之间，落拓不羁，不“消”自“化”。虽系小品，却小中见大气度。我有感于中，效李谟之“偷曲”。曾实言相告，他哈哈大笑，谓“谎话大大的”。

我是“拘于墟也”，他则“乘桴浮于海”，忽而美利坚，忽而新加坡，忽而香港，忽而……有些日子没来电话了，八成是又“忽而”到什么地方去了。

谢蔚明

（1917 — 2008）安徽枞阳陈瑶湖水圩人。原名谢未泯。上海市文史馆馆员，《文汇报》高级记者。著有《老戏剧家王瑶卿及其他》《康藏公路纪行》《岁月的风铃》《杂七杂八集》《那些人，那些事》等。

文匯報

韩羽兄：

久不通信，然亦时在想念中也。

我于上月间偕老伴从武汉回到上海，身体粗安，幸勿为念。

苗子、郁风在京开书画展，遥想阁下又专程到京观赏并获良晤。我应邀为《上海滩》之约写了一稿，曾由他们夫妇审阅，现已刊出，特检奉一册执正，想为阁下乐于一阅也。

文汇报老同事赵兄主编的《中外论坛》在国内组稿编辑，在纽约印刷发行，创刊至今已历时五载。我受托向 兄约稿，为《闲侃闲话》写成一组如何？倘蒙俯允命笔，则不胜感幸。今年第一期刊有方成兄

文匯報

文配屋々参有所用一斛少，增多次之后刊物寄赠入览，容后補寄。顺告本期也。另"论坛"写稿的作者有贾植芳、何满子、王元化、魏明伦、黄裳、谢晋、冯英子、姚雪垠等々。

附不一一，即颂

文安！

弟 蔚明拜上 四、廿三。

复示200433 上海国定路277-14-103 示收

第　页

韩羽兄：

久不通信，然无时不在想念中也。我于上月间偕老伴从武汉回到上海，身体粗安，幸勿为念。

苗子、郁风在京开书画展，遥想阁下必专程到京观赏并获良晤。我应此间《上海滩》之约写了一稿，曾由他们夫妇审阅，现已刊出，特检寄一册就正，想为阁下乐于一阅也。

《文汇报》老同事赵兄主编的《中外论坛》在国内组稿编辑，在纽约印刷发行，创刊至今已历时五载。我受托向兄约稿，如《闲画闲话》写成一组如何？倘荷俯允命笔，则不胜感幸。今年第一期刊有方成兄文配画《老有所用一解》，惜手头已无刊物寄赠入览，容后补寄。顺为奉告者，为"论坛"写稿的作者有贾植芳、何满子、王元化、魏明伦、黄裳、谢晋、冯英子、姚雪垠等等。

余不一一，即颂

文安！

弟蔚明拜上

4 月 23 日

复示 200433 上海国定路 277—14—103 弟收

韩注　2000

札　记

在上海美术电影制片厂拍摄动画片期间，暇时总喜欢去《文汇月刊》编辑部闲坐。蔚明兄在三楼，独自一间。他看稿，我喝茶，无话找话。“再给我们画幅漫画”，一次次的话声中，我本决心不再画漫画了，终于重为“冯妇”。

三楼有一小阳台，我居高临下看街景，人来人往，间杂叫卖声。想起丰子恺的漫画，画中一个女孩子，扶着栏杆探头往下瞧，手里攥着一条绳子，绳子的下头拴着篮子，题目叫《买粽子》。忽地觉得这三楼的阳台充满了画意。

人，干哪行，厌哪行，可又忘不了哪行。蔚明兄已退休有年，仍在写稿、约稿。这信就是为《中外论坛》约稿，我记得曾寄去一篇《家乡话》。

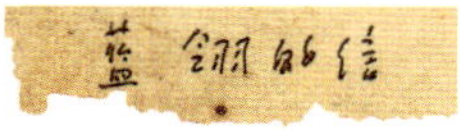

蓝 翎

（1931 — 2005）山东单县人。原名杨建中。文学评论家、杂文家。1945 年后在安徽、江苏读中学。1949 年在济南入华东大学社会系学习，同年底并入山东大学中文系。1953 年毕业分配到北京师范大学工农速成中学任语文教员。翌年发表了同李希凡合作的批评俞平伯的《红楼梦研究》，受到毛泽东赞扬。同年调《人民日报》文艺部任编辑，继续写作《红楼梦》评论。1955 年参加中国作协。不久之后出版与李希凡合著《红楼梦评论集》。曾列席全国政协，被选为中国亚非团结委员会委员。1958 年被错划为“右派”。1962 年至 1966 年任《奔流》编辑，1974 年调到郑州大学中文系任教，平反后被评为副教授。1980 年调回《人民日报》任文艺部副主任。著有文艺评论集《断续集》，收 60 年代以后的文章。进入 80 年代以来，以杂文著名。评说文学、文化、社会，多有真知灼见；文字老到练达。出版有杂文集《了了录》《金台集》等。《金台集》获新时期全国优秀杂文（集）奖。

蓝翎（左二）

羽老哥：

新年好！

去年承兄介绍，河北教育出版社要出弟之拙作。据说还有兄的大著，作为一系列。但他们要每本配适量插画，这可作难了。人家的都有，弟难例外，只好请兄拉一把，别让弟难堪。已将此事写入「后记」中，附抄另纸奉上。待弟文稿后，请他们将贴样送上，供兄参考。顺

拜早年，万事如意！

弟 蓝翎 元月十日

「出版社要求每本书都要有适量的画家的插画，以增色，这可让我作了难。我的文章值得插画么？名家的画无价宝，同拙作放在一起，自然增色，但求得来么？我忽然想到韩羽。他和我同乡又同庚，是老大哥，不求他求谁？谁让他当介绍人来着。老哥为老弟的拙作之「包装」，提携提携正合潮流。他若不提携，我的书就要「泡汤」。他若赏光，我的书就有救了。但我却不言谢，哪有老弟谢老哥的。老天注定他吃亏了，不帮也得帮。我这么一赖，居然事成。谢天谢地！」

「后记」决定不改了，老哥看着办吧。实同乡票，见面打板子、要揍。

羽老哥：

新年好！

去年承兄介绍，河北教育出版社愿出弟之拙作。据说还有兄的大著，作为一系列。但他们要每本配适量插画，这可作难了。人家的都有，弟难例外，只好请兄拉一把，别让弟难堪。已将此事写入“后记”中，附抄另纸奉上。待弟交稿后，请他们将贴样送上，供兄参考，顺

拜早年，万事如意！

弟蓝翎

元月10日

出版社要求每本书都要有适量的画家的插画以增色，这可让我作了难。我的文章值得插画么？名家的画无价宝，同拙作放在一起，自然增光，但求得来么？我忽然想到韩羽。他和我同乡又同庚，是老大哥，不求他求谁？谁让他当介绍人来着。老哥为老弟的拙作“包装”提携提携，正合潮流。他若不提携，我的书就要“泡汤”。他若赏光，我的书就有救了。但我却不言谢，哪有老弟谢老哥的。老天注定他吃亏，不帮也得帮。我这么一赖，居然事成。谢天谢地！

“后记”决定不改了，老哥看着办吧。实同绑票，见面打板子，愿挨。

韩注 1995

札　记

他不认识我，我却知道他，盖其名“如雷贯耳”耳。李希凡和他合写的《关于〈红楼梦简论〉及其他》一文，首发《文史哲》，1954年转载于《文艺报》。一石激起千层浪，成为全国文化领域展开对《红楼梦》研究中的资产阶级思想观点批判的嚆矢。毛主席说：“事情是两个‘小人物’做起来的。”这话的分量不亚于现下莫言获得的诺贝尔奖。

已是“文革”后期，在方成家中和蓝翎相遇，记得还有姜德明、陈封雄、舒展、牧惠、邵燕祥、魏明伦等。大家围坐边喝酒边聊天，我与蓝翎相邻，听其似是河南口音，我问：“蓝翎同志您是河南人？”他说是山东单县。我是山东聊城，原是老乡，于是由“同志”转换成了“老兄”。我说：“老兄，我有一小学同学，叫张清沂，后来也考上了山东大学，改名张若愚，你认识不？”他说：“张大鼻子，我们同班，他专喜好钻牛角尖，抬死扛。”我说：“对、对，他小时候就这样。”既然张大鼻子和他是同学，似乎我也就是准同学了，由老乡又近了一步。我一兴奋起来，也就没话找话，又说：“我还沾过你的光哩。”他一怔，我说：“毛主席不是说过你和李希凡是两个‘小人物’么，就是这句话，推动起了全国各行各业‘重视、培养新生力量’，普降甘霖，所有小人物之幸，我就沾了这个光，是河北省被批准的第一个中国美协会员。”他漠然无语，端起酒杯一饮而尽。我纳闷，这是怎么回事？

某日，和燕祥兄谈起蓝翎，燕祥对他的评语是：出经入史。

《蓝翎散文集》插图

－韩羽画－

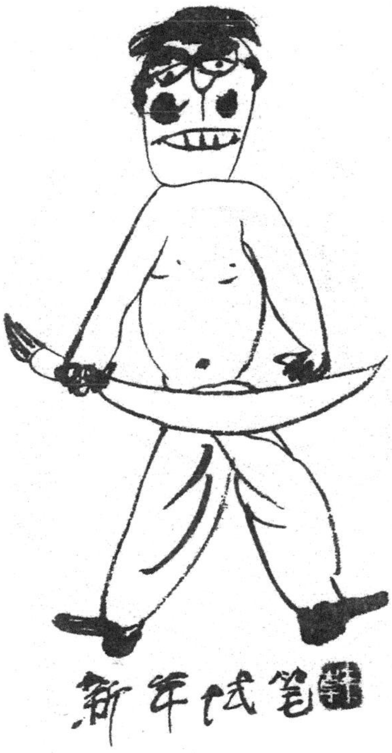

《蓝翎散文集》插图

—韩羽画—

詹 同

（1932 — 1995）广东省南海县人。原名詹同渲。漫画家。曾任中国美术家协会会员、漫画艺术委员会委员，中国电影家协会理事，中国动画学会副会长，上海漫画学会会长，AsiFA 国际动画学会会员。被收录于英国剑桥 LBC《世界传记大典》《国际知识分子人名录》及美国 ABI 传记中的《国际杰出人才录》等。1956 年毕业于中央美术学院绘画系。同年至上海美术电影制片厂工作。1946 年始在报刊发表漫画。曾担任中国第一部剪纸影片《猪八戒吃西瓜》美术设计任务。此后三十多年中从事美术设计、编剧、导演，完成动画、木偶、剪纸、折纸多种片种的美术影片五十余部。

詹同（右二）

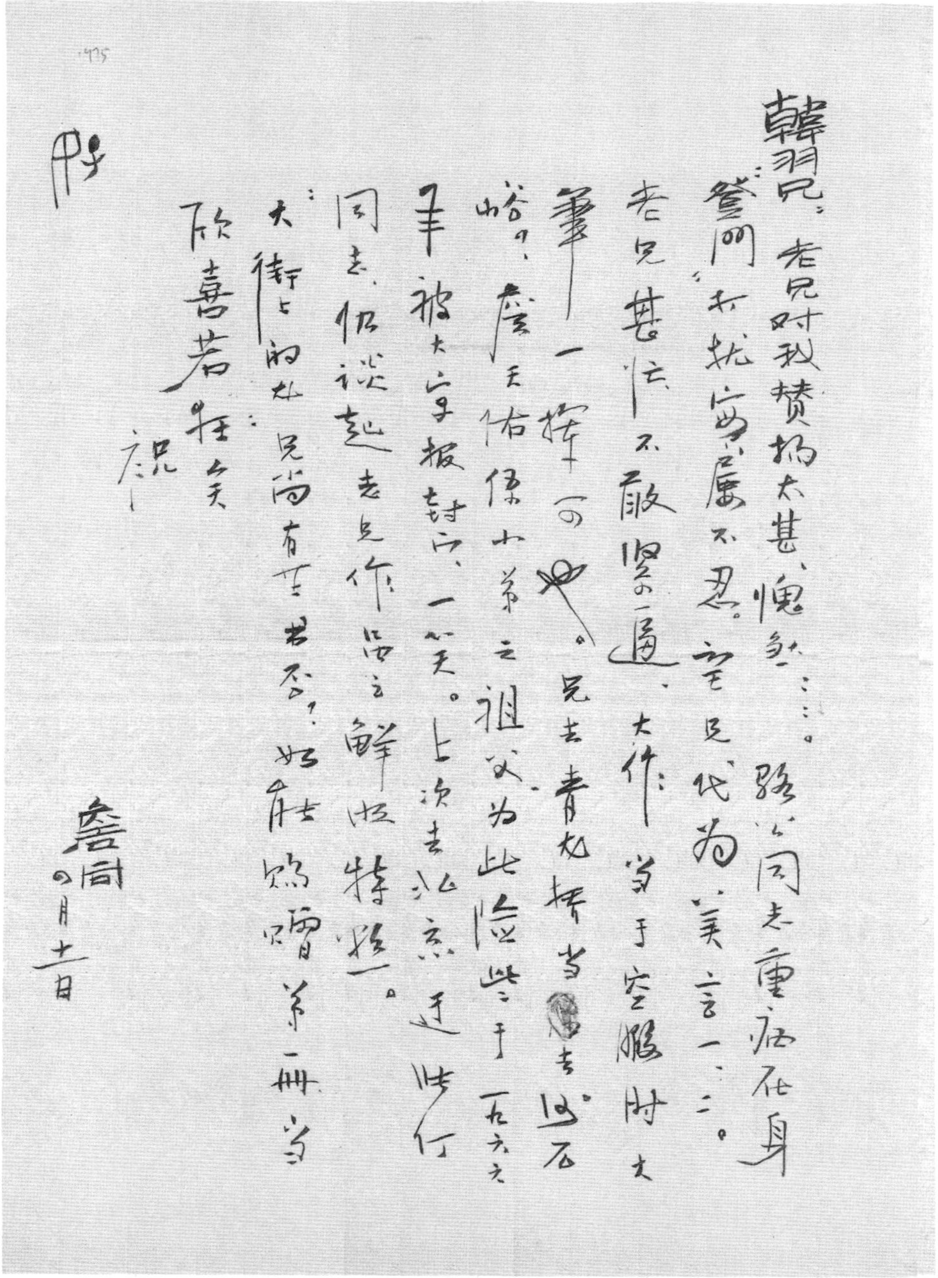

韩羽兄：老兄对我赞扬太甚，愧煞愧煞。路路同志重病在身，爸爸们打扰，实属不忍。望兄代为美言一二。老兄甚忙，不敢紧逼，大作当于空暇时大笔一挥可也。兄去青龙桥当会去过。石峪峪、詹天佑系小弟之祖父，为此险些于一九六六年被大字报封了、一笑。上次去北京过，时任同志、仍谈起老兄作品之鲜明特点。大街上的丛丛兄尚有否？如能赐赠弟一册，当欣喜若狂矣。

祝
好

詹同
四月十一日

韩羽兄：

老兄对我赞扬太甚，愧煞……骆公同志重病在身，登门打扰实属不忍。望兄代为美言一二。老兄甚忙，不敢紧逼，大作当于空暇时大笔一挥可也。兄去青龙桥当去沙石峪？詹天佑系小弟之祖父，为此险些于1966年被大字报封门，一笑。上次去北京遇张仃同志，仍谈起老兄作品之鲜明特点。

《大街上的龙》兄尚有藏书否？如能赐赠第一册当欣喜若狂矣。

祝

好

詹同

4月11日

韩注 1975

札　记

我本有点吴梅村的“诗意”，“惯迟作答爱书来”。詹同可能也是彼此彼此。庄子有句话，“相忘于江湖。”大概这就是了。这又总比“相濡以沫”差强，也是庄子说的。何哉？是我不断地从报刊上看到他的作品，他在忙于“爬格子”或是将好好的白纸涂脏（画画）。

我们之交，始于通信。20 世纪 70 年代中在北京相遇，一见如故。后来我去上海“客串”动画片，很是朝夕相处了些日子。他是科班出身，学油画。我是土闹。作为画友，倒是名副其实的“土洋结合”。不过，他后来放下油画笔，捡起毛笔，索性画起了漫画。

第一次见面，本是兴事，快意事。按传统习惯，不吃喝一顿不足以为礼。我们在地安门大街找到一家食堂（那时的饭馆大都叫食堂）。这食堂的服务员却颇有“语不‘噎’人死不休”的本领，使得很煞风景。先是，为了顾全面子，对他的出言不逊，忍之让之，岂料“恭近于礼，远耻辱也”，在这儿行不通，反成了“嗟来之食”。是可忍孰不可忍，于是豁了出去，我们两个，他一个，二比一，展开了一场“文斗”。用那时的话说，我们的友谊是在“同一个战壕”里经过了“战斗的洗礼”。

天下事总是转化得那么难以逆料，就说这第一次见面时在饭馆里的尴尬事，看来也未必尽坏。后来在上海的一家饭馆里又遭遇上了，却有了不同。如果说第一次是“打鸭子上架”，第二次可就有些像短捻爆竹，一点就响了。詹同也不甘落后，跃跃欲试有难捺之状，在背后捅我：“我上，看我的！”借用一本外国小说的书名，我们都“从恐惧到无畏”了。

于此，我更相信了钟公惦棐有一次在信中对我讲过的关于李瓶儿和潘金莲的话：李瓶儿富有家私，当过梁中书的小老婆，识得几个字，后来又是花太监的儿媳妇，得宠。潘金莲从小给人做丫头，丈夫是个卖炊饼的，“街死街埋、路死路埋，倒在阳沟里就是棺材。”百不在乎。一个是讲身份、爱面子、缠绵悱恻；一个是无所顾忌、敢说敢干。一旦斗起来，注定失败的是李瓶儿。我反而感谢起地安门大街饭馆的那位服务员，是他帮着我们撕去了“温文尔雅”的面皮，把我们改造成了“潘金莲”。

造访了詹同的住舍，我真正体会了一句话：读万卷书，行万里路。以往从书本上读到“阁楼”二字，总觉得很写意，因为“亭台楼阁”一词，它就占了一半风水。这回“只缘身在此山中”，才识得了“阁楼”真面目。先说楼梯。很陡，我第一次爬上最后一磴时，房顶横梁将头撞了一下。第二次又撞了一下。这引起了我研究的兴趣，反复地上下了几次，可总是出于一种错误的自我感觉，刚刚以为没有障碍物了，恰恰又给撞上了。我感慨地对詹同说：你这阁楼专会欺侮土包子。

再说窗户。对面楼房如山壁立。如想探胜，必须凑到窗口，踮起脚尖、伸长脖子，方能透过层层屋顶窥到一线街景。至于房顶，虽不是“怎敢不低头”，却总有“在人矮檐下”之感。对此，我戏写了一副对联送他：

> 傲骨君子，来吾门下，亦须俯首；
> 气短丈夫，送尔窗前，尽可扬眉。

虽然后来他也“鸟枪换炮”，住上了三室一厅的楼房，在我的印象里还总是那“俯首”“扬眉”，可见“先入之见”会使人变得多么顽固。

浏览詹同漫画集，见自序中有一段话：“画漫画总得想题材，琢磨表现形式和手法，抓着空隙就动脑筋。因此，就连家属有时看见我冷不丁又发起呆来，还当是我又犯了病，到头来闹个虚惊一场。”哈哈，不打自招。好一个“冷不丁又发起呆来”，这不仅使“家属”“虚惊一场”，把我也给蒙了。我也曾偶尔瞅到过他那“发呆”：微偏着头，双眉紧皱，木然不动，死死盯着一个地方，那架势、那神气，妙不可言。我无以解，戏称之为“老僧入定”。岂料他却是在“想题材、琢磨表现形式和手法”。他的漫画构图之新颖，人物变形之有趣，《城市百态图》之为人称道，原来竟是得力于这个“呆”字。

人们皆谓詹同是漫画家，其实他画漫画是“玩票”。他的本行是木偶影片造型与导演。也有人说他的漫画盖过了他的电影。我以为无论是他的本行或是“玩票”，实以难分轩轾，皆各臻其妙的。其漫画为人熟知，早有定评。仅说电影，他曾和童话作家包蕾共同编导过一部木偶片《假如我是武松》。这个“我是武松”的现代孩童，一出场就令人绝倒。他大摇大摆地来到景阳冈酒店，学着武松的口气，要了一大碗酒，喝了一口，太辣。又吆喝店小二，来三大碗酸梅汤。店小二不懂什么是酸梅汤，他又说，那就来一根冰棍。店小二问什么是冰棍？他用手比画着说，上边是冰，下边是棍。只听这几句出场白，就可猜想到在景阳冈将会闹出多大乐子来了。何况那虎还是被武松打死的老虎的崽子。如此妙趣横生、寓教于谐的影片，实属不易多得。而又似乎听说未享获奖之荣。见仁见智欤？运也命也欤？不能不使人有“买椟还珠”之叹。

我与詹同有一合作而未竟的动画片《济公传》。这部影片的人物造型中有一个当铺老板。为了使他的工于心计老谋深算这一特点形象化，我参照了戏曲中小丑的脸谱，给予改动，将眼、鼻部位的白色方块，画成似像非像的算盘。算盘框用示眉、眼，算盘珠用示眼珠以及眼旁的皱纹斑痕。詹同说：如果表演时让算盘珠上下跳动，就像眼睛在眨，心中在算，再配上算盘声响，岂不有声有色！直到现在我还认为这是个有趣的人物造型（惜乎未上银幕）。可是，如果没有他的动作设计这一“仙招”，这造型只能说是“功亏一篑”。

－韩羽画詹同－

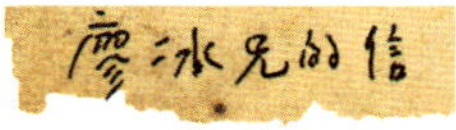

廖冰兄

（1915 — 2006）原籍广西武宣，生于广州，卒于广州。原名廖东生，因其妹名廖冰，故以“冰兄”为笔名，亦曾用“郑育吾”等笔名。中国漫画家。1932 年至抗战前夕，经常在上海、广州、香港报刊上发表漫画。1938 年初，在广州举办个人抗战漫画展。3 月，在武汉参加抗战漫画宣传队。曾编绘《抗战必胜》连环画，创办桂林行营美术训练班及《漫画与木刻》杂志。1940 年到重庆，任《阵中画报》编辑、中华教育电影制片厂动画设计。1946 年举办个人《猫国春秋漫画展》，轰动一时。翌年在香港参加人间画会，与他人联合举办《风雨中华漫画展》。1950 年回广州，历任广州市文联编辑出版部部长、华南文艺学院教授、广东木偶剧团美术设计、广州市文联主席。1987 年当选中国美术家协会理事、美协广东分会副主席，任广州漫画学会名誉会长等职。作品多讽刺时弊，抨击社会不良现象，代表作有《猫国春秋》《阿庚传》等。

廖冰兄（后排右一）

香港長城出版社

韓羽老弟：

久违了，但经常能在漫画世界里得读大作，亦如面晤矣。

许固令也是画戏画的，是我朋友。现在台湾"龙龙艺廊"当买手，想同你做一桩生意，未知你有兴趣否？

我自去年下半年起，决心与漫画"拜拜"。我是搞政治漫画的，搞了几十年，才知对政治一窍不通，能以己之昏昏使人昭昭乎？

许氏此信放在我处将两月，他叫我写上几行才寄。由于忙且懒，拖到今天才写，但看来不至于误事吧。

冰兄

过几天，广东开美代会，我随之下台，从此无官一身轻了。顺告。

香港長城出版社
HONG KONG GREAT WALL PRESS

韩羽老弟：

久违了，但经常能在《漫画世界》里得读大作，亦如面晤矣。

许固令也是画戏画的，是我朋友。现在台湾“龙之艺廊”当卖手，想同你做一桩生意，未知你有兴趣否？

我自去年下半年起，决心与漫画“拜拜”。我是搞政治漫画的，搞了几十年，才知对政治一窍不通，能以己之昏昏使人昭昭乎？

许氏此信，放在我处将两月，他叫我写上几行才寄，由于忙且懒，拖到今天才写，但看来不至于误事吧。

冰兄

过几天，广东开美代会，我随之下台，从此无官一身轻了，顺告。

韩注 1996

札　记

得识漫坛前辈廖冰兄，是在1980年，因参加中国漫画家访日代表团，提前到北京集合，我们两个外省的团员，由美协安排在前门外一家宾馆里。廖公一见面就说：“看到你的文章，我专门去买了一本。‘元素’一词你搞错了。你文学方面还好，数理化简直不行，一看你就不是科班出身。”接着又说：“我也不是科班出身。”对这“不是科班出身”，数年后他又换了个说法，在中国画研究院筹办的叶浅予先生的绘画展览会上对中央美术学院的同学说：“我是野生动物。”又指了指我：“他也是。”

我俩同屋，他要我早晨叫醒他。我按时去叫，他一动不动，我提高了嗓门，仍然不动。我心想，别是有了什么病了吧，赶紧下床凑上前去，发现枕旁有一助听器，我释然了，原来此老耳朵聋。他是三分普通话加七分广东话，我时而懂时而不懂。这一来，不仅是他的听觉、我的听觉也跟着发生了故障。两个聋子坐着有啥意思。我灵机一动，和老前辈开开玩笑，我假装出说话的样子，表演起“哑剧”，他两手支着耳朵着急地问：“什么？什么？”

信中有“我是搞政治漫画的，搞了几十年，才知对政治一窍不通。”初读，为之一怔。继而一想，不正是“对政治一窍不通”，其漫画笔锋才如犀烛怪，振聋发聩。

廖老善“打油”，“人鬼不分诚可怕，鬼神一体更堪惊”（《斥“四人帮”》），“岂止出头必中弹，偶然翘尾也挨枪”（《咏鸟》），人难言之，我易言之，人庄言之，我谐言之。

－韩羽画廖冰兄－

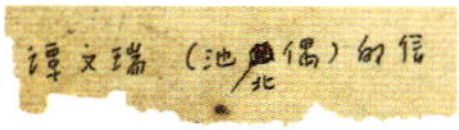

谭文瑞

（1922 — 2014）广东新会人。笔名池北偶。曾担任中华全国新闻工作者协会副主席，新闻学会联合会副会长，中国社科院研究生院新闻系兼职教授。中国新闻工作者。1941 年毕业于香港培英中学，1945 年毕业于燕京大学新闻系。1946 年至 1949 年任天津大公报和香港大公报记者、编辑。1950 年起历任《人民日报》编辑、国际部副主任、编委、副总编辑。1986 年任总编辑，1989 年离职。他以池北偶笔名发表了大量讽刺诗，著有《多刺的玫瑰》，与人合译《暴风雨》《我们的街》。

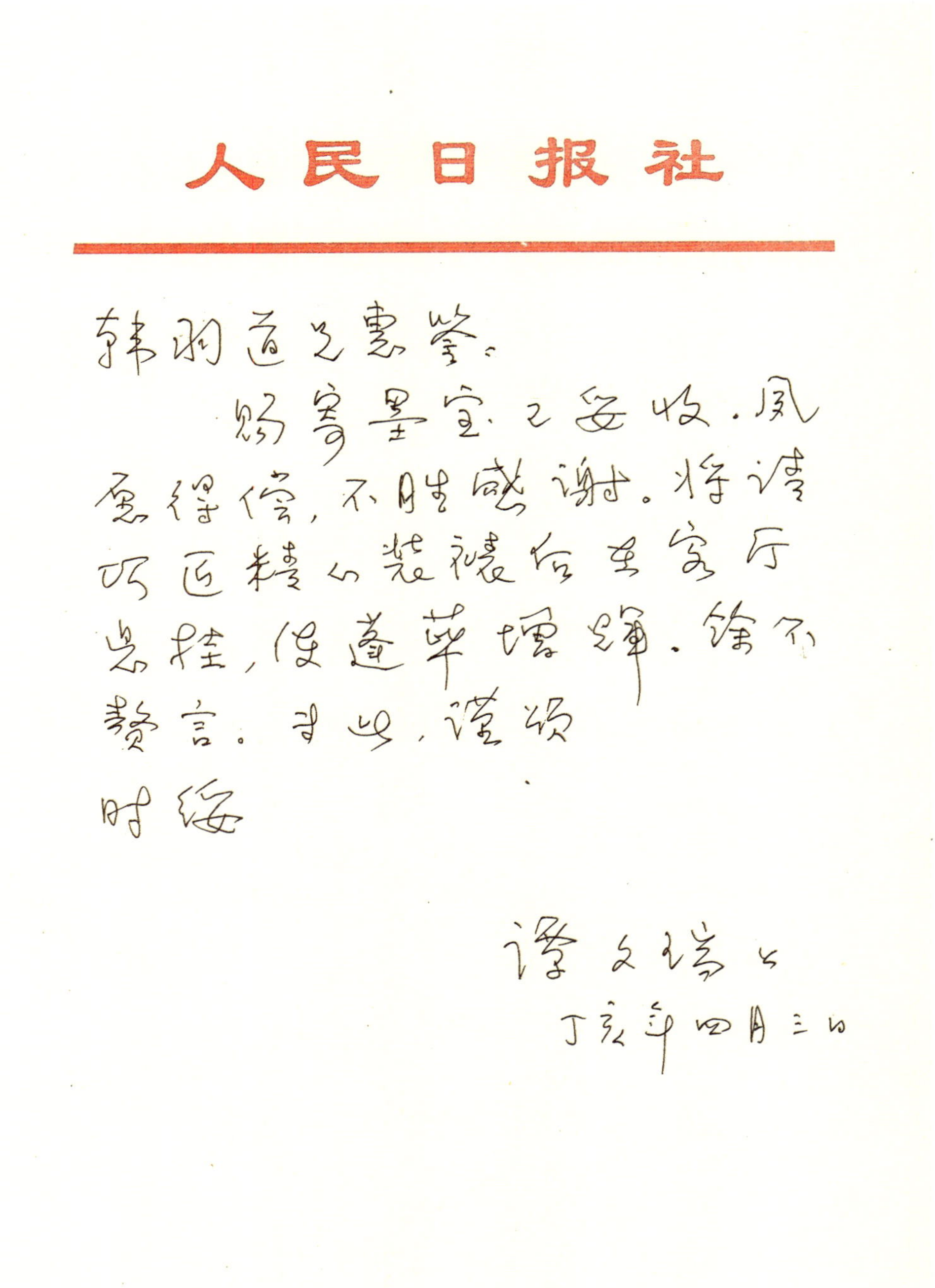

人民日报社

韩羽道兄惠鉴：

赐寄墨宝已妥收。夙愿得偿，不胜感谢。将请巧匠精心装裱后在客厅悬挂，使蓬荜增辉。余不赘言。专此，谨颂

时绥

谭文瑞上

丁亥年四月三日

韩羽道兄惠鉴：

赐寄墨宝已妥收，夙愿得偿，不胜感谢。将请巧匠精心装裱后在客厅悬挂，使蓬荜增辉，余不赘言。专此，谨颂

时绥

谭文瑞上

丁亥年四月三日

韩注　2007

札 记

提到池北偶，想起白居易。白居易同情劳苦大众，写了不少讽喻诗。他的诗通俗浅显，老妪能解，已为人们所熟知。这表明诗的特点，并不足以表明诗的艺术的高度。刘熙载在《诗概》中有句话：“香山用常得奇”，一语中的。就是说白居易能就最平常的语句酿出最不平常的奇句。

说过白居易，再说池北偶。从池北偶的更口语化的讽刺诗的诗句里，不时地迸溅出耀眼的火花，使人也想到那四个字：用常得奇。且引《广而告之》：

卖药登广告，
自称有特效，
能够治百病，
一服病就好。
服了不管用，
不要哇哇叫，
非药不对症，
是症不对药。

张岱尝言：“盖诗文只此数字，出高人之手，遂现空灵，一落凡夫俗子，便成腐臭。”

试看《广而告之》的“只此数字”。前六句，无可讳言，令人败意，无字不平庸，无字不低俗，庶几乎“腐臭”了。再往下，眼前一亮，本是山重水复，忽焉突现奇峰，川剧之“变脸”，不过如是。且是顺笔一挥，只把“药”字“症”字颠了个个儿，如吴刚修月，无斧凿痕。始悟诗人造语之妙，以前六句为铺垫，盖以平地显高山也。把平常语弄得如此不平常，不亦刘熙载之所谓“用常得奇”。

“用常得奇”使之平中见奇，仅是其表，实则是更有助于深化内容。此诗以摹仿卖假药者的口吻，借以讽刺卖假药者。前六句，虽能现其丑，不足尽其丑。如欲尽其丑，则需语言夸饰以“饰穷其要”。“非药不对症，是症不对药”，一反一复间，传神阿堵，一个油嘴滑舌无理搅三分的无赖纤毫毕现。

再看另诗的两句：

圈圈圈圈圈圈圈，
一个更比一个圆。

七个“圈”字，规规矩矩，呆头呆脑，戳成一排，一瞅，就令人忍俊不禁。而“圆”字夹在其间尤其尴尬，有人对之捧腹大笑，有人对之怒火中烧。然而“圆”字不幸诗家幸，此“常”欤？“奇”欤？

举此二例，尝鼎一脔。

池北偶的讽刺诗多附有小注，或来自“报载”，或来自“传媒”，正应了一句古语：秉笔直书。再则其笔触涉及社会各个角落，直是一幅世态万象图。亦史亦诗，亦诗亦史。

诗人以己之良知，与劳动人民息息相通，爱百姓之所爱，憎百姓之所憎。面对时弊歪风，一腔激愤，叹则气短，骂则恶声有限，转而为“打油”。笑唾丑类，冷嘲人渣，蛤蟆因之肚瘪，傀儡遽而断线，不亦快哉。

诗人笑于前，读者笑于后，同气而相求，同声而相应，此谓之可“兴”、可“观”、可“群”、可“怨”，不亦快哉。

读者之于作者，虽然似是钱锺书先生有言：只吃鸡蛋可也，何必问及下蛋的鸡。然而，比如兰陵笑笑生底系何人，时至而今仍不乏锐意穷搜乐此不疲者，何哉？爱屋及乌也。在下也未能免俗，一度猜测“池北偶”为本名抑或笔名，想及清人王士禛有《池北偶谈》。后有幸拜识，得知先生姓谭，恍然大悟，盖谭、谈同耳。

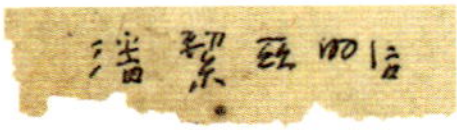

潘絜兹

（1915 — 2002）浙江省武义县人。原名昌邦。1936 年毕业于北京京华美术学院。专攻工笔重彩人物画，研究古代壁画和东方绘画。代表作有：《石窟艺术的创造者》《屈原九歌图》《白居易长恨歌》《牧笛》等；出版画集有：《孔雀东南飞画传》《李白妇女诗集绘》；文集有：《敦煌莫高窟艺术》《阎立本和吴道子》《工笔重彩人物画法》等。新中国成立前曾在南京、上海等地举办个展。新中国成立后作品多次参加全国美展和出国展览，1978 年举办过个人画展。曾任敦煌艺术研究所助理研究员、中国历史博物馆美术组长，《美术》杂志编辑、《中国画》编委。曾任北京画院艺术委员会副主任、中国美术家协会理事、北京市文联理事、美协北京分会副主席、北京工笔重彩画会会长、中国美术史学会理事。

潘絜兹（左一）

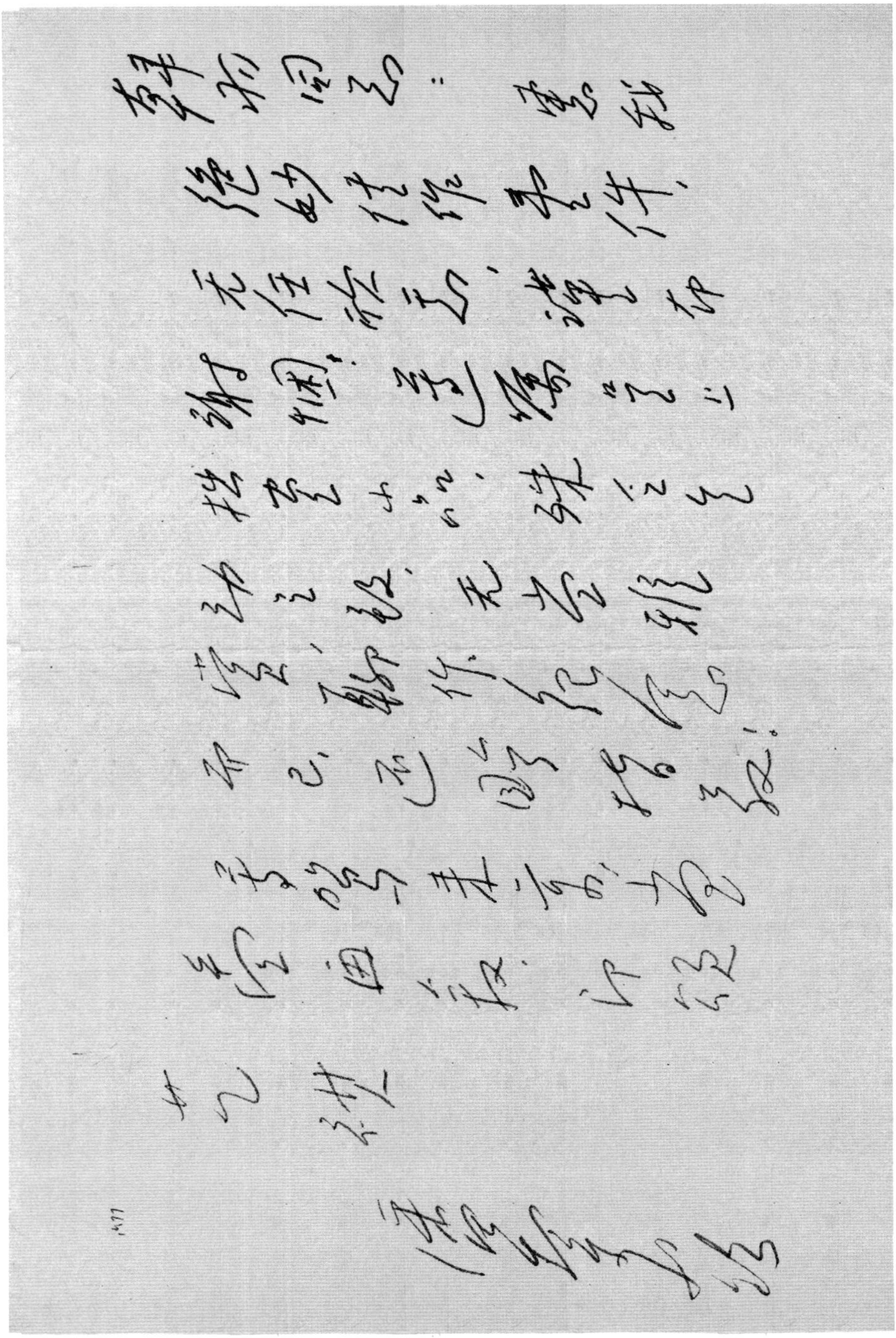

韩羽同志：

惠我绝妙佳作一件，无任欣感，谨布谢悃！遵嘱呈上拙画小品，殊乏生动之致，无当雅赏，聊作纪念而已，还盼指教！尊驾来京，当图再叙，即颂

艺祺

潘絜兹

10月22日

韩注 1977

札　记

画中天空满布乌云、烟尘，云隙间一老鹰、一月亮，一着唐装女子，双手并拢胸前，跪地祈祷。

画中的月亮很小，辐射力极大，使整幅画面充斥着邪恶的不祥之气。按说月亮本为人们司空见惯，有何值得惊怪，可这月亮异乎寻常，殷红如血。我小时曾见过，是稀有的自然界现象，唯其少见，少见多怪，被视之为凶兆。其色殷红，名为“血月”。这“血月”二字，既指物象的色彩，也含有人的心理色彩，已然成了一种文化符号。每当人们见到它，不仅看到的是红色，同时也感到了红色背后的邪恶之气。

这画见于1984年的《中国画》，作者潘絜兹，是李白《战城南》一诗的插图。缘于这“血月”，定要按图索骥，读读《战城南》了：白骨黄沙，烽火不息，败马悲鸣，鸢啄人肠。“以杀戮为耕作”的征战，自秦至汉、唐何年何月曾见偃旗息鼓？自桑干、葱河至条支、天山何处何地不又此伏彼起？万象纷呈，触目惊心。画者并未照本宣科，而是着眼于杀戮带给人类的恐惧，以达其对“穷兵黩武”的谴责。诗的末句“乃知兵者是凶器，圣人不得已而用之”，未免失之于抽象说理。而画中的“血月”恰到好处地形象化了“兵者是凶器”的“凶”字，殷红的血色，给人以强烈的视觉冲击。诗有“诗眼”，画有“画眼”，“血月”就是这幅画的“画眼”。

巧得很，我和潘絜兹先生相识，正值他创作《李白诗歌二百首》插图之时，那时我常去后海北官房，在师友家中不期而遇，他说：“给我画张戏画。”能得就教于方家，欣然从命。抛砖引玉，我也得到他的一幅朝鲜族舞蹈图。

－潘絜兹画－

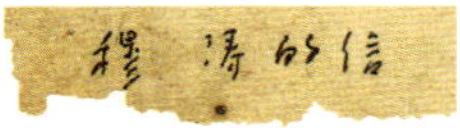

穆　涛

（1963 — ）《美文》杂志常务副主编；西北大学兼职教授，硕士研究生导师；中国作家协会散文委员会委员；陕西省有突出贡献专家；西安市作家协会副主席；西安市政协委员。

韩羽老师：

您好。

《信口由缰》中途停下来，可能也是一件好事情。我这几天，重读了一遍这几十篇文章，感觉到似有似无一个无形的套数。您是画界的大胆者，我仰慕的之一便是您思路的不定法，不是河流那样有季节的有方向地流，而是地下水一样肆无忌惮地喷涌、沿散漫地荡漾。这几年，主要是您文章的成就集中期，[redacted]，风格过早地被定型是我所担心的。

《信口由缰》将是一本大书，从选题、立意、以及写作方式，是目前乃至以前所没有的。我们没有，洋人也没有。它可能是文人、画家都要读的，因此我想将一种写法也是中止的。您明年给我写的文章，最好还是顺应于“信口由缰”主旨——一个画家在生活中遇到的问题：信仰问题、生活问题、麻烦问题，有艺术问题，也有生存的普通问题。

明年一期由我编。[redacted]前几天，几位主编要我拿出一个关于明年的思路，我将它也复印了一份，给您寄去，这是我们明年的大思路，您不必受它局限。

我想明年第一期最好编您的稿子，第一期是每个杂志最重视的，是一年中的开场白，希望您能争取一下时间，我亦可把位置留出来。先写到这里。

祝好。

穆涛 敬上

96.10.5

韩羽老师：

您好。

《信马由缰》中途停下来，可能也是一件好事情，我这几天，重读了一遍这几十篇文章，感觉到似有似无一个无形的套数。您是画界的大成者，我仰羡的之一便是您思路的不定法，不是河流那样有季节地有方向地流，而是地下水一样肆无忌惮地喷涌，之后散漫地荡漾。这几年，当是您文章的成就集中期，风格过早地被定型是我所担心的。

《信马由缰》将是一本大书，从选题、立意以及写作方式，是目前乃至以前所没有的。我们没有，洋人也没有。它可能是文人、画家都要读的，因此我想将是一种写法也是必须的。您明年给我写的文章，最好还是顺意于“信马由缰”主旨——一个画家在生活中遇到的问题：信仰问题、生活问题、麻烦问题，有艺术问题，也有生存的普通问题。

明年一期由我编。前几天，几位主编要我拿出一个关于明年的思路，我将它也复印了一份，给您寄去，这是我们明年的大思路，您不必受它局限。

我想明年第一期最好编您的稿子，第一期是每个杂志最重视的，是一年中的开场白，希望您能争取一下时间，我亦可把位置留出来，先写到这里。

祝好

穆涛 敬上

1996年10月5日

札 记

20 世纪 90 年代初，《美文》来约稿。那时我正以“画不够，文来凑”的“文图拼盘”对付《水浒传》。于是从中选出西门庆、潘金莲、武大郎、王婆、郓哥、何九叔等人凑在一起，取名“王婆茶肆”。这伙狗男女的勾当，读过《水浒传》的人皆耳熟能详，可在“拼盘”里却是另个样儿。比如西门庆，是两个，一个死的，一个活的。这一死一活的两个西门庆不去勾搭潘金莲，却要开了贫嘴。活西门庆说“在《金瓶梅》里武松为什么杀不了我，”死西门庆说“在《水浒传》里武松为什么一定能杀了我”，言之凿凿，似皆成理。武大郎和郓哥捉奸，其实是各捉各的，武大捉的是奸情，郓哥捉的是酒肉银子……刊登后，《美文》编辑穆涛来信称许“这才是大散文”。不久又来信说“西安画界的有些朋友看了甚感兴趣，可否写写关于创作的一些想法”。这可使我作了难，早在几年前，中国画研究院的赵力忠先生亦曾提出过类似的要求。始而跃跃，几易其稿后，再而衰，三而竭，知难而退。已是败军之将，闻敌心惊，怎敢再来招惹，于是装聋作哑起来。可是穆涛不是赵力忠，不依不饶，锲而不舍，又写信又打电话，甚而枉驾寒舍，盛情难却，八成是躲不过了。躲不过了，也就没有过不去的火焰山了。

一句民间谚语帮了忙：“何必定要在一棵树上吊死。”何必死盯着“作画之法”不放？“画事”不亦“人事”？“人事”者，作画人从小到大之所见所感，积淀于心，中情所激，必然形之于画。谈“人事”“画事”亦在其中矣。改弦易辙，着眼于人，就从自己童年写起。有话则长，无话则短，想到哪儿，写到哪儿，信马由缰。

试举两例：

《半分利》中的半分利，是我街坊邻居，游手好闲，玩牌赌博，岁数比我大，算是叔辈，小时喜欢和他厮混。有一天，他说：“你会画关爷、财神，会画玩牌（赌博）的不？”我说：“画你们玩牌的有啥难的。”

我画了四个人围着桌子坐着，手里各自拿着纸牌。他看了看说：“看我的。”拿起笔，一会儿画完了。是连续的三幅：头一幅是几个人一齐在撒尿，第二幅是一座房子，窗户里有几个挤聚着的人影，第三幅仍是几个人一齐在撒尿。我看不懂，问是怎么回事？他说：“你没玩过牌，你不知道，玩牌以前一定得先撒尿，一玩起来谁还有那工夫？散了局，又得撒尿，你想想，憋了一整夜能不尿？”经他一说，我恍然大悟，原来他画的竟是最要劲的一点——玩牌人的那个“瘾”字。是他启发了我，一个绘画中至关重要的问题：如何传神。

再看《醉鬼》，这醉鬼不是人，是木偶。卖豆腐的木偶想喝酒了，在戏台上转了一圈，大概是到了酒铺门口。抱起扁担冲着酒铺的门板敲起来，“当当当当。”

从后台又出来一个木偶，一蹭一蹭地抱着酒坛子，往台口一蹾，又缩回了后台。

卖豆腐的木偶捧起酒坛子，“咕嘟嘟，咕嘟嘟”，又一仰脖子，“咕——嘟”，喝光了。

“叽啾叽啾”，意思是还要喝。

这一回不再用扁担，干脆用脑袋敲起酒铺门板，“当当当当！”

每逢看到这儿，我们无不捧腹，看一次，笑一次，流着眼泪笑。

只是两次敲门（前一次用扁担，后一次用脑袋）就把从不醉到醉给活现出来，而且醉得竟连扁担和脑袋都分不清了。像这如此大胆夸张的艺术创造，这精彩的绝活，应说是沙里淘出的金子。

即使看来与“文墨丹青”毫无关联的比如那个在集市上卖野药的“小牛头”，奶奶庙里的泥塑童男的“黑牙齿”，有人说是病死的，有人说是饿死的“二杠奶奶”，还有“老憨七”……如果没有穆涛兄的一再点拨，我再也不会扒拉出几十年前的这些陈谷子烂芝麻，这才方始惊讶于小时候的这些陈谷子烂芝麻竟给过我那么多的滋补养料。

穆涛的《稿边笔记》的点评，更助我以底气：“《半分利》与《赵结巴》是两个速写的人，是写意，不是工笔，三刀又两笔，两个人便在纸上传神。这是两个有缺陷的人物，恰是这两个凡夫俗子影响了作者的童年，影响了作者初级阶段的绘画。”“《斗鸡》是一种感悟，由斗鸡时公鸡乍势而蓬张的羽毛，悟解绘画中的夸张与变形。此联想令人击掌。”“《夜路》真是好文章，那幅配画更是别出心裁，韩先生‘大雾茫茫什么也瞧不见’，我倒是见到了一个字：好。”“这一期三个文章皆是随笔的写法，由人或由事生发感慨。作者貌似在这些人或事上用了些闲笔，用心却在人或事之外的述怀与述志。指鹿为马在做官与做人上是劣，但用在作文上却别有洞天，有开通毛窍的效果。《面刺猬》在写法上好，由拙生意境，行文的笔法拙，却是余味厚淳。”“《不得其法之法》是切身的体会，是关于绘画技法的心得。”“《掌柜·老客》《事事如戏》写的是学徒的人是与人非，此文破了文章的一般写法，忽而面对读者，忽而背对读者，忽而自己又是读者，一如文中传达的隐意，人都在戏外，又都在戏中，人看旁人，也被旁人看。”

写了一年，停了下来，记不清了，是心有旁骛，抑或没了兴致。可是“大姑娘不急媒婆子急”，穆涛兄又写信催稿了，既歧路指迷，更为之鼓气：“《信马由缰》中途停下来，可能也是一件好事情，我这几天，重读了一遍这几十篇文章，感觉到似有似无一个无形的套数。您是画界的大成者，我仰羡的之一便是您思路的不定法，不是河流那样有季节地有方向地流，而是地下水一样肆无忌惮地喷涌，之后散漫地荡漾。这几年，当是您文章的成就集中期，风格过早地被定型是我所担心的。”

“《信马由缰》将是一本大书，从选题、立意以及写作方式，是目前乃至以前所没有的……您明年给我写的文章，最好还是顺意于‘信马由缰’主旨—— 一个画家在生活中遇到的问题：信仰问题、生活问题、麻烦问题，有艺术问题，也有生存的普通问题。”

在《信马由缰》里，我写过如下的话：“穆涛兄又问起‘信马由缰’，这已记不清是第几次了。他笑眯眯的目光简直像鞭子。”十几年过去了，看着面前第三次印出的这本说厚不厚说薄不薄的《信马由缰》，心中窃笑，是穆涛兄硬是把我这老头儿画匠改造成了“作家”。

《王婆茶肆》之一“活西门庆和死西门庆的对话”

－韩羽画－

《夜路》插图

－韩羽画－

魏明伦

（1943 — ）四川内江人。剧作家。童年失学，七岁从艺，九岁登台，艺名“九龄童”。新中国成立前夕在川南一带搭班演戏。新中国成立初期参加自贡市川剧团，任演员。20 世纪 50 年代中期开始从事业余文艺创作。后因受反“右”斗争株连，被下放农村劳动三年。60 年代初调回剧团控制使用。“四人帮”垮台后任剧团编剧。连续创作出多部有影响的川剧剧本，在国内外引起较大反响。其中《四姑娘》《易胆大》均获文化部、中国剧协联合颁发的 1980 年至 1981 年全国戏曲优秀剧本奖，前者还由峨眉电影制片厂改编拍摄成彩色戏曲艺术片；《巴山秀才》（合编）获中国剧协颁发的 1982 年至 1983 年全国戏曲优秀剧本奖，被译成英文，在美国杂志发表，并易名为《巴山奇冤》，由峨眉电影制片厂改编拍摄成彩色戏曲艺术片。《潘金莲》在国内外均引起争议和讨论，被许多剧种移植，并被译成英文，在美国报纸连载。还创作有电影文学剧本《梨园传奇》（合编），发表了多篇戏剧论文。1985 年当选为第四届中国剧协常务理事，任自贡市文联副主席。

魏明倫文化經濟公司

WEI MING LUN CULTRUE ECNOMIC CORP.

地址：

Add: No. 36 Dongzhushi St. Chengdu China

萬隆

Wanlong

韩羽兄：

神交久矣，很少面聆尊教。丁聪画册问世，将在下素描兄台之句摘入。另，《南方周末》所发"戏题韩羽画猪"已收进即将再版之拙作《巴山鬼话》。

韩兄若赐画，弟则幸甚。

若书字幅，亦可。去年黄苗子先生曾题"有鬼无害"横幅赠予巴山小鬼鄙人。顺请韩兄参考择意。

我的创作追求是：

鬼出神没

越轨变天

我的杂文追求是：

追根问底

捣贼擒王

皆佯狂之语，韩兄一笑。

明伦

即日补笔

韩羽兄：

神交久矣，很少面聆尊教。丁聪画册问世，将在下素描兄台之句摘入。另，《南方周末》所发“戏题韩羽画猪”，已收进即将再版之拙作《巴山鬼话》。

韩兄若赐画，弟则幸甚。

若书字幅，亦可。去年黄苗子先生曾题“有鬼无害”横幅赠予巴山小鬼鄙人。顺请韩兄参考挥毫。

我的剧作追求是：鬼出神没，越轨变天。

我的杂文追求是：追根问底，擒贼擒王。

皆佯狂之语，韩兄一笑。

明伦

即日补笔

韩注　1996

札　记

“帮腔帮得真好哉”，一句唱词，由戏中人忽地成了看戏人。看客始而一怔，继而会心一笑，巴山秀才好风趣也。也是由这唱词，我记住了一个人，魏明伦。

后来某年某月某日，在方成家与魏明伦相遇，身材不高，目光炯炯，浑身精气神。

又后来，在西安《美文》召开的座谈会上再次相遇。闲话中谈起漫画，他说华君武画过他，画得好极了。我心中一动，这话他竟替我说出来了。我见过华君武画的“魏明伦”，也曾以我画的“魏明伦”与之相比，结果是自叹弗如，是华老画得“好极了”。华老画的“魏明伦”是“神在形似之外，而形在神气之中”。我画的“魏明伦”是拘泥于“形”，失之于“似”。干脆些说，在“趣”字上华老胜我远矣。“趣”之多寡有无，漫画之品高下立见。何止漫画，诗文皆然。清人张潮说：“才必兼乎趣而始化。”“趣”的背后是才、学、识。我痛痛快快以快板诗招供：“天涯知己情谊连，云山迢迢书信传，只叹我这画儿匠，画人容易画鬼难。”

转瞬又是十几年，明伦兄也已从艺六十年了。他自定调是“没有白活的人，值得研究的‘鬼’”。一语中的，恰像巴山秀才那句唱词：帮腔帮得真好哉！

—韩羽画魏明伦—

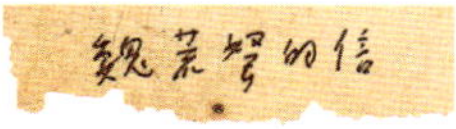

魏荒弩

（1918 — 2006）河北无极人。原名魏绍珍，改名魏真。曾用名魏巍、魏缜等。当代翻译家。译作主要有：《捷克艺文选》（上海光华出版社，1949 年），《俄华词典》（北京大众书店，1949 年），《捷克小说选》、《捷克诗歌选》、〔苏〕潘菲洛夫《真人真事》及〔苏〕瓦西连柯《绿宝箱》（均由上海晨光出版公司 1950 年出版），〔苏〕鲁勃列夫《和平之歌》（上海光明书局，1951 年），〔苏〕穆季瓦尼《善良的人们》（上海晨光出版公司，1951 年版），〔苏〕拉耶夫斯基《朋友们》（北京开明书店，1951 年），〔波〕浩托姆斯卡娅等《顿河来的朋友》及〔苏〕穆沙托夫《珍贵的种子》（北京文化供应社先后于 1951 年、1952 年出版），〔苏〕柯涅楚克《马卡尔·杜勃拉瓦》（人民文学出版社，1952），〔希腊〕阿列克西斯·巴尔尼斯《希腊的心》、〔俄〕涅克拉索夫《严寒，通红的鼻子》（作家出版社先后于 1954 年、1956 年出版），〔俄〕《伊戈尔远征记》（人民文学出版社，1957 年出版），《涅克拉索夫诗选》、《十二月党人诗选》（上海译文出版社先后于 1980 年、1985 年出版）。此外，还编有《外国小抒情诗》《俄国诗选》，并撰写了专著《涅克拉索夫初探》以及学术论文二十余篇。

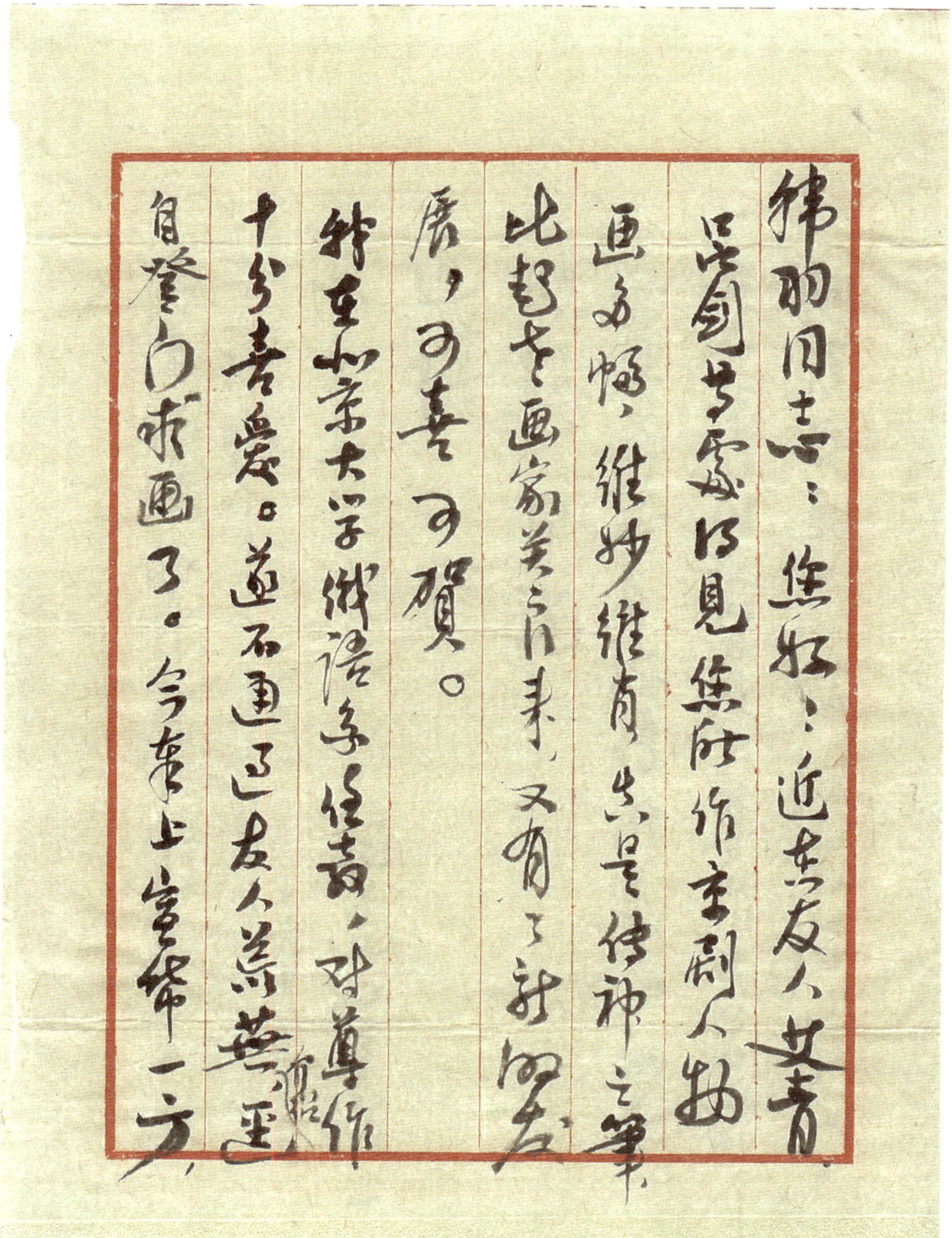

纬朋同志：近来友人艾青、吕剑兄处得见先生所作京剧人物画多幅，维妙维肖，是传神之笔，比起老画家关良来，又有了新的发展，可喜可贺。

我在北京大学俄语系任教，对尊作十分喜爱。兹[illegible]通过友人蒋燕迳自登门求画了。今奉上宣纸一方，拙詩為畫一小幅，虹霓關如何？

古人說：以文會友，尊作在首都

文藝界可以自由傳開來。匆匆，

特頌。即祝

近祺

麒麟童敬上

十二月二十日

請賜寄：

北京西城西什庫大街五號

韩羽同志：

您好！近在友人艾青、吕剑等处得见您所作京剧人物画多幅，惟妙惟肖，真是传神之笔，比起老画家关良来，又有了新的发展，可喜可贺。

我在北京大学俄语系任教，对尊作十分喜爱。遂不通过友人荒芜介绍，径自登门求画了。今奉上宣纸一方，拟请为画一小幅“虹霓关”如何？古人说：“以文会友”，尊作在首都文艺界正自流传开来。匆匆，特恳，即祝

近祺

魏荒弩 敬上

12月20日

请赐寄：北京西城西什库大街五号

韩注 1978

札 记

提到俄罗斯文学，喜读托尔斯泰的《战争与和平》，普希金的《上尉的女儿》，果戈理的《狄康卡近乡夜话》，涅克拉索夫的《谁在俄罗斯能过好日子》。

魏荒弩先生，俄国文学翻译家。无缘拜识，忽得来函，老天助我。老天者，我的胡涂乱画也。既“以文会友”，何妨冒昧相求，承蒙厚赐《伊戈尔远征记》《涅克拉索夫诗选》。抛砖得玉，欣喜之至。尤以一厢情愿之痴想，缘于荒弩先生，似乎和涅克拉索夫又近了一层。